心の専門家養成講座⑧

金井篤子 編
Atsuko Kanai

●シリーズ監修
森田美弥子
松本真理子
金井篤子

産業心理臨床実践
個(人)と職場・組織を支援する

Professional Psychologist Training Series 8
Practice of Clinical Psychology
in the Workplace

ナカニシヤ出版

まえがき

　本書は森田美弥子・松本真理子・金井篤子監修『心の専門家養成講座（全12巻）』の第8巻にあたり，産業領域における「心の専門家」を目指す学生のための入門書である。

　複雑化した現代社会において，この領域の特徴として，特に経済社会の変化の影響を大きく受けることから，産業領域で働く人々の心の問題の複雑化は無視できず，産業領域における「心の専門家」の役割はますます高まるものと思われる。しかし，産業領域に対応できる「心の専門家」は，行政や関連学会等の様々な努力にもかかわらず，まだ十分な人員が育つにはいたっていない。その原因の一つとして，適切な教育のための体系的な入門書が整っていないということがある。このため，産業領域に対応できる「心の専門家」を養成するためのテキストの作成は必須であると考えられる。

　本書では，この産業領域に対応できる「心の専門家」を養成するためのテキストを目指し，産業心理臨床実践のあり方やその必要性の背景となる職場の現状を総括する（第Ⅰ部）ほか，キャリア心理学，ストレス心理学，組織心理学，労働関連法規，産業精神保健，産業医学等の学術的視点から，産業心理臨床実践を支える理論的背景および知識を提供する（第Ⅱ部）。また，様々なトピックについて，現時点における先進的な事例を提供する（第Ⅲ部）ことにより，就業経験のない学生にはなかなかイメージしにくい，産業領域における「心の専門家」の具体的な活動を伝え，目標とすべきモデルを明確化することを意図している。さらに，産業領域の「心の専門家」の職場は発展途上であるものの，近年増加し，また多様化している。これらの産業領域における活動の場について，そこではどのような目的で，どのような活動がなされているのか，またどのような可能性があるのかを概観することにより，この領域の魅力を伝え，産業領域参入のイメージを構成する（第Ⅳ部）。

　また，近年のキャリア教育の流れから，就職後の支援だけでなく，就職前の児童，生徒，学生の支援をも含めていることも本書の特徴の一つである。

　本書の各章は項目ごとに独立しているため，その章のみを読むことも可能だが，できれば，すべての章に目を通していただきたい。産業心理臨床の取り組みにおいては，その多様性，深みと広がりを理解し，意識しておきたいからである。

　本書は産業領域における「心の専門家」を目指す学生のための入門書であるが，産業領域の「心の専門家」の特徴として，多くの就業経験者がこの領域に参入していることに鑑みて，こういった皆さんにも理論的な背景や先進的な職場の事例など，大いに利用していただけるテキストとなることを同時に目指した。本書が産業心理臨床を目指す多くの「心の専門家」のテキストとなれば幸いである。また，本書では現時点における多様な産業心理臨床のあり方が示された。これらが今後の産業心理臨床のあり方や方向性を検討するための一助となり，この領域の発展に寄与できればさらに望外の喜びである。

　本書の完成には，ナカニシヤ出版編集部の宍倉由高編集長と山本あかね氏に大変お世話になった。末尾ながら，心よりお礼を申し上げたい。

2016年4月　監修者・編者一同

本書で用いる用語について

　本書の執筆にあたっては，心理学を基盤とした「心の専門家」のためのものであることから，心理臨床学研究論文執筆ガイド（日本心理臨床学会学会誌編集委員会編，2012）を参考にしながら，原則として以下のように用語を統一することを心掛けた。

　○医学用語である「診断」「治療（者）」「患者」「症例」などは可能な限り避け，「アセスメント／心理査定／見立て」「面接／援助／支援」「セラピスト／面接者」「クライエント／来談者」「事例／ケース」などとした。
　○心の専門家の仕事を包括的には「心理臨床（実践）」とし，技法として「心理療法」，個別の事例場面では「(心理) 面接」という言葉を用いた。
　○「養育者」「保護者」「親」については，対象が成人である場合と子どもの場合，さらには学校，福祉，医療といった領域によって異なると考えられたため，それぞれの章の中で統一を図ることとした。
　○なお，文献の引用部分や，面接における発言については，この限りではない。文脈によって異なる場合があることをご了解いただきたい。

目　　次

まえがき　i
本書で用いる用語について　ii

第Ⅰ部　産業心理臨床とは

1　産業心理臨床とは ………………………………………………………… 3
　　「働く」こととこれを通じて「生きること」を支援する　3
　　働くすべての人を対象として　3
　　社会経済情勢や会社，職場の影響　4
　　職場における多様性（ダイバーシティ）　6
　　2つの視点―キャリアとメンタルヘルス（光と影）の支援―　7
　　産業心理臨床におけるアセスメント　10
　　産業心理臨床の活動施設　13
　　内部EAPと外部EAP　13
　　産業心理臨床において心の専門家が期待される役割　14
2　働く職場の現状 …………………………………………………………… 17
　　職場と働き方の現状　17
　　働く人のメンタルヘルスの現状　21
　　職場におけるメンタルヘルス対策の現状と課題　23

第Ⅱ部　産業心理臨床を支える理論

1　キャリアの心理学 ………………………………………………………… 29
　　キャリアとは　29
　　キャリアに関する理論と概念　30
　　キャリア・カウンセリング　36
　　キャリア・デザイン　37
　　キャリア発達に関する諸問題　38
2　ストレスの心理学 ………………………………………………………… 41
　　ストレスの概念　41
　　ラザルスらの心理学的ストレスモデル　42
　　職業性ストレス研究　43
　　職業性ストレス研究の課題　49
　　今後の職業性ストレス研究　50
3　産業・組織の心理学 ……………………………………………………… 55
　　産業・組織と個人　55

　　　　個人レベルの視点―個人の組織行動に関する理論―　57
　　　　職場レベルの視点―個人を取り巻く職場に関する理論―　59
　　　　組織レベルの視点―組織に関する理論―　64
　　　　組織－個人の支援の実践　67
　　　　まとめ　71

4　労働関連法規 ……………………………………………………………………… 73
　　　　労働契約と労働法規　73
　　　　各種法規の内容　その1　75
　　　　各種法規の内容　その2　85
　　　　その他の労働関連問題　87
　　　　おわりに　88

5　産業精神保健 ……………………………………………………………………… 89
　　　　はじめに　89
　　　　労働衛生（産業保健）とは何か　89
　　　　産業精神保健としての職場メンタルヘルス活動　92
　　　　職場のメンタルヘルス活動の実際　98
　　　　おわりに―産業現場の心理職として―　100

6　産業医学の基礎知識と新たな視点―心理臨床の産業保健への展開に向けて―… 103
　　　　はじめに　103
　　　　行政の職場におけるメンタルヘルスケアへの対応　103
　　　　企業における安全衛生管理体制とメンタルヘルスケアの体制づくり　104
　　　　職場のメンタルヘルスケアにおける精神医療・心理臨床の実際　109
　　　　産業医から見た心の専門家の役割　112
　　　　職場におけるメンタルヘルスケアにかかわる社会状況の変化　114
　　　　おわりに　115

第Ⅲ部　産業心理臨床の実践事例

1　組織内キャリア発達を支援する ………………………………………………… 119
　　　　はじめに　119
　　　　新入社員向けメンタルヘルス研修会での例　120
　　　　カウンセリングでキャリア発達を個別に援助した事例　121
　　　　おわりに　124

2　うつと自殺の予防 ………………………………………………………………… 125
　　　　はじめに　125
　　　　抑うつ症状と心理面接　125
　　　　自殺の予防　127
　　　　おわりに　129

3　職場復帰支援 ……………………………………………………………………… 131
　　　　はじめに　131
　　　　休職・復職とは何か　131

　　　　職場復帰支援制度の実際　132
　　　　医療と企業の連携について　136
　　　　職場復帰支援に関するＱ＆Ａ　137
　　　　まとめ　138
　4　心理教育 …………………………………………………………… 139
　　　　メンタルヘルスケアを推進するための教育研修・情報提供　139
　　　　階層別メンタルヘルス教育研修の実践例　140
　5　危機介入 …………………………………………………………… 145
　　　　産業領域で必要とされる危機介入　145
　　　　事例Ⅰ：職場で労働災害が起き，被災者救助に関わった社員に危機介入を行ったケース　146
　　　　事例Ⅱ：職場の同僚が自殺をし，グループへの介入を行ったケース　148
　　　　まとめ　152
　6　職場のハラスメント ……………………………………………… 153
　　　　ハラスメントとは　153
　　　　社内のハラスメント相談窓口の相談員の対応　154
　　　　社内の健康管理室のカウンセラーの対応　156
　7　職場における連携 ………………………………………………… 159
　　　　はじめに　159
　　　　健康管理部門との連携　159
　　　　事業所内における主要領域との連携　161
　　　　連携におけるポイント　163
　　　　個人情報と連携　164
　8　外部EAPの活用 …………………………………………………… 165
　　　　EAP（Employee Assistance Program）とは　165
　　　　外部EAPの活用の実際　166
　　　　外部EAP活用のために　170
　9　大学における就職支援 …………………………………………… 173
　　　　就職支援に対する要請　173
　　　　キャリア形成支援と就職支援　173
　　　　就職支援セクションの業務　174
　　　　マスから個の包括的支援・個別相談（キャリアカウンセリング）　174
　　　　支援の課題群　175
　10　学校場面におけるキャリア教育 ………………………………… 177
　　　　キャリア教育が目指すもの　177
　　　　学校場面における実践　177
　　　　高等学校におけるキャリア教育　180
　　　　キャリア教育を通じて何を目指すのか　181

第Ⅳ部　産業心理臨床の実践の場

1. 企業内相談室 ………………………………………………………………… 185
    企業内相談室とは　185
    企業内相談室の実例　185
    今後の企業内相談室の役割　187
2. 外部EAP ………………………………………………………………………… 189
    外部EAPにおけるクライアントとは　189
    活動の実際　189
    外部EAP機関の「心の専門家」に求められるもの　191
3. 公共職業安定所（ハローワーク） ………………………………………… 193
    ハローワークとは　193
    ハローワークでの臨床心理士の仕事　193
    どのようなクライエントが多いか　193
    難しいと感じる点　194
    この仕事に就くには　194
4. 産業保健総合支援センター ………………………………………………… 195
    産業保健総合支援センターが行っていること　195
    地域産業保健センターが行っていること　196
    事業場のメンタルヘルス対策支援　196
5. 障害者職業センター ………………………………………………………… 197
    障害者職業センターのリワーク支援とは　197
    リワーク支援の流れ　197
    リワーク支援に携わる「心の専門家」に求められる知識・スキル　198
    今後の展望　199
6. 公的機関（自衛隊や警察・消防等） ……………………………………… 201
    自衛隊　201
    警察・消防　202
    米軍　203
7. クリニック・単科精神科病院 ……………………………………………… 205
    見立てと情報共有の場「職場実践ミーティング」　205
    復職支援に特化した診療体制「企業外来」　206
    企業への啓発や意見交換の場「定期研修会」　206

索引　209

I 産業心理臨床とは

　産業領域の心理臨床はどういうことを目指すべきであろうか。この議論は重要な議論ではあるが，日本の産業心理臨床の実践はまだ緒に就いたばかりである。ここでは，産業心理臨床実践のあり方について論じ，この必要性の背景となる職場の現状を総括する。

1 産業心理臨床とは

金井篤子

　産業心理臨床，すなわち産業領域における心理臨床は，第1の領域と言われる医療領域，スクールカウンセラー事業を中心として展開した第2の領域である学校領域に次いで，福祉領域や司法・矯正領域とともに第3の領域と言われている。医療領域や学校領域と比較して，その活動はまだ緒に就いたところであるが，以下に述べるように，その対象者はすべての働く人であり，また，これから働く人も含むと考えれば，どの領域にも増してその対象者が多い領域である。その意味から今後ますますの展開が期待される領域であると言える。

●「働く」こととこれを通じて「生きること」を支援する

　産業心理臨床は，「働く」ことに関連した心理的支援を目的としている。多くの人にとって，「働く」ということは人生の大部分を占める事柄である。1日のうち，8時間働くとしても，それは1日の3分の1を占める。一生のうち，学校を卒業して引退までとすると，40年あるいはそれ以上となる。人によっては学校時代にアルバイトをすることもあると考えると，その期間はもっと長くなる。このように「働く」ことは人生における時間の多くを占めている。この意味から，「働く」ことは人生，すなわち「生きる」ことと大きく重なっていると言える。「働く」ことだけを取り出して考えるわけにはいかないからである。

　また，「働く」ことは生きるための糧を得ることであり，生きがいであり，社会参加であり，アイデンティティであり，価値であり，ときには生活そのものである。しかし，このために「働く」ということには喜びも多いが，葛藤もしんどさもある。

　産業心理臨床とは，働くすべての人を対象とし，働くことは生きることを背景として営まれていることを意識しつつ，人が働くことに伴う様々な思いを整理し，自分自身の働く意味を見出すことを支援することにより，人が働くことを支えていこうとするものである。

●働くすべての人を対象として

　それでは，日本における産業心理臨床の対象はどれくらいいるのだろうか。先に産業心理臨床はすべての働く人を対象とすると述べた。我が国の総人口は2014年（平成26年）において12,710万人であるが，このうち15歳以上人口は11,082万人で，労働力人口は6,587万人（労働力率59.4％）である。労働力人口とは15歳以上の人口のうち就業者（休業者も含む）と失業者の合計を指す。一方，15歳以上で就業しておらず，かつ就業の意思のない者，たとえば学生や専業主婦，高齢その他で働けない者などは非労働力人口と呼ぶ。さらに労働力人口は，就業者数（6,351万人）と失業者数（236万人，完全失業率3.6％）に分けられる（厚生労働省，

2014)。産業心理臨床ではこれらの就業者や失業者の心の悩みや問題を対象とする。また，労働力人口だけでなく，非労働力人口のうち，これから就職する人の支援も含まれると考えると，たとえば学校での進路指導やキャリア教育なども含まれると考えるべきであろう。すなわち，7,000万人を超える人々が産業心理臨床の対象ということになる。

もちろんこのすべての人が相談に訪れるわけではないが，後にも述べるように，産業心理臨床においては心理的な問題の発生を未然に防ぐ予防的アプローチが重要なアプローチの一つとなっており，心理教育，スクリーニングなどの対象として，すべての働く人が対象となるのである。

これに対して，現在産業心理臨床の専門家の活動状況を見てみると，たとえば臨床心理士で産業・労働の機関に勤務しているものは2011年8月時点で800名弱であった（日本臨床心理士会，2012）。もちろん勤務していなくても，非常勤といった形で何かしらかかわっている臨床心理士もいると考えられるが，まだ少数である。ちなみに，臨床心理士会の会員数は2015年7月現在で19,533名に達しているが，この領域への従事率は約4％とかなり低い。他のこの領域にかかわる専門家資格を見てみると，産業カウンセラーの登録者は2014年9月時点で26,333名（日本産業カウンセラー協会，2015）であった。また，標準レベルキャリア・コンサルタントは2014年3月時点で39,851名，2級キャリア・コンサルティング技能士5,557名，1級キャリア・コンサルティング技能士61名（キャリア・コンサルティング協議会，2015）となっている。さらに，上記の資格を重複して取得している場合や，これらの資格取得者がかならずしも全員，産業心理臨床における活動を行っているとは限らないことなどを考えると，7,000万人を超えるこの領域のニーズに応えるにはまだまだ数が不足していると考えられる。

●社会経済情勢や会社，職場の影響

産業心理臨床の特徴として，産業領域で生じる様々な心理的問題では他の領域にも増して，社会経済情勢の影響を受けることに留意が必要である。たとえば，非正規雇用率が37.4％（総務省統計局，2015）となっているところで，正社員就職にこだわることは非常につらいことになる可能性がある。この非正規雇用の増大はよく考えなければならない重大な社会問題であるが，その解決には時間がかかる可能性があり，個人が現実の生活をどのように組み立てるかという問題とは別に考える必要がある。

また，個人と会社，職場の関係は，本来は対等であるべきと考えるが，個と集団との力関係のみならず，雇用関係，すなわち働いて賃金を受け取るという関係にあることから，個人の立場は弱くなりがちであり，より会社や職場の影響を受けやすいと考えられる。

このため，ここで重要なのは，問題の所在の見極めと現実原則の考え方である。

(1) 問題の所在

産業心理臨床の場合，図Ⅰ-1-1のように，個人を取り巻く環境（職場，会社，社会，世界）が個人に大きな影響を与えている。グローバリゼーションにより，地球の裏側の経済情勢がダイレクトに影響を及ぼすことも珍しくなくなった。このため，どこに問題があるのかという，問題の所在を明らかにする必要がある。個人が問題を抱えている場合，往々にして，その原因をその個人の要因に帰してしまいがちであるということに注意したい。すなわち，その個人の問題ではないにもかかわらず，あたかもその個人の問題とみなされてしまっている場合がある。

本人自身がそのように考えていることも多い。もちろん，個人と個人を取り巻く環境との間に相互作用があることを無視できないが，しかし，社会や会社，職場の問題を個人に負わせることはできないのである。「個人的な問題は組織・社会の問題でもある」と言われるのはこのことを指している。今個人の問題として出現している問題は，実は組織や社会の問題でもあるということである。

図Ⅰ－1－1　個人（クライエント）と環境との関係

個人の問題に密接に関連する社会的問題（社会のダイナミクス）としては，経済的環境，雇用情勢，技術の陳腐化，ジェンダー，差別・偏見・ステレオタイプなどがあげられる（図Ⅰ－1－2）。また，個人の問題に密接に関連する会社，職場の問題（組織のダイナミクス）としては，トップマネジメント，リーダーシップ，職場の人間関係，職場風土，職務設計，評価・人事制度，リスクマネジメントなどがあげられる（図Ⅰ－1－3）。これらのことから，産業心理臨床にかかわる場合，これらの知見に通じ，一定の認識を備えていることは必須条件と言える。

個人の問題に密接に関連する社会的問題
（社会のダイナミクス）

- 経済的環境
- 雇用情勢
- 技術の陳腐化
- ジェンダー
- 差別，偏見，ステレオタイプ

図Ⅰ－1－2　個人の問題に密接に関連する社会的問題

(2) 現実原則

ところで，これらの組織や社会の問題は「現実原則」，すなわち，現実の制約として働くことが多い。たとえば，人手が足りなくて，過大な仕事を抱えている場合，人を増やしてもらえればいいのだが，会社の経営状況からそうもいかず，人手が増やせないとなれば，これが現実の制約である。ここで人を増やすべきだと言っても，本人がその権限を持っていないか，あるいは人を増やせない会社の事情がわかっているとすれば，何の問題の解決にはならず，場合によっては，さらに本人を追い詰めるからである。この場合は，人手が増やせないという制約を前提として，仕事を整理する，システムを替えるなどの選択肢を考える必要がある。もちろんこれは個人の側だけが考えるのには限界があり，組織の側も考えなければならない。すなわち，個人の立場に立てば，現実制約を踏まえたうえで，どのように会社と交渉していくのかということを考える必要

個人の問題に密接に関連する組織的問題
（組織のダイナミクス）

- トップマネジメント
- リーダーシップ
- 職場の人間関係
- 職場風土
- 職務設計
- 評価・人事制度
- リスクマネジメント

図Ⅰ－1－3　個人の問題に密接に関連する組織的問題

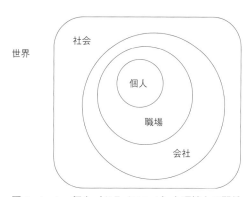

があり，産業心理臨床ではこれを支援する。

　また，社会の問題に対して，社会と戦えと言っても，本人にその気持ちがなければ，それを強制することはできない。また，その気持ちがあったとしても，社会を変えるということは並大抵ではなく，場合によっては，自分の人生を犠牲にするようなこともあり得る。これらの選択には本人自身がどのようにしたいのかが重要であり，本人自身が選択する必要がある。産業心理臨床がこの選択の過程を支援するということもあろう。

　このように産業心理臨床では，一人一人の心の問題と向き合う中で，社会の問題を見ることがある。特に，若者や女性，障がい者など，社会的弱者の働く環境の問題など，社会の偏見やステレオタイプから生じている問題は少なくなく，これらについては「社会を変える」ことが必要である。一人一人がその人らしく働くことや生きていくことを阻害するような要因は，残念ながら，世の中にまだたくさん存在するのである。これらの社会の問題に対して，それをよい方向に変えていくための知見を提供することも産業心理臨床にかかわる者の役割の一つと考えられるだろう。

●職場における多様性（ダイバーシティ）

　現在，グローバリゼーションと人権意識の高まりから，職場では「ダイバーシティ・マネジメント」が推進されている。ダイバーシティ・マネジメントとは，多様性が企業や行政等の組織の生産性や発展に貢献するという考えをベースに，多様な人材を積極的に活用しようという考え方のことである。もともとは性別や人種の違いなどの社会的マイノリティの就業機会拡大を意図して使われることが多かったが，現在では人種，国籍，宗教，性別，性的指向，年齢，障害などのほか，個人や集団の間で違いを生み出す可能性のあるあらゆる要素が考慮の対象となっている。しかし，現実的にはダイバーシティの実現はそれほど簡単ではない。考え方を変えるということもさることながら，働く仕組みそのものの変更を必要とするからである。かつて日本は一律の仕組みで高度な経済成長を果たした。すなわち，一定の資質を持った男性従業員が，一品種を大量生産することでコストを下げ，利益を生み出したのである。また，これを実現するため，リスクマネジメントのないタイトで緻密な体制が組み立てられた。こういった体制は多品種少量生産が主流になった現在でも健在である。これは生産現場に限らず，日本の職場が事務系，技術系を含めてそうなっている。健康な従業員が残業も含めてフルにこなすという体制になっているために，たとえば育児休業を取ろうとすると，代替要員の問題や知識やスキルの伝達の問題がすぐに生じる。これに昨今の不況を背景として，コスト削減を目的とした効率化がさらに拍車をかけている。人が生きていくためには様々なニーズが生じ，様々な事態に直面する可能性がある。これらに柔軟に対応し，人々が人間らしく働ける職場こそがダイバーシティの実現であると考えられるが，これにはまだ方法論の問題など，課題が山積みである。

　ダイバーシティのうち，ここでは性別の違いに着目してみたい。2014年（平成26年）において，男性は総数6,180万人に対して，15歳以降人口は5,346万人，労働力人口は3,763万人（労働力率70.4％），このうち就業者数は3,621万人，完全失業者数は141万人（完全失業率3.7％）であり，女性は総数6,530万人に対して，15歳以降人口は5,736万人，労働力人口は2,824万人（労働力率49.2％），このうち就業者数は2,729万人，完全失業者数は95万人（完全失業率3.4％）であった（厚生労働省，2014）。

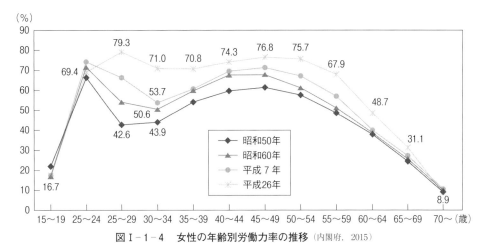
図Ⅰ-1-4　女性の年齢別労働力率の推移（内閣府，2015）

（備考）1．総務省「労働力調査（基本集計）」より作成。
　　　　2．「労働力率」は，15歳以上人口に占める労働力人口（就業者＋完全失業者）の割合。

　この労働力率の違いには「男は仕事，女は家庭」といった伝統的性役割観の影響があると考えられる。日本では近年かなり解消されているものの，女性の年齢別労働力率が結婚育児年齢期に一旦下がり，その後労働力率が回復するというM字型カーブを描くことは世界の中でも特徴的である（図Ⅰ-1-4，内閣府，2015）。また，完全失業率についても女性のほうが低くなっているが，2014年（平成26年）における女性の非労働力人口2,908万人のうち，303万人が就業を希望していることが報告されている（内閣府，2015）。この人数は非労働力人口に含まれているので，完全失業率には含まれておらず，これらの数字を含めた潜在的失業率はもっと高いと言える。なぜ現在求職していないのかという理由としては「出産・育児のため」および「適当な仕事がありそうにない」がそれぞれおよそ3分の1ずつを占めており，就職や家庭との両立の難しさから求職活動をあきらめている場合が多いことを示している。この他に，男女間には採用，昇進昇格，社内教育，給与などに格差があり，これらが産業心理臨床のテーマとなることもある。
　他に，障害者雇用，高齢者・若年者雇用，外国人労働者雇用などがダイバーシティの対象となる。このように，非常に多様な対象が産業領域には存在しており，それぞれ固有の支援を必要としている点も産業心理臨床の特徴であると言える。

●2つの視点─キャリアとメンタルヘルス（光と影）の支援─

　産業領域の心理臨床は大きく2つの視点から考えることができる。まず1つは，働くことを通じて形成される個人のキャリアの視点であり，もう1つはメンタルヘルスの視点である。いわば，キャリア発達は光の部分であり，メンタルヘルス不調は影の部分である。従来心理臨床では，影の部分の支援に力が注がれてきたが，特に産業領域では，光と影のように表裏一体となった，キャリア発達とメンタルヘルスの両面を視野に入れていくことが期待される。

(1) 個人のキャリアの視点

　詳細はキャリアの心理学の章（第Ⅱ部第1章参照）に譲るが，キャリア（Career）とは，荷車や戦車（Cart，Chariot），またこれらが通過する道，わだち（Cararia）を語源としてい

ると言われる。和訳では，経歴，生涯，生き方などがあてられるが，最近では「キャリア」と原語で使われることが多い。ホール（Hall, 1976）はキャリアには①昇進や昇格によって職業上の地位が上昇すること，②医師，法律家，教授，聖職者などの伝統的な専門的職業，③ある人が経験した仕事（職業）の系列，④職業に限らず，生涯を通じてのあらゆる役割や地位，ないし身分の系列の4つの意味があると述べている。官公庁のキャリア組，ノンキャリア組といった呼び方は①の意味であり，キャリア・ウーマンといった呼び方は②の意味でつかわれている。このように①や②の意味では一部の人だけがキャリアを持っていることになるが，現在「キャリア」は働くすべての人を対象とする③や，働く，働かないにかかわらずすべての人を対象とする④の意味で用いられることが多い。産業領域の心理臨床においてすべての人を対象とするゆえんである。

表 I-1-1 シャインの組織内キャリア発達段階 (Schein, 1978より，若林，1988が抄訳)

発達ステージ	直面する問題	具体的課題
成　長 空　想 探　索 （21歳頃まで）	・職業選択基盤の形成 ・現実的職業吟味 ・教育や訓練を受ける ・勤労習慣の形成	・職業興味の形成 ・自己の職業的能力の自覚 ・職業モデル，職業情報の獲得 ・目標，動機づけの獲得 ・必要教育の達成 ・試行的職業経験（バイトなど）
仕事世界参入 （16〜25歳）	・初職につく ・自己と組織の要求との調整 ・組織メンバーとなる	・求職活動，応募，面接の通過 ・仕事と会社の評価 ・現実的選択
基礎訓練 （16〜25歳）	・リアリティ・ショックの克服 ・日常業務への適応 ・仕事のメンバーとして受け入れられる	・不安，幻滅感の克服 ・職場の文化や規範の受け入れ ・上役や同僚とうまくやっていく ・組織的社会化への適応 ・服務規定の受け入れ
初期キャリア （30歳頃まで）	・初職での成功 ・昇進のもととなる能力形成 ・組織にとどまるか有利な仕事に移るかの検討	・有能な部下となること ・主体性の回復 ・メンターとの出会い ・転職可能性の吟味 ・成功，失敗に伴う感情の処理
中期キャリア （25〜45歳）	・専門性の確立 ・管理職への展望 ・アイデンティティの確立 ・高い責任を引き受ける ・生産的人間となる ・長期キャリア計画の形成	・独立感，有能感の確立 ・職務遂行基準の形成 ・適性再吟味，専門分野の再吟味 ・次段階での選択（転職）・検討 ・メンターとの関係強化，自分自身もメンターシップを発揮 ・家族，自己，職業とのバランス
中期キャリア危機 （35〜45歳）	・当初の野心と比較した現状の評価 ・夢と現実の調整 ・将来の見通し拡大，頭打ち，転職 ・仕事の意味の再吟味	・自己のキャリア・アンカーの自覚 ・現状受容か変革かの選択 ・家庭との関係の再構築 ・メンターとしての役割受容
後期キャリア （40歳から定年まで） 非リーダーとして	・メンター役割 ・専門的能力の深化 ・自己の重要性の低下の受容 ・"死木化"の受容	・技術的有能性の確保 ・対人関係能力の獲得 ・若い意欲的管理者との対応 ・年長者としてのリーダー役割の獲得 ・"空の巣"問題への対応
リーダーとして	・他者の努力の統合 ・長期的，中核的問題への関与 ・有能な部下の育成 ・広い視野と現実的思考	・自己中心から組織中心の見方へ ・高度な政治的状況への対応力 ・仕事と家庭のバランス ・高い責任と権力の享受
下降と離脱 （定年退職まで）	・権限，責任の減少の受容 ・減退する能力との共存 ・仕事外の生きがいへ	・仕事以外での満足の発見 ・配偶者との関係再構築 ・退職準備
退　職	・新生活への適応 ・年長者役割の発見	・自我同一性と自己有用性の維持 ・社会参加の機会の維持 ・能力，経験の活用

また，キャリアは発達という視点でとらえられており，個人はキャリアの発達課題に取り組むことになる。シャイン（Schein, 1978）はエリクソン（Erikson, 1959）の生涯発達理論を参照し，キャリア発達の段階を①成長・空想・探求（0歳～21歳），②仕事世界へのエントリー（16歳～25歳），③基本訓練（16歳～25歳），④キャリア初期の正社員資格（17歳～30歳），⑤正社員資格，キャリア中期（25歳以降），⑥キャリア中期危機（35歳～45歳），⑦キャリア後期（40歳から引退まで），⑧衰えおよび離脱（40歳から引退まで），⑨引退の9つの段階に分け，それぞれの段階における心理社会的危機について論じている（表Ⅰ-1-1）。

　一方，キャリアの問題は個人のアイデンティティの問題とも密接にからんでおり，キャリアの問題を考えることは人生を考えることと言っても過言ではない。しかし，その人らしいキャリアを構築するには，様々な心理的，あるいは現実的困難を伴う場合があり，これを支援することが期待されている。キャリア発達支援としては，就職選択時や就職後の転職，離職時などのキャリア・カウンセリングがあるが，近年，人生の早期から自分のキャリアを考え，準備するための，学校教育場面におけるキャリア教育も注目されている（第Ⅲ部第9章，第10章参照）。

(2) メンタルヘルスの視点

　産業領域は人々が生きていくために働く場であり，そこでは人々が活き活きと働き，充実した仕事生活を送ることが期待される。しかし，近年の低成長経済の影響から，就職難やリストラ（解雇），非正規化といった働く場の確保の問題が大きくなっている。また，就職したとしても職場で即戦力が求められてなかなか職場に適応できなかったり，一人に任される仕事量が膨大であったり，人間関係上ではセクシュアル・ハラスメントやパワー・ハラスメントを受けたりといったことから精神的健康（メンタルヘルス）を崩してしまうことも多く，従来にも増して心の問題が顕在化している。

　1）労働者健康状況調査の結果から　厚生労働省が5年ごとに実施している「労働者健康状況調査」（厚生労働省，2013）によれば，仕事や職業生活で強い不安，悩み，ストレスを感じる労働者の割合（3つ以内の複数回答）は1982年には50.6％，1987年には55.0％，1992年には57.3％，1997年には62.8％と増加し，その後も2002年には61.5％，2007年には58.0％，直近の調査結果である2012年には60.9％と，約6割の労働者が何らかの強い不安，悩み，ストレスを感じていることが明らかとなっている。何らかの強い不安，悩み，ストレスの内容としては，職場の人間関係の問題が最も高く41.3％，次いで仕事の質の問題（33.1％），仕事の量の問題（30.3％），会社の将来性の問題（22.8％）であった。ちなみに，このストレスの内容には男女で若干違いがあり，男性では職場の人間関係の問題（35.2％），仕事の質の問題（34.9％），仕事の量の問題（33.0％），会社の将来性の問題（29.1％）がほぼ同じくらいの割合を占めたのに対し，女性では職場の人間関係の問題が48.6％で最も高い割合であり，次いで仕事の質の問題（30.9％），仕事の量の問題（27.0％），仕事への適性の問題（21.0％）であった。産業心理臨床では，こういったストレスの問題への認識は非常に重要である（第Ⅱ部第2章参照）。

　2）過労死の実態から　また，80年代に指摘された「過労死」の問題はますます大きな問題となっており，「死」という最悪の結果を招くという点から，緊急の対策を要している課

題である。過労死とは，高度成長期に突入した80年代はじめに名づけられたものであり，現在では世界でも日本に特有の現象として認識されており，英語で"Karo-shi"と表記される。職場で心筋梗塞やくも膜下出血などで死亡または社会復帰不能状態に陥る状況に対して，細川・田尻・上畑（1982）が「過重な労働負担が誘因になり，高血圧や動脈硬化などもともとあった基礎疾患を悪化させ，脳出血・くも膜下出血，脳梗塞などの脳血管疾患が心筋梗塞などの虚血性心疾患，急性心不全を急性発症させ，永久的労働不能や死にいたらせた状態」と定義し，死にいたる働き方に警鐘を鳴らしたものである。過労死の現状を2014年の労災認定数で見てみると，過労死にあたる脳・心臓疾患の労災認定数は277件（うち死亡121件）で，精神疾患の労災認定数は497件（うち過労自殺にあたる死亡99件）であった。しかし，これに対して2014年の申請数は脳・心臓疾患で763件，精神疾患で1,456件であり，認定件数は申請数の約3分の1にとどまっている（厚生労働省，2015）。こういった認定の難しさから申請にいたらない例も多いと考えると，かなりの数が潜在していることが想定できる。こういった状況を受けて過労死に関する認識は高まっており，様々な労働政策上，メンタルヘルス管理上の施策が展開しているが，労災認定件数などの現状を見る限り，残念ながら十分な効果をあげているとは言えない。

3）3つの予防と4つのケア　こういったメンタルヘルスの問題について，予防医学の観点からは，メンタルヘルスの問題を未然に防止するための一次予防，メンタルヘルス上の問題を早期に発見し，対応するための二次予防，メンタルヘルス疾患からのスムーズな復職を支援する三次予防の三段階でのアプローチがなされている。また，厚生労働省はメンタルヘルスを実現するため，労働者自身のセルフケア，職場等のラインによるケア，事業場内産業保健スタッフ等によるケア，事業場外資源によるケアの4つのケアを推奨している（厚生労働省，2006）（第Ⅱ部第5章参照）。

心の専門家のメンタルヘルス支援としては，産業医，保健師，看護師，あるいは人事・労務，総務などの他職種や他部署との連携のもと，心理面接や心理教育，職場内へのコンサルテーションなどがある（第Ⅲ部参照）。

また，2015年12月からは改正労働安全衛生法（平成26年6月25日に公布）により，従業員数50人以上の事業場において全労働者を対象に実施するストレスチェック制度が開始された。ストレスチェック制度とは，労働者に対して行う心理的な負担の程度を把握するための検査（ストレスチェック）や，検査結果に基づく医師による面接指導の実施などを事業者に義務付ける制度である。これについても，心の専門家が積極的にかかわることが期待される。

●産業心理臨床におけるアセスメント

産業心理臨床におけるアセスメントとして，個人のキャリアの視点とメンタルヘルスの視点からのポイントを以下に示す。個人のキャリアの視点からは，（1）個人のキャリア開発志向のアセスメントと（2）キャリア・ストレッサーと問題の所在のアセスメント，メンタルヘルスの視点からは（3）個人の感情の統制の程度や洞察の可能性のアセスメント（水準の査定を含む），加えて，キャリアとメンタルヘルスの両方の視点からの（4）対処資源のアセスメントの4つがあげられる。

(1) 個人のキャリア開発志向のアセスメント

　個人がどのようなキャリアを築いていこうと考えているかをアセスメントする。個人のキャリア開発志向のアセスメントはインテイクと心理面接の最初の段階で行われる。これについては，基本的には心理面接を通じて明らかにされるが，場合によっては，各種の職業適性検査などを導入することも必要である。検査の結果はクライエントが視覚的，あるいは多角的に自分のキャリアを検討する有効な指標となる場合がある。しかし，検査の結果のみで個人のキャリア開発志向の内容や適性が十分明らかになるということは，他の臨床領域同様ありえないので，あくまでも補助資料として用いる。

　アセスメントのための質問項目を表Ⅰ-1-2（金井，2007）に示した。これらの項目は半構造的であり，クライエントが話しやすいように工夫して提示される必要がある。

　まず，主訴を中心に，できるだけ具体的に，クライエントの仕事と環境について理解する必要がある。それには，チームの人数やメンバーのそれぞれの仕事なども聴く。その際重要なことは，具体的なことを聴くと同時に，クライエントがそのことについてどう思っているかについて，感想や印象を聴いていくことである。産業場面においては，個人の感情を出すことはよくないこととらえられていることが多く，クライエントの感情は，優秀な企業人であればあるほど，強く統制されており，カウンセラーの感情や印象の問いかけに答えられないことも多い。しかし，これらの感情の回復こそがキャリア・カウンセリングの重要なプロセスであり，クライエントにその重要性を伝える意味からも，丁寧に感情や印象についての問いを繰り返す必要がある。

　次に，ここにいたった経緯について聴いていく。これはまさに現在までのキャリアに相当する。具体的な仕事の経歴（外的キャリア）とともに，それをクライエントがどう意味づけているか（内的キャリア）を丁寧に聴いていく。クライエントがこれまでのキャリアを生き生きと語ることを援助するために，必要な場合は，大学を卒業するときにはどのように考えていたのか，高校のときはどうかといったように，現在から順に生育歴をさかのぼる。

　これまでのキャリアが明らかになったところで，クライエントが今後どうしたいと思っているか（パースペクティブ）について聴いていく。クライエントは混乱している場合が多いので，

表Ⅰ-1-2　個人のキャリア開発志向のアセスメントのための質問項目（金井，2007を一部改変）

①クライエントの現状（主訴に近いところから順に） 　　クライエントの現在の仕事の具体的な内容 　　仕事の具体的な手順，工程 　　職場の様子（チームの人数や構成，同じフロアにある部署の名前や全体の人数，雰囲気） 　　勤務する会社の業態，社会的位置づけ 　　仕事の組織内における位置づけ（組織図的な位置づけと重要性といった位置づけの両方を含む） 　　その仕事を遂行するうえで必然性のある部署および人物（上司や同僚，取引先の人物などを含む） 　　クライエントを取り巻く人物の具体的な特徴や印象
②クライエントの現状を含むキャリア（内的・外的キャリア） 　　その仕事や会社を選んだ理由（必要な場合は生育歴をさかのぼって聴く） 　　現在の仕事に就くまでの職歴
③クライエントのキャリア上の今後の希望（短期的・中長期的パースペクティブ） 　　その仕事での今後の希望 　　その会社での今後の希望 　　ライフ・キャリア上の今後の希望（必要な場合は生育歴をさかのぼって，小さいころに思っていたこと，いつかやりたかったこと，などを聴く）
④家族（配偶者や子ども，両親など）はクライエントの状況をどのように考えていると思うか。

表Ⅰ-1-3 キャリア・ストレッサーに関するアセスメントのための質問項目 (Cooper & Marshall, 1976)

①クライエントのキャリア志向を阻害している職務ストレッサーの同定
　　職務に本質的なもの　　（物理的に不適な仕事条件，仕事が多すぎること，時間制限によるプレッシャー，物理的危険など）
　　組織の役割　　　　　　（役割曖昧性，役割葛藤，人々への責任，組織と組織間または組織内での葛藤など）
　　キャリア発達　　　　　（地位が高すぎること，地位が上がらないこと，職務永勤権が保証されないこと，昇進可能性のないことなど）
　　仕事における人間関係　（上司や部下，同僚とうまくいかないこと，責任が重すぎることなど）
　　組織構造や風土　　　　（会社や組織の意思決定にほとんど，あるいはまったく参加できないこと，予算などできることに制限があること，職場のポリシー，効果的なコンサルテーションがないことなど）
②組織外ストレッサーの同定
　　家庭
　　人生の危機
　　経済的困難

語ることを支援するために，必要な場合は生育歴をさかのぼって，小さい頃に思っていたこと，いつかやりたかったこと，などを聴く。ここで，パースペクティブは短期と中長期の2つの視点から理解することが，産業心理面接の最終的な目標である現実的な問題解決を考える際に必要となる。

(2) キャリア・ストレッサーと問題の所在のアセスメント

クライエントのキャリア開発志向が何によって阻害されているのかについてのアセスメントを行う。表Ⅰ-1-3に示したように，職場におけるストレスの原因は職務に本質的なもの，組織の役割，キャリア発達，仕事における人間関係，組織構造や風土（Cooper & Marshall, 1976）に大別されている。また，組織外のストレッサーとしては，家庭，人生の危機，経済的困難がある。キャリア・ストレッサーについては主訴の段階でだいたいは明らかになっていると考えられるが，感情の抑圧などで，クライエント本人が本質的な原因に気がついていない場合は語られないこともあるので，カウンセラーのほうから，原因についての視点を提供することが必要である。

また，キャリア・ストレッサーの問題の所在について，この段階で整理する。すなわち，その問題は個人の問題か，職場の問題か，社会の問題かということである（図Ⅰ-1-1）。

(3) 個人の感情の統制の程度や洞察の可能性のアセスメント（水準の査定を含む）

先にも述べたとおり，感情の回復は産業心理臨床の重要なプロセスであり，いわゆるインテイクの段階で，見立てとして，クライエントの感情の統制の程度や洞察の可能性などを査定し，産業心理臨床の進捗について見通しを立てる必要がある。また，水準のアセスメントも重要であり，産業医，主治医との連携を図りつつ行う。

(4) 対処資源のアセスメント

対処資源の査定は，問題解決の方向性を模索するうえで重要である。自己効力感などの個人内対処資源のアセスメントと同時に，ソーシャルサポートなどの外的対処資源を明らかにする必要がある。それは，たとえば上司はこれについてどう思っているか，もしクライエントがこれについて相談したら，上司はどのように答えるかなど，シミュレーションしながら，明ら

かにしていくことができるだろう。このときソーシャルサポートの資源は職場内だけに限定されるものではないことに留意が必要である。たとえば，このことについて妻（夫）はどう思っているか，どう言いそうかなどの問いが考えられる。

●産業心理臨床の活動施設

産業心理臨床の活動施設としては，企業内では企業内相談室，企業内健康管理センターなどがあるが，独立した組織ではなく人事部や安全管理部などに心の専門家が配置されている場合も多い。近年では，企業の外部から従業員の心身の健康を支援する外部EAP（Employee Assistance Program；従業員支援プログラム）機関も増加している。公的支援機関としては，公立職業安定所（ハローワーク），産業保健総合支援センター，障害者職業センターなどがある（第Ⅳ部参照）。

企業内や公的支援機関では，組織の大きさにもよるが，心の専門家が10人，20人の単位で配置されているところはまずなく，一人だけ配置されているということが多い。このためまだ組織はなくても，まず一人から採用されて，心の支援を始めるということもある。その意味で，産業領域においては心の専門家の一人一人がパイオニアであり，その可能性を模索していくことができ，これから拡大が期待される領域である。

他に医療機関でもリワーク（復職）支援に力を入れているところも増えており，こういったところでは医療領域であると同時に，産業領域でもあることを意識しておく必要があるだろう。同様に，キャリア教育や新卒者の就職支援は学校領域ではあるが，「働く」というテーマであり，産業領域でもあることを意識したい。

●内部EAPと外部EAP

第Ⅲ部，第Ⅳ部でもわかるように，産業心理臨床の活動の場は多岐にわたるが，その中でも，産業心理臨床の支援が，企業内で行われるのがよいのか，企業外が望ましいのかについては，議論のあるところである。近年のEAP（Employee Assistance Program）の展開を受けて，企業内の支援を企業内EAP，企業外の支援を企業外EAPとも表現する。表Ⅰ-1-4は企業内EAPのメリットとデメリットを示したものである。企業内EAPのメリットは企業外EAPのデメリットとなり，企業内EAPのデメリットは企業外EAPのメリットとなる。このため，企業内EAPのメリットと企業外EAPのメリットを組み合わせて，効果をあげることが必要となる。企業内だからこそできること，あるいは企業外だからこそできることといった互いのメリットを最大化し，同時に互いのデメリットを最小化するよう工夫し，企業内と企業外の有機的なコラボレートを図ることが働く個人への有効な支援につながると考えられる。

表Ⅰ-1-4　企業内EAPのメリット，デメリット

メリット	心の専門家が同じ企業で働いているため，企業内の様子がわかる。このことから， ①企業内の資源を利用した支援が可能。 ②環境調整や復職支援などにおいて具体的な提案が可能。
デメリット	心の専門家が同じ企業に雇われているため，様々に利害関係が生じる可能性がある。たとえば， ①企業側の意向を無視できない場合がある。 ②心の専門家と相談者との間においても利害関係が生じる場合がある。

●産業心理臨床において心の専門家が期待される役割

以上，産業心理臨床について述べてきたが，産業心理臨床で心の専門家が期待される役割をまとめると，以下の4つにまとめられる。（1）個人の支援，（2）職場の支援，（3）会社の支援，（4）社会への提言の4つである（図Ⅰ-1-5）。

```
産業領域で心の専門家が期待される役割

【個人の支援】キャリア発達とメンタルヘルス（光と影）支援
【職場の支援】医療機関に行かずに済む職場環境づくり（職場がメンタルヘルスを阻害しない。働く場，生活する場におけるメンタルヘルスの促進）
【会社の支援】経営に向けて，心理学的視点からのコンサルテーション（組織の健康度を高める）
【社会への提言】社会に向けて，「働き方」についての発言，発信
```

図Ⅰ-1-5　産業領域で心の専門家が期待される役割

(1) 個人の支援

まず，個人の支援としては，すでに述べたように，個人のキャリア発達とメンタルヘルス（光と影）支援である。加えて重要な視点として，個人と組織，社会の力関係を考えると，概して個人のほうが弱者の立場に陥りやすいということから，個人が組織，社会について正当な知識を持ち，自分に向けられた様々な事柄が不当であるかないかを認識でき，不当な扱いをディフェンスする方法を学ぶこと，同時に，個人と組織の適切な距離感の持ち方を学ぶことが重要であり，これを支援したい。

(2) 職場の支援

職場の支援としては，環境さえ整っていれば発症しなくて済んだ人が医療機関に行かずに済む職場環境づくりを支援する。具体的には，働く個人のメンタルヘルスに影響を及ぼす職場のダイナミクスを明確化し，その改善や調整を行う。明確化の方法としては，図Ⅰ-1-6に示したように，心理学的な測定を行い，それらを分析することが考えられる。もちろん，個人の心理面接を行えば，その中に職場のダイナミクスや会社のダイナミクスの問題が見えてくる。しかし，それだけでは，そのケースのみの特殊なケースとなってしまい，対処療法に徹するしかなくなる。これを1ケースのみの特殊なケースに終わらせず，職場や会社のダイナミクスの問題解決に結びつけるには，職場のメンバーに対する調査面接とともに，職場全体に対する質問紙調査などの量的なアプローチによって，裏付けを取る必要がある。職場や会社の規模によってもできることが異なってくるが，産業心理臨床における心の専門家は個人面接といった質的アプローチのほかに，組織を測定する量的なアプローチについても習得している必要がある。

```
職場・会社の心理的支援ツール

【データ（量的，質的）分析】
　従業員を対象とした　・健康診断
　　　　　　　　　　　・ストレス・チェック
　　　　　　　　　　　・モラール調査 ── 調査面接
　　　　　　　　　　　・個別面接内容 ── 支援面接
【組織分析】
　職場ごとの分析
【支援策の構築】
```

図Ⅰ-1-6　職場・会社の心理的支援ツール

(3) 会社の支援

会社の支援としては，経営に向けて，心理学的視点からのコンサルテーション，すなわち，組織の健康度を高めることを支援する。ここでは，職場を越えた会社全体のダイナミクスに着目し，その改善や調整を行う。これには，経営層や他部署との連携が重要であるが，経営層や他部署を説得するデータベースのアプローチが必要であると考えられる。このため，心の専門家の専門性として，心理学的な質的，量的アプローチの双方が必要であることがわかる。また，こういった提言をしたときに，経営層や他部署を納得させるためには，日頃の信頼関係も重要であると考えられる。

(4) 社会への提言

最後に，社会への提言としては，社会に向けて，より望ましい「働き方」についての発言，発信をすることである（図Ⅰ-1-7）。先にも述べたとおり，産業心理臨床においては，職場や会社のみにとどまらず，社会の影響を大きく受ける。より働きやすい社会を目指し，働く個人を支援するためには，ときには心の専門家が社会に向け，「社会のダイナミクスの中で，職場では，会社ではこのようなことが起きている。その解決のために，どのようなことができるのか」を提言することも，心の専門家の使命の一つである。たとえば，20世紀型働き方からの脱却（金井，2008），ワーク・ライフ・バランス（内閣府，2007），労働時間管理（課業管理）といったことは，すでに社会で広く論じられているところであるが，心の専門家としても発言すべき内容ではないかと考えている。

働き方への提言
～ニッポンの働き方を変える～

【20世紀型働き方からの脱却】

【ワーク・ライフ・バランス】

【課業管理（task management）】
ホワイトカラー・エグゼンプションも
労働時間管理も
まずは，課業管理（task management）の必要性あり。

図Ⅰ-1-7 社会への提言

引用文献

キャリア・コンサルティング協議会（2015）．キャリア・コンサルタント資格保持者〈http://new.career-cc.org/about/〉（平成27年11月19日閲覧）

Cooper, C. L., & Marshall, J. (1976). Occupational sources of stress: A review of the relating to coronary heart disease and mental ill health. *Journal of Occupational Psychology, 49*, 11-28.

Erikson, E. H. (1959). Identity and the life cycle. *Psychological Issues, 1*, 1-171.

細川 汀・田尻俊一郎・上畑鉄之丞（1982）．過労死―脳・心臓疾患の業務上認定と予防　労働経済社

Hall, D. T. (1976). *Careers in organizations.* Glenview, IL: Scott, Foresman.

金井篤子（2007）．産業場面におけるカウンセリングのアセスメント　森田美弥子（編）現代のエスプリ（別冊）臨床心理査定研究セミナー　至文堂　pp.115-126．

金井篤子（2008）．職場の男性　ワーク・ライフ・バランスに向けて　柏木恵子・高橋恵子（編）日本の男性の心理学　もう一つのジェンダー問題　有斐閣　pp.209-226．

金井壽宏（1999）．経営組織　日本経済新聞社

厚生労働省（2006）．労働者の心の健康の保持増進のための指針　平成18年3月31日健康保持増進のための指針公示第3号

厚生労働省（2013）．平成24年　労働者健康状況調査　平成25年9月19日発表
厚生労働省（2014）．労働統計要覧（平成26年度）
厚生労働省（2015）．平成26年度　過労死等の労災補償状況　平成27年6月25日発表
内閣府（2007）．「ワーク・ライフ・バランス」推進の基本的方向中間報告―多様性を尊重し仕事と生活が好循環を生む社会に向けて―　男女共同参画会議　仕事と生活の調和（ワーク・ライフ・バランス）に関する専門調査会
内閣府（2015）．男女共同参画白書 平成27年版
日本臨床心理士会（2012）．「第6回臨床心理士の動向および意識調査」報告書
日本産業カウンセラー協会（2015）．会員支援サービスに関する意識調査（平成26年10月実施）〈http://www.counselor.or.jp/research/tabid/192/Default.aspx〉（平成27年11月19日閲覧）
Schein, E. H.（1978）. *Career dynamics: Matching individual and organizational needs.* Addison Wesley.（シャイン，E. H.（著）　二村敏子・三善勝代（訳）（1991）．キャリア・ダイナミクス　白桃書房）
総務省統計局（2015）．労働力調査
若林　満（1988）．組織内キャリア発達とその環境　若林　満・松原敏浩（共編）組織心理学　福村出版　pp.230-261.

2 働く職場の現状

前川由未子

●職場と働き方の現状

　職場とは,「会社・工場などで各自が受け持つ仕事の場所」である（梅棹ら，1995）。この言葉は,労働に携わる物理的空間という意味にとどまらず,ともに働く者との人間関係や集団力動など社会的空間としての意味も含んでいる。人々が働くこの空間は,それが属する企業に,そして我が国の産業に取り巻かれる中に存在している。したがって,職場を取り巻く企業や産業を含めて理解し,物理的・社会的空間としての職場イメージを描けることが真の職場理解につながる。

　そうした包括的な職場理解を目指し,本節ではまず,我が国の産業や企業の特徴を概観することとする。そのうえで働き方の現状を示し,労働者がどういった環境の中で,どのように働いているのかを描き出すことを試みる。また,続く2つの節では労働者のメンタルヘルスおよび職場のメンタルヘルス対策の現状を示し,今後の課題について考察を行う。

　今日,我が国では,およそ6,240万人が就業し,事業所数は約600万にものぼっている（総務省,2015a）。すべての事業所にその職場特有の空間があり,さらにそれをどのように体験するかは働く人一人ひとりによって異なっている。私たちが書物やデータから学べることはあくまで全体の平均や傾向にすぎない。そのことに留意した上で,我が国全体の傾向と対比しつつ,目の前の職場理解に努めていくことが重要である。

（1）日本の産業構造

　まず,我が国の産業構造の概要を述べる。日本にある約600万の事業所のうち,99.7%は中小企業・小規模企業者が占めており,大企業はわずか0.3%である（経済産業省,2013）。つまり,我が国にある企業のうちのほとんどを中小企業が占めている。なお,中小企業および小規模事業者は表Ⅰ-2-1のように定義され,この基準を超えるものが大企業とされている。

　これらの事業所について業種別に見てみると,農業,林業,漁業を含む第一次産業と言われるものは全体のわずか0.6%であり,製造業や建設業といった第二次産業も2割弱と低い割合になっている（総務省,2015a）。したがって,残りの約8割は第三次産業が占めていることになる。第三次産業には運輸,電気,ガス,医療などの公益事業の他,卸・小売業や飲食業,金融業や教育業など様々な業種が含まれている。我が国の産業構造は,ペティ＝クラークの法則[1]に

1）経済の発展に伴い,一国の産業の比重が第一次産業から第二次産業へ,第二次産業から第三次産業へと移行していくこと。Petty（1690）の理論をもとにClark（1940）が提示した。

表 I-2-1　中小企業・小規模企業者の定義 (中小企業庁, 2014)

業種	中小企業者 資本金又は出資の総額	中小企業者 常時使用する従業員の数	小規模企業者 常時使用する従業員の数
製造業その他	3億円以下	300人以下	20人以下
卸売業	1億円以下	100人以下	5人以下
サービス業	5000万円以下	100人以下	5人以下
小売業	5000万円以下	50人以下	5人以下

従い，戦後，経済成長に伴って第一次産業は縮小へ，第三次産業は拡大へと変化してきた。特に近年では，医療・福祉や娯楽などのサービスを提供する「サービス産業化」が進んでおり，生活をより豊かにしたいというニーズの高まりとそれに合わせた産業の活性化をここに見ることができる。

(2) 日本企業の特徴

　戦後の高度経済成長は，多くの雇用を生み出した。その中で，企業が人材を確保するために編み出したのが終身雇用制である。それと並行して年功序列賃金が定着し，「会社に骨をうずめる」ことが当たり前の世の中となった。

　こうした企業体制の変化は，「職場」が持つ意味合いにも変化をもたらすこととなる。終身雇用制のもとでは，従業員同士が協力し，互いに補い合える関係が必要となる。開發(1999)は，こうした協力の必要性と日本人の「和の精神」とがあいまって確立された集団主義が日本の経済発展を支え，本来，機能集団としての企業を共同体化させたと指摘している。すなわち，日本企業は利潤を追求するためだけの集団ではなく，家族や地域コミュニティのような共同体としての役割を担った。

　このような歴史的動向の影響は，今日にまで及んでいる。職場では，企業が定める公式のルールよりも職場風土や暗黙のルールが重んじられ，集団から逸脱しないことが優先される傾向にある。また，終身雇用制は今日まで継続しており，特に大企業では根強く残っている。

　一方，中途採用を行う事業所数は増加傾向にあり，特に中小企業では従業員の流動性が高いと言われている（厚生労働省，2015a）。さらに，年功序列賃金はバブル崩壊を機に批判の的となり，能力主義賃金へと転換した。この急速な転換は我が国の企業文化とは融合し難かったことから，近年では，能力主義と成果主義を併用させた「日本型成果主義賃金」へと移行しつつある（宮本，2009）。こうした変化や企業規模による差は，働く人に戸惑いや不安を喚起させるかもしれない。また，雇用の在り方の変化に伴い，今後，職場の暗黙のルールが変わっていく可能性も考えられる。

(3) 働き方の現状

　1）雇用形態　少子高齢化や男女共同参画社会を背景に，近年，働き方の多様化が進んでいる。調査が始まった昭和59年と比較すると，非正規雇用労働者の数は3倍以上に増加し，現在は雇用者全体のうち約4割を占めている（図 I-2-1）。その内訳としては，パート・アルバイトが約7割を占め，次いで契約社員，嘱託，派遣社員の順になっている。正規雇用者の

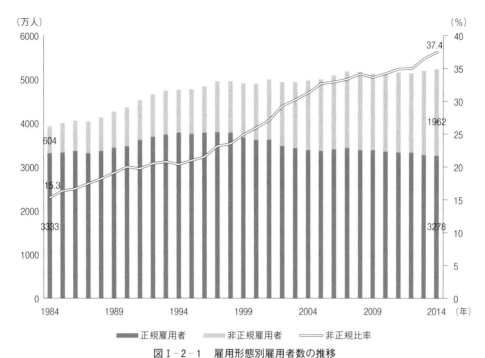

図 I-2-1　雇用形態別雇用者数の推移
（2001年以前は総務省（2015a），2002年以降は総務省（2015b）による）

うち，女性は約3割にとどまっているのに対し，非正規雇用者では約7割を占めており（総務省，2015a），近年の働く女性の増加は非正規雇用者の増加と連動していることが推察される。また業種別では，宿泊・飲食業や娯楽業といったサービス業で非正規雇用者の割合が高く，第三次産業を中心に雇用形態の多様化が進んでいる。こうした変化は，生活スタイルに合わせた働き方を可能にすると考えられる。一方，非正規雇用者のうち，男性の約30%，女性の約15%は不本意非正規雇用であることも示されており（厚生労働省，2015b），安定した雇用の確保も課題となっている。

　2）労働時間　　1947年に労働基準法が制定されて以降，3回の改正を経て，1987年には法定労働時間が週40時間に定められた。それに伴って総実労働時間は大幅に減少し，近年は平均月間150時間ほどになっている（厚生労働省，2015b）。しかし，一般労働者[2]の月間総実労働時間は170時間弱で推移しており，先進国の中では依然として最も高い水準に位置している（図 I-2-2，OECD，2015）。一方，パートタイム労働者では減少傾向にあり，2014年時点で約90時間となっている。パートタイム労働者は近年大幅に増加していることから，平均総実労働時間の減少はパートタイム労働者による影響と考えられる。

　さらに，労働時間の規制強化にもかかわらず，残業や休日出勤などの所定外労働時間は月間11～13時間で推移し続けている（厚生労働省，2015b）。所定外労働の理由としては，企業側，労働者側ともに「業務の繁閑が激しいから，突発的な業務が生じやすいから」が最も多く，次

---

[2] 一般労働者とは，事業所の所定労働時間が適用される労働者のことである。一般労働者より労働時間が短い者をパートタイム労働者という。

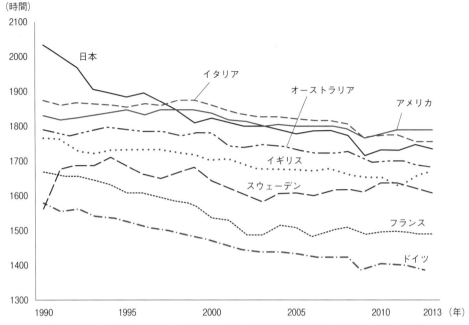

図 I-2-2　各国における一人当たりの平均年間総実労働時間（OECD Database, 2015）
（ただし，国によりデータ源が異なることから，各国間比較に適さないデータであることに留意する必要がある）

いで「人員が不足しているから」との回答が多い。こうした現状は，企業のグローバル化により顧客や業務が多様化し，他律的な要因が増えていることの現れと考えられる。また，今後の労働力人口の減少は，慢性的な人員不足にさらに拍車をかけることになるだろう。

　企業規模別では，規模が小さいほど労働時間は長くなっており，少人数のために一人当たりの負荷が高くなっていることが考えられる。週の就業時間が60時間を超える長時間労働者も依然として高い状況が続いており，特に20代後半〜30代の男性や20代の女性に多くなっている（厚生労働省，2015b）。

　3）賃金　月あたりの平均賃金は，一般労働者では40万円前後，パートタイム労働者では10万円弱で推移している（厚生労働省，2015b）。一般労働者の賃金は景気により変動しつつも，大きな変化は見られない一方で，パートタイム労働者の賃金は，少しずつではあるが一貫して上昇している。これは，企業が人材確保をねらったものと思われる。実際に，都道府県ごとに定められている最低賃金も上昇傾向にあるが，地域によっては，200円以上の格差が存在している。

　また，賃金格差は企業規模によっても見られる。特に男性では，大企業の賃金を100％とした場合，中小企業では80％を切る水準となっている（厚生労働省，2015c）。前述のとおり，労働時間は小規模企業の方が長いことと合わせて考えると，中小企業で働く人にとっては，厳しい条件と言えそうである。

　男女間の差は減少傾向にあるものの，一般労働者における女性の賃金は男性の7割弱となっており，依然として格差が認められる（厚生労働省，2015b）。この背景としては，結婚や出産による女性の早期退職や休暇取得の影響が想定される。したがって，女性が働きやすい環境

を整えることも格差是正につながると考えられる。

●働く人のメンタルヘルスの現状

(1) メンタルヘルスとその影響

厚生労働省（2014a）によると，「現在の仕事や職業生活に関することで強い不安，悩み，ストレスを感じる事柄がある」と回答した労働者は52％であり，6割前後で推移していた近年では最も低い割合となった。これは，企業にメンタルヘルス対策が浸透してきたことの現れとも考えられる。しかし，依然として半数以上の労働者が精神的な負担を抱えながら働いているということであり，決して楽観視はできない。

不安，悩み，ストレスの内容としては，「仕事の質・量」が男女ともに最も多く，次いで「仕事の失敗，責任の発生」「対人関係」「役割・地位の変化等」となっている。男性では「役割・地位の変化等」と答えた割合が高いのに対して，女性では「対人関係」の割合が高く，ストレスを抱える原因には男女により違いがあることがわかる。

こうした悩みが解消されないまま継続したり，重なったりした場合，うつ病や不安障害といった精神障害を患いやすくなる。精神障害を理由とした労災請求件数は増加の一途をたどっており，2014年度には1,456件にのぼった（厚生労働省，2015d）。それに伴い，認定率も徐々に上がっている。また，精神障害による自殺や欠勤，パフォーマンスの低下がもたらすコスト（疾病費用）は，年間2.9兆円にものぼると言われており（学校法人慶應義塾，2011），労働者のメンタルヘルス不調は我が国にとって深刻な課題となっている。

(2) メンタルヘルス不調者の特徴

メンタルヘルス不調者の割合について様々な属性による比較を行うことにより，不調を抱えやすい人の特徴を検討する。

不安，悩み，ストレスを抱えている割合を年齢別に見てみると，30代で最も高く，次いで40代，50代と続いて60歳以上で低くなっている。性別では，男性の方が女性よりもストレスを感じている割合がわずかに多い。就業形態別では，正社員で最も多く，それに次ぐ契約社員も5割を超えている。また，パートタイム労働者，臨時・日雇労働者，派遣労働者のいずれも3割を超えており（厚生労働省，2014a），非正規雇用者のメンタルヘルスも危惧される状況と言える。

産業別で見ると，メンタルヘルスに問題を抱えている社員がいる事業所は医療・福祉で最も高く，次いで情報通信業，製造業となっている（労働政策研究・研修機構，2011）。いずれも昼夜を問わない労働形態を取る場合が多いことから，生活リズムの乱れやすさも関連している可能性が窺える。また，総実労働時間が長くなるにつれてメンタルヘルス不調者の割合が高くなることから（労働政策研究・研修機構，2014），労働時間とメンタルヘルスには密接な関係があると言えそうである。

役職別では，「役職なし」の人に最も多く，企業規模別では，従業員数1,000人以上の企業でメンタルヘルス不調者を抱える割合が最も高い（労働政策研究・研修機構，2011）。規模の大きな企業ほど役職を持たない者が増えることから，これらの結果は関連していることが予想される。

以上のことから，長時間労働や不規則労働を強いられている者のうち，役職を持たない30

代の労働者が特にメンタルヘルス不調になりやすいと考えられる。30代は，自らのキャリアを築き上げていく時期である一方で，結婚や子育てなどのライフイベントも多い。そのため，労働者として，また家庭人として役割を担い，アイデンティティを確立する時期であると言われている（Schein, 1978）。そうした中，労働時間により私生活が侵襲されたり，職場で役職に就けなかったりすることは，家庭においても職場においてもアイデンティティを確立できず，「生きがい」や「働きがい」を見失うことにつながるかもしれない。このような発達課題における挫折もメンタルヘルス不調を引き起こす要因となることが考えられる。

(3) メンタルヘルス不調者の予後

では，メンタルヘルス不調に陥った人は，どのような予後をたどるのか。労働政策研究・研修機構（2014）は，メンタルヘルス不調を「落ち込んだりやる気が起きないといった精神的な不調」とし，その経験者に対して調査を行った。その結果，不調が続いた期間が1年未満だった人が6割を超えたのに対し，約2割の人が「3年以上」と回答した。また，メンタルヘルス不調を感じた後，休職も通院治療もせずに働いた人は約70％だったのに対し，最終的に退職した人は13％であった。この結果から，メンタルヘルス不調に陥った人のうち過半数は深刻化せずにすんでいる一方で，悪化した場合には問題が長期化し，立て直し不可能な状態にいたりやすいことが示唆された。こうした事態を防ぐためには，不調を早期に発見し，適切な治療や職場の環境調整を行うことが必要である。

このように，メンタルヘルス不調により就業を継続できなくなる人は決して少なくない。病気による休職のうち，メンタルヘルスを理由とするものは他の疾病を抑えて最も多く（労働政策研究・研修機構，2013），過去1年間にメンタルヘルス不調による休職または退職をした労働者がいる事業所は，全体の1割にのぼっている（厚生労働省，2014a）。また，病気による休職のうち退職に至る割合は，癌が最も高く，メンタルヘルス不調はそれに次ぐ位置づけとなっている。メンタルヘルス不調で退職した場合，再就職にはより多くの困難が伴うことから，退職を防ぐための介入や周囲の理解が重要と考えられる。

(4) 自　殺

メンタルヘルス不調に陥った場合，最悪のケースとして自殺にいたることがある。その死の背景に労働にまつわる要因がある場合には，これを過労死（過労自殺）と呼ぶこともある。精神障害を理由とした労災請求のうち，約15％は自殺であり，請求件数は総数と同じく増加傾向にある（厚生労働省，2015d）。

1998年，雇用・経済状況の悪化や大手銀行の相次ぐ経営破綻を背景に，我が国の自殺者数は初めて3万人を超えた。それ以来，10年余りにもわたり，その状況は続くこととなる。これに対して政府は「自殺対策白書」をはじめとする様々な対策を講じ，2012年にようやく3万人を切ると，2014年には2万5千人台となった（内閣府，2015a）。そのうち，約70％が男性であり，約35％を被雇用者や自営業者といった労働者が占めている。また，25〜39歳では死因の第1位が自殺であり，40代でも第2位となっている（厚生労働省，2014b）。このように，働き盛りの自殺は深刻な問題であり，日本は自殺によって重要な労働力を失っていると言える。

年間自殺者数と原因・動機別の自殺者数の推移を図Ⅰ-2-3に示す。「勤務問題」および「経済・生活問題」のうちの「就労失敗」，「学校問題」のうちの「その他進路に関する悩み」を「仕

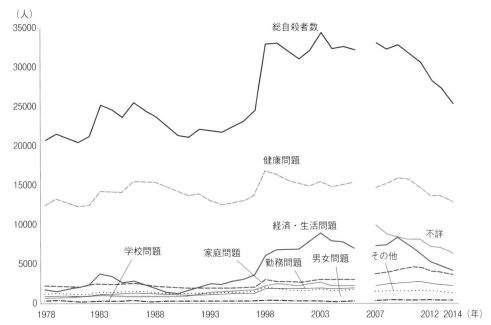

図Ⅰ-2-3　年間総自殺者数および原因・動機別自殺者数の推移（内閣府, 2007, 2009, 2011, 2013, 2015a）
（なお, 2007年に自殺統計原票が改正され, 遺書などの資料から推定できる原因・動機が3つまで計上されることとなった。そのため, 前年以前との単純比較には適さないことに留意する必要がある）

事関連の悩み」として行った調査では，全体の約10％がこれに該当し，特に20代では20％を超えることが示されている（厚生労働省，2014b）。自殺者の動機の解明は難しく，「健康問題（うつ病）」に分類されているケースもあることから，実際に労働が関連している件数はこれを上回ることが予想される。

●職場におけるメンタルヘルス対策の現状と課題
(1) 企業によるメンタルヘルス対策

　働く人のメンタルヘルス対策を推進するため，2000年に厚生労働省は「事業場における労働者のこころの健康づくりの指針」を策定し，2006年にこれを労働衛生法に基づくものとして義務化した。それに伴ってメンタルヘルス対策に取り組む事業所数は増加し，2014年には初めて6割を超えた（厚生労働省，2014a）。メンタルヘルス対策に取り組む事業所は企業規模が大きくなるほど多く，従業員数300人以上の事業所では9割を超えている。

　メンタルヘルス対策の内容としては，「労働者・管理監督者への教育研修・情報提供」をあげるところが最も多く，次いで「事業所内での相談体制の整備」「健康診断後の保健指導におけるメンタルヘルスケアの実施」「ストレスチェック」の順となっている（厚生労働省，2014a）。2015年12月より，従業員数50人以上のすべての事業所においてストレスチェックが義務化されることから，多くの事業所がメンタルヘルス対策を導入せざるを得ない局面を迎えていると言える。

　一方，職場のメンタルヘルス対策には数々の課題も残されている。厚生労働省（2014a）によると，メンタルヘルス不調による休職・退職があった事業所のうち，3割以上が何の対策も行っていないと回答しており，職場復帰に関するルールが明文化されていない，またはルール

自体を持たない事業所は,合わせて7割近くにものぼっている。また,ストレスチェック実施後に面談等を行った事業所は約4割にとどまっており,半数以上がフォローやアフターケアを行っていないことが明らかにされている。さらに,メンタルヘルスケアスタッフとしてカウンセラーを採用している企業は約15％にとどまり(労働政策研究・研修機構,2011),産業領域で勤務している臨床心理士は1,000人にも満たない(日本臨床心理士会,2012)。そのため,企業におけるメンタルヘルス対策の担い手は産業医や保健師,あるいは人事担当者などが中心であり,必ずしもメンタルヘルスの専門家ではないことが推察される。こうした現状から,すべての事業所におけるメンタルヘルス対策の実施を目指すのはもちろんのこと,いかに一定の質を確保するかも重要な課題と言える(図Ⅰ-2-4参照)。

(2) 働く人自身によるメンタルヘルス対策

職場のメンタルヘルス対策が広がりを見せる一方で,労働者がそれを活用していないという問題も存在している。職業生活に関する不安や悩みについて,産業医や保健師,カウンセラーといった専門家に相談したことのある人は3％未満であり,相談できると思いながらも実際には誰にも相談しなかった人は2割以上にのぼっている(厚生労働省,2014a)。これは,企業が用意した相談体制がうまく活用されていないことを示唆しており,いざというときに相談をためらう労働者が多いことが窺える。特に,若年層においては相談意欲が低く,その背景には,メンタルヘルス不調によってその後のキャリアや職業生活が揺るがされる不安があることが示唆されている(前川・金井,2015)。したがって,労働者によるメンタルヘルス対策の活用を促進するためには,プライバシーの保護の徹底やメンタルヘルス不調者のキャリア支援など,労働者が安心して利用できる工夫が必要であると考えられる。

一方,労働者が用いているストレス解消法としては,「のんびりする時間をとる」と「寝てしまう」が男女ともに多かった。また,「趣味・スポーツに打ち込む」「酒を飲む」「煙草を吸う」は男性の割合が高く,「人と喋ったり,話を聞いてもらう」「何か食べる」「買い物をする」は女性の割合が高かった(厚生労働省,2014b)。このように,ストレスの対処法は男女により異なるが,いずれもプライベートで行うものが多いことが見受けられる。そのため,企業の相談窓口のように職場内で対処するという発想を持ちにくかったり,抵抗を感じやすかったりする可能性も考えられる。

(3) 今後の課題

このように,企業の取り組みと実際にそれが機能しているかどうかは必ずしも一致するものではなく,労働者のメンタルヘルスにつなげるためには,引き続き努力が必要である。これまで見てきた職場の現状から,職場のメンタルヘルス対策が抱える今後の課題として,主に以下の2つが考えられる。

第1に,メンタルヘルス対策を真に有効な取り組みとして,いかに根付かせるかという問題である。企業や職場という共同体にとって,メンタルヘルス対策あるいはそれを担う者(特に心の専門家)は,いわば外からやってきたよそ者であり,それまでの文化にはない異質なものと言える。そのため,メンタルヘルス対策の活用を促進し,その効果を十分発揮させるためには,実施者が職場との確かなつながりを築き,取り組みが風土や規範として根付くことが重要である。したがって,それぞれの企業や職場の文化を十分に理解し,それと調和するようなメ

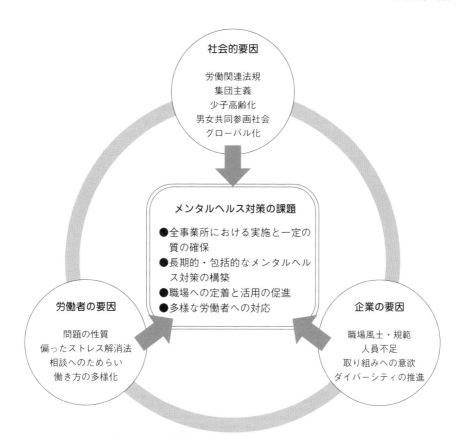

図Ⅰ-2-4　職場におけるメンタルヘルス対策の課題

ンタルヘルス対策の在り方を探求していくことが，形だけの取り組みになることを防ぐと考えられる。

　第2に，多様な労働者に対するメンタルヘルス対策の構築である。少子高齢化に伴い，今後，労働力人口の大幅な減少はもはや避けられないと言われている。内閣府（2015b）は，出生率の回復を仮定しても，2060年の労働力人口は4,500万人を下回るとの予測を示した。これに対して企業では，性別，年齢，国籍などにこだわらず多様な人材雇用を積極的に行う「ダイバーシティの推進」が盛んになっている。こうした取り組みは，女性や高齢者といった非正規雇用者をますます増加させることも予想される。一方，非正規雇用者に対してメンタルヘルス教育を行っている事業所は約2割にとどまっており（厚生労働省，2014a），労働者におけるマイノリティへのメンタルヘルス対策はまだまだ開発途上である。したがって，非正規労働者はもちろんのこと，高齢者や障害者，外国人など様々な労働者に対するメンタルヘルス対策を今後進めていくことが必要である。

　以上のような課題は，企業だけでなく，労働者や彼らを取り巻く社会の要因があいまって生じている。こうした観点から，職場が抱えるメンタルヘルス対策の課題をまとめると，図Ⅰ-2-4のように示すことができる。職場でメンタルヘルス対策を担う者には，顕在化している問題や課題だけでなく，その背景にある要因から総合的に理解することが求められている。

引用文献

中小企業庁（2014）．中小企業基本法
学校法人慶應義塾（2011）．平成22年度厚生労働省障害者福祉総合推進事業補助金「精神疾患の社会的コストの推計」事業実績報告書．〈http://www.mhlw.go.jp/bunya/shougaihoken/cyousajigyou/dl/seikabutsu30-2.pdf〉（2015年9月28日取得）
開發孝次郎（1999）．日本異質論—日本の企業—　日本大学芸術学部紀要，29，111-128．
経済産業省（2013）．中小企業・小規模事業者の数
厚生労働省（2014a）．平成25年労働安全衛生調査
厚生労働省（2014b）．平成26年版厚生労働白書健康長寿社会の実現に向けて—健康・予防元年—
厚生労働省（2015a）．労働経済動向調査（平成27年5月）の概況
厚生労働省（2015b）．平成27年版労働経済の分析—労働生産性と雇用・労働問題への対応—
厚生労働省（2015c）．平成26年賃金構造基本統計調査結果の概況
厚生労働省（2015d）．平成26年度過労死等の労災補償状況
前川由未子・金井篤子（2015）．職場におけるメンタルヘルス風土と労働者の援助要請およびメンタルヘルスの実態　名古屋大学大学院教育発達科学研究科紀要（心理発達科学），62，27-37．
宮本光晴（2009）．なぜ日本型成果主義は生まれたのか　日本労働研究雑誌，585，30-33．
内閣府（2007）．平成18年中における自殺の概要資料
内閣府（2009）．平成20年中における自殺の概要資料
内閣府（2011）．平成22年中における自殺の概要資料
内閣府（2013）．平成24年中における自殺の状況
内閣府（2015a）．平成26年中における自殺の状況
内閣府（2015b）．労働力人口と今後の経済成長について
日本臨床心理士会（2012）．「第6回臨床心理士の動向および意識調査」報告書
OECD Database (2015). Average annual hours actually worked per worker. 〈http://stats.oecd.org/Index.aspx?DataSetCode%3DANHRS#〉
労働政策研究・研修機構（2011）．「職場におけるメンタルヘルスケア対策に関する調査」結果
労働政策研究・研修機構（2013）．「メンタルヘルス，私傷病などの治療と職業生活の両立支援に関する調査」調査結果
労働政策研究・研修機構（2014）．「第2回日本人の就業実態に関する総合調査」結果
Schein, E. H. (1978). *Career dynamics: Matching individual and organizational needs.* Addison Wesley（シャイン，E. H.（著）　二村敏子・三善勝代（訳）（1991）．キャリア・ダイナミクス　白桃書房）
総務省（2015a）．平成26年経済センサス—基礎調査（速報）
総務省（2015b）．労働力調査（詳細集計）長期時系列データ年平均結果等—全国年齢階級，雇用形態別雇用者数
総務省（2015c）．労働力調査特別調査 長期時系列データ四半期平均結果等—全国年齢階級，雇用形態別雇用者数
梅棹忠夫・金田一春彦・坂倉篤義・日野原重明（1995）．日本語大辞典　第二版　講談社

II 産業心理臨床を支える理論

産業領域の心理臨床は様々な学問的理論を背景としている。ここでは，キャリア心理学，ストレス心理学，産業・組織心理学，労働関連法規，産業精神保健，産業医学の基礎理論を解説することにより，産業心理臨床実践を支える理論的背景および知識を提供する。

1 キャリアの心理学

富田真紀子

●キャリアとは

　キャリア（Career）の語源はラテン語の"Carrus"であると言われている。この言葉は，荷車を意味し，そこから馬車などが道に残した車輪の跡である轍を指すようになり，後年，人がたどってきたその足跡，経歴，遍歴，なども含めて意味するようになった。自分を乗せる馬車が長く走り続けて残していく軌跡のイメージは，私たちが現在使用する「キャリア」のイメージと重なるだろう。この轍の軌跡は人生の終焉まで続くものであるが，ときには曲がったり，途切れたりと決して平たんなものではない。そして，2つとして同じ軌跡はなく十人十色である。この軌跡は人生全体を表現したものと眺めることもできれば，急な転機を象徴するようないくつかの曲がり角に着目することもできる。また偶然の出会いにより行き先を変えた地点など転換の時期が見出されることもあるだろう。

　キャリアの見方もこうした軌跡のとらえ方と同様にいくつかの学説がある。本章では心の専門家として知っておくべき代表的キャリア理論を紹介する。そして，キャリア・カウンセリングとは何かを示す。また，現代社会の経済および雇用状況の急激な変化にともない生じたキャリアの問題を取り上げる。

(1) キャリアの定義

　キャリアは，これまでにいくつかの視点から定義が示されている。職業キャリアに着目したものから，近年では人生全般を含めた広い意味の定義もある。代表的キャリアの定義を金井篤子（2015）は表Ⅱ-1-1のように示している。また，公的な視点から文部科学省（2004）では「個々人が生涯に渡って遂行する様々な立場や役割の連鎖およびその過程における自己と働くこととの関係づけや価値づけの累積」と定義している。進路指導のガイダンスといったキャリア教育場面でも広義の意で使用されるようになっており，キャリアの概念はその使用される文脈や背景により狭義の職業キャリアに限定する場合と，広義の人生全体を含める場合がある。

(2) キャリアの特徴

　キャリアの特徴は以下の5つにまとめることができるとしている（金井篤子，2003）。①系列性（個々の職業や経験のみでなく，その連なりを指す），②生涯性（その連なりは，一生涯に渡る長いスパンによるものである），③因果と意味性（個々の職業や経験の連なりは個人によって，過去・現在・未来の時間軸上で意味づけられている），④独自性（たとえ同じ職業，

表Ⅱ-1-1　キャリアの定義 (金井篤子, 2015)

・Super（1980）による定義 　人々が生涯において追求し，占めている地位（position），職務，業務の系列
・Hall（1976）のキャリアの4つの意味 　①昇進や昇格によって職業上の地位が上昇すること，②医師，法律家，教授，聖職者などの伝統的に評価されてきた専門的職業，③ある人が経験した仕事（職業）の系列，④職業に限らず，生涯を通じてのあらゆる役割や地位，ないし身分の系列
・渡辺三枝子（1990）による定義 　個人が生涯を通して持つ一連の職業（職業経歴）とか，仕事と余暇を含んだ個人の生涯にわたるライフ・スタイル（生き方）
・若林　満（1988）による定義 　組織内において，ある一定期間のうちに個人が経験する職務内容，役割，地位，身分などの変化の一系列
・金井壽宏（1999）による定義 　就職して以後の生活ないし人生全体を基盤にして繰り広げられる長期的な仕事生活における具体的な職務・職種・職能での『諸経験の連続』と『節目の選択』が生み出していく回顧的な展望と将来構想のセンス・メイキング（意味生成）・パターン

同じ系列を体験していても，その意味合いは個人により異なり，独自である），⑤普遍性（キャリアは特別な人だけのものではなく，誰もが所有し，普遍的である）である。

●キャリアに関する理論と概念

　キャリアに関する理論は，パーソンズ（Persons, F.）が1909年に「職業の選択」（Persons, 1909）を出版したのがはじめである。パーソンズは世界で最初の職業指導機関も設立した。そして，アメリカ社会の中で職業指導の実践を行い，仕事への適応を支援した。これ以降，多くのキャリアに関する理論が出ている。ここではいくつかの代表的な理論を取り上げる。

(1) ホランド（Holland, J. L.）

　ホランドは，キャリアとは個人のパーソナリティと仕事環境の相互作用の結果として構築されるものであるとして，個人–環境適合（Person-Environment Fit）理論を提唱している（Holland, 1997）。その中で6角形モデルを示し，大多数の人は，現実的，研究的，芸術的，社会的，起業的，慣習的の6つのパーソナリティ・タイプのうちの一つに分類されるとした（図Ⅱ-1-1）。また，環境の特徴も同様の6つの環境モデルで説明可能であるとし，人々は自分の持っている技能・能力を生かして価値観を表現することができる環境を求めるとした。そして人間の行動はパーソナリティと環境との相互作用により決定されるものであると述べている。これら6つのタイプ間の相互関係については，タイプ間でその強さは異なるが，関連性には一貫性があるとしている。また，これら6つの関連は心理的類似性を示し，タイプ間の距離と心理的類似性は比例するものであるとしている。たとえば，現実的タイプは6角形の対極にある社会的タイプよりも，隣に位置する研究的タイプや慣習的タイプとの関連性が強い。

　この6角形モデルの類型に関しては，ラウンドとトレイシー（Rounds & Tracey, 1995）が104の研究を対象に6角形モデルの構造が成立するかをメタ分析し，米国内ではほぼ支持されることを示した。多くの国においてこれらの理論をもとに開発されたVPI職業興味検査（Vocational Preference Inventory）やSDS（Self Directed Search）といったツールが活用されており，影響力の大きいモデルである。

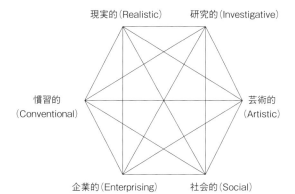

図Ⅱ-1-1　パーソナリティ，環境，あるいはそれらの相互作用の心理学的類似性を定義するためのホランドの6角形モデル（Holland, 1997）

　日本でもVPI職業興味検査はよく利用されている。このVPI職業興味検査は，160の職業に関して興味の有無を尋ね，その人の興味のパターンから幾つかの職業候補が絞られて示される。また，6つの興味領域（現実的，研究的，芸術的，社会的，企業的，慣習的）に対する興味の程度と5つの傾向尺度（自己統制，男性-女性傾向，地位志向，稀有反応，黙従反応）がプロフィールで示され，職業選択における自己理解に役立つツールである。興味を明確化し，具体的な職業候補が得られることから，職業経験が少ない場合には使いやすい。一方で，職業経験がある程度ある場合には，結果で得られた職業タイプが必ずしも現実的ではない場合もあり，得られた興味のパターンを現在の仕事と自身のキャリアにどのように生かし折り合いをつけるかが重要であろう。

(2) スーパー（Super, D. E.）

　スーパーが「キャリアの心理学（*The Psychology of Careers*）」（Super, 1957）を出版したのが，職業心理学の分野にキャリアという語が導入されたきっかけと言われる。従来の職業（Vocation）という言葉からキャリアという用語を用いることで，職業生活を発達的連続として概念化した。また，キャリア発達段階として5つの段階を示した（表Ⅱ-1-2）。その後，スーパーは仕事以外の活動や役割もキャリアには含まれるとして，キャリアの広義の意味を含めたライフ・キャリア（Life Career）を定義するにいたった。個人のライフ・コースが多様化し，職業以外の仕事と家庭のバランスや私生活における趣味等も重視されるようになったことが，ライフ・キャリアの概念化の背景にあると考えられる。

表Ⅱ-1-2　スーパーのキャリア発達段階（Super & Bohn, 1970）

段階	年齢	特徴
成長段階	0～14歳	自己概念に関連した能力，態度，興味，欲求の発達
探索段階	15～24歳	選択が狭まる暫定的な時期
確立段階	25～44歳	仕事経験を通しての試行と安定
維持段階	45～64歳	職業上の地位と状況を改善するための継続的な適応過程
解放段階	65歳～	退職後の生活設計，新しい生活への適応

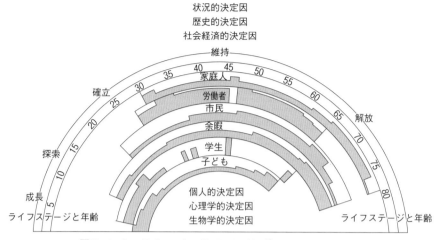

図Ⅱ-1-2　ライフ・キャリア・レインボー（Super et al., 1996）

　1）ライフ・キャリア・レインボー　　スーパー（Super, 1986）は，個人のキャリア発達に関して，人は生涯を通じて主として6つの役割（子ども，学生，余暇を楽しむ人，市民，労働者，家庭人）の重みづけを変化させながら担い，年齢や世代により主要な役割は変化すること，そして個人によって異なる変遷を遂げることを示した。この様相をレインボー（虹）に模して端的に示したのがライフ・キャリア・レインボーである。キャリアは人間の発達のライフ・ステージと関連し，一生涯にわたって発達し変化する過程であるとした。レインボーにたとえることで，"時間"の視点から「ライフ・スパン」を成長・探索・確立・維持・解放，"役割"の視点から「ライフ・スペース」を環境（空間）として配置した。そして，エネルギー消費量を面積で記して，いくつかの役割が同時に存在し，かつ，それぞれの役割に費やされる時間とエネルギーの総量が変化していくことを示した。

　図Ⅱ-1-2はある人のライフ・キャリア・レインボーである。この労働者の役割を追ってみると，27歳頃に労働者としての役割がスタートし，しばらくは労働者の役割への重みが大きいが，45歳頃になると一度労働者の役割がストップして学生生活に戻っていることがわかるだろう。そして，47歳頃に再び労働者としての役割へ戻っている。他の役割も同様に生涯を通じて，その時々に重視する役割の占める割合が高くなっていることから，個人が生涯を通じて様々な役割のバランスを変化させていることがわかる。ライフ・キャリア・レインボーに自らの生涯も当てはめて考えてみると，現在の位置づけと今後の方向性を明らかにすることができる。個人のキャリアを「ライフ・スパン」と「ライフ・スペース」という2つの次元でとらえることで，現在の位置づけを明確化できることから，キャリアの長期的展望を見通すうえでも役立つものである。

（3）シャイン（Schein, E. H.）

　シャインは「組織心理学」という言葉を生み出し，個人と組織の相互作用と個人のキャリア発達に着目し，3つのサイクルを示した。図Ⅱ-1-3は，自己，仕事，家庭の複合体として個人を把握するモデルである。この3つのサイクルは互いに重なりを示すものであり，このサイクルが相互に影響し合い，人が存在しているとした。

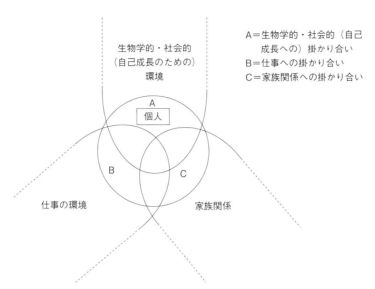

図Ⅱ-1-3　外的環境と作用し合う個人の基本モデル (Schein, 1978)

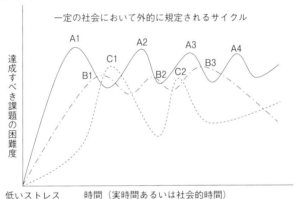

A──生物学的・社会的サイクル　B---仕事・キャリアサイクル　C---家族関係サイクル（新家族）
A1：青春期　　　　　　　　　B1：キャリア／組織へのエントリー　C1：結婚，子ども
A2：30代の危機　　　　　　　B2：在職権の獲得　　　　　　　　　C2：子どもの成長
A3：中年の危機　　　　　　　B3：引退
A4：老年の危機
　主な仮説：個人の有効性に課題の全体的困難度が最高の場合に最低になるが，困難度が高いほど，
急速に成長するための大きな機会も生まれる。

図Ⅱ-1-4　ライフ・キャリア・家族サイクル相互作用モデル (Schein, 1978)

　3つのサイクルは人が生きている領域を「生物学的・社会的サイクル」「仕事・キャリアサイクル」「家族関係サイクル」に分けて示したものである。シャインはキャリアを考慮するうえで，これら3つのサイクルすべてを統合して考慮する必要性を示唆した。サイクルごとの山の部分は年代による課題があることを示している。課題の困難度が高いとストレスも高く，課題によりストレス量が異なる（図Ⅱ-1-4）。各サイクルにおいて達成すべき課題はおおよその年齢段階とそのストレス量からとらえることが可能である。心の専門家として，キャリアに関するカウンセリングをする場合，「仕事・キャリアサイクル」に着目することが多いが，「生

物学的・社会的サイクル」,「家族関係サイクル」も含めた3つのサイクルの相互作用を考慮し,人生を統合的に捉えるライフ・キャリアの視点の重要性を示唆したモデルといえる。しかしながら,個人によってどの段階にありストレス量がどの程度かには差異があるので,目安として活用することが望ましいであろう。

　1）組織の3次元モデル　　シャイン（Schein, 1978）は組織内のキャリアの軌跡は3次元でとらえることができることを示した（図Ⅱ-1-5）。1つ目の次元は「職階」である。いわゆる昇進というのがこの職階の次元をのぼっていくことである。組織によりこの職階の次元は異なり,フラットである組織もあれば多重な職階から成り立つ組織もある。2つ目の次元は「職能」である。図では,販売,製造,マーケティングを示しているが,業種により人事,総務,財務,営業等,多様な職能がある。属する組織や働き方により,職能を頻繁に異動する人もいれば,同じ職能にとどまりスペシャリストとなる人もいるだろう。3つ目の次元は「中心性」である。周辺から中心部へいくほど,その人の仕事が組織において中心的で核となるものであることを示す。組織にとって重要な機密や主となる業務に必要な知識等を扱うことが該当する。これら組織の3次元において,人事異動がなされる。組織においては,組織を構成する人びとを適切に配置することが必要なため,転勤,昇格・昇進,降格,配置換え等がなされる。また,組織の3次元は客観的なキャリアとして評価されうるものであるが,一方で個人の主観的なキャリアも反映される。たとえば管理職層へ昇進した場合であっても周辺業務についているか組織の中核の業務を担っているかは,その人がどのように組織をとらえ,どのような業務を重要視するかにより異なるためである。

　クライエントが自身の所属する組織における地位をどのように考えているかを把握するうえで,組織の3次元の枠組みを用いることも可能である。心の専門家としてキャリアに関するカウンセリングを実施する際には,クライエントがどのような特徴の組織に属しているのかを十分理解することが重要である。

　2）キャリア・アンカー　　シャイン（Schein, 1990）は,個人がキャリアを発達させるうえで,決して断念したくない大切な価値観,欲求,個人の内面において拠り所となるものがあるとし,これをキャリア・アンカーと概念化している。アンカーとは錨（いかり）のことであり,船舶等を水上において固定し,一定の範囲でとどめておくための道具である。個人のキャリアにも同様の核となるものがあり,それによりキャリアを選択しているのである。個人のキャリアも環境や状況によって浮遊するが,どうしても犠牲にしたくない核となるものは変化しないため,基盤となるものを知ることはキャリア選択

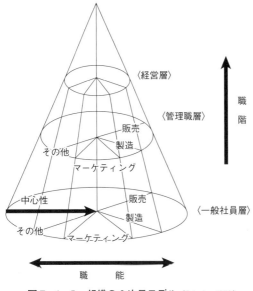

図Ⅱ-1-5　組織の3次元モデル (Schein, 1978)

などの意思決定時には役に立つ。シャインはマサチューセツ工科大学のビジネススクールの卒業生を10年間インタビューし，キャリアに対する選択や考え方などには一貫性があり，キャリア・アンカーとして8つがあることを示した。

①技術的・機能的能力（TF；Technical/Functional Competence）：専門を究める。
②管理能力（GM；General Managerial Competence）：人々を動かす。
③自律と独立（AU；Autonomy/Independence）：自立・独立して仕事をする。
④安全性（SE；Security/Stability）：安定して心配なく仕事ができる。
⑤創造性（EC；Entrepreneurial Creativity）：絶えず，企業家として何か新しいものを創造する。
⑥奉仕・社会献身（SV；Service/Dedication to a Cause）：誰かの役に立ち，社会に貢献できる。
⑦純粋な挑戦（EH；Pure Challenge）：自分にしかできないことに挑戦しつづける。
⑧ワーク・ライフ・バランス（LS；Lifestyle）：仕事や家族やプライベートのバランスがとれるライフ・スタイルを実現する。

キャリア・アンカーは，働いて10年ほど経過すると明確になるとされている。初職に就いたばかりのときには，はっきりと認識されていないとしても，キャリア・アンカーに基づいて無意識の中でキャリア選択等がなされていることが多い。キャリア・アンカーは働き続ける中で明確になってくるものであるが，自己分析によって自らのキャリア・アンカーを知ることは1つの指針を得ることにもなり，役立つものである。キャリア・アンカーは40項目の質問紙調査で明らかにすることができる。セルフ・アセスメントとして使用できることから，キャリア支援に活用できるツールの一つである。

(4) クランボルツ（Krumboltz, J. D.）

クランボルツは自らの経験から，不確実性が高まる現代社会において予期せぬ出来事がキャリアに与える影響が重要であることを示唆し，計画された偶発性理論（Planned Happenstance Theory）を提唱した（Mitchell et al., 1999）。個人のキャリアは人生における選択の連続であるが，その中であらかじめ計画して遂行することは難しく，特にキャリアに関しては8割が予期しない偶発的な事象によって決定される。そのため，その不確実な事象をチャンスとして認識し，受け入れるようにすることが大切である，ということを説いた理論である。この理論が提唱されるまでは，自分のキャリアは自分で計画し形成するものという自律性が強く打ち出されていたが，変化が激しい時代においてはキャリアをあらかじめ計画し理想に固執することは非現実的であり限界がある。そのため予期しなかった出来事を受け入れ，さらにはそうした出来事を自ら創造することの重要性を説いた。現代社会の予測不可能で不確実な状況においてキャリアをいかに構築するか，という命題に対して新たな視点を与えたといえる。クランボルツは計画された偶発性を獲得して実践するスキルとして次の5つの行動指針を提示している。①好奇心（新しい学習の機会を見出すこと），②持続性（努力し続けること），③楽観性（新たなチャンスを実現可能なものとして肯定的にとらえること），④柔軟性（態度および環境を状況に合わせて変化すること），⑤リスク・テイキング（見通しが不確実なものであっても行動を起こすこと）である。

(5) ハンセン（Hansen, L. S.）

近年，着目されているキャリア・カウンセリング理論の一つにハンセン（Hansen, 1997）のILP（統合的生涯設計：Integrative Life Planning）がある（中村，2003）。ILPでは，人生を意味あるものとして位置付けるには仕事，学習，余暇，愛の4つが上手く統合される必要があるとしている。また，ハンセンは「個と社会全体の相互作用」に着目し，個人のキャリアの充実は社会全体をよくするプロセスとなることを強調している。すなわち，個人の充実したキャリアが達成されると，社会の利として還元されると述べている

このように，ハンセンの理論はこれまでにない大きなスケールによって統合を目指すものであり，生涯を通じた広い視野からキャリアをとらえる必要性を示唆している。キャリアプランのための重要な課題として以下の6つを示している。①広い視野に立ってキャリア選択をする，②人生のパッチワークを創造する，③男女の共同と共生をめざす，④多様性を生かす，⑤仕事に精神性を見出す，⑥個人のキャリア転換と組織変革に上手に対処する，である。ILPの理論は価値観の変化，経済的安定性の欠如などを孕む現代社会における問題を解決するための一つの指針となりうるものである。

●キャリア・カウンセリング

(1) キャリア・カウンセリングとは

キャリアが個人の問題として認識されるようになると，心の専門家の支援が求められるようになり，カウンセリングの中でもキャリアの問題を扱う「キャリア・カウンセリング」のニーズが高まっている。ただし，他領域に比べて「キャリア」に関するカウンセリングは，日本での展開は遅れており，専門家の養成は急務である。

日本におけるキャリア・カウンセリングの定義は多様であり，非常に広範囲を指すものから職業キャリアのガイダンス的役割に限定した意味で使用する場合など混乱を極めている。その中で渡辺とハー（Herr, E. L.）は「キャリア・カウンセリング」を4つの観点でまとめている（渡辺・ハー，2001）。①大部分が言語を通して行われるプロセスであり，②カウンセラーとカンセリィは，ダイナミックで協力的な関係の中で，カウンセリィの目標をともに明確化し，それに向かって行動していくことに焦点を当て，③自分自身の行為と変容に責任を持つカウンセリィが，自己理解を深め，選択可能な行動について把握していき，自分でキャリアを計画しマネージメントするのに必要なスキルを習得し，情報を駆使して意思決定していけるように援助することを目指して，④カウンセラーが様々な援助行動をとるプロセスである，としている。

すなわち，キャリア・カウンセリングは，仕事との関わりを通して，個人が自らの能力を発揮し自律的に職業活動を遂行するために，問題や葛藤解決を図る支援である。企業，学校，ハローワークなどで導入されており，人材の育成・開発の機能を重視し，職業選択やキャリア形成を援助するために，認知（行動）療法，ソーシャルスキル・トレーニング，アサーション・トレーニング，自律訓練法，などの心理療法も用いられる。

(2) キャリア・カウンセリングの流れ

キャリア・カウンセリングについて，金井篤子（2000）は①キャリア開発志向の明確化，②キャリア・ストレッサーの明確化，③複数キャリアの統合（将来の見込み，かつ現実的な）の3つのステップを示している。

まず第1ステップは，キャリアにおいて何らかの問題を抱える状況の起点は，個人のキャリア開発志向と環境が出会ったときに不適合が生じることによるとしている。そのため，個人がどのようなキャリア開発を希望しているかを明らかにする必要性がある。第2ステップは，明確化された一つひとつのキャリアを阻害している要因の検討である。「キャリア・ストレッサー」はストレスの原因を指すので，その問題の所在を明らかにすることが求められる。仕事，家族，個人など，その原因の所在はケースにより様々である。これら第1ステップと第2ステップを時には繰り返すことでより明確化されるとしている。そして，第3ステップでは，カウンセリングにおいて取り上げた複数キャリアを調整して統合する段階になる。その際，今後の課題として残った課題は将来的展望（キャリアパースペクティブ）に組み込み，現段階で取り組むべき現実的な調整を実施することの重要性を示唆している。

(3) キャリア・カウンセラーが持つべき視点

金井篤子（2000）は，キャリア・カウンセリングを実施する際に，カウンセラーが持つべき視点として3つあげている。①自己責任による選択と決定，②パースペクティブ（展望と変化への自己効力感），③複数領域の複数キャリアへの適度な，しかし積極的な関与，である。

①は仕事に関する重要な決断，たとえば，就職，退職，転職等は人生における大きな変化を伴う事象であり，その後の生活に大きな変化を及ぼすことが予想される。その際，キャリアに関する何らかの決定を行うのは，クライアント自身の責任で，クライアント自身が決定する，という責任の所在を明確にすることが必要であるとしている。この責任は「自分で決める責任というよりも，決めたことに伴って必然的に生じる責任」であるとし，クライアント自身が主体性を持ってキャリア形成のための行動を取ることを支援する必要性を説いている。

次に，②はキャリアの見通しとして適度な明確さを持つことの重要性を示している。その際，自分への効力感を持つことで，成長していつか達成できるだろうという成長への期待を持てるよう，心の専門家は援助することが重要であるとしている。

最後に，③は個人が持つ複数のキャリアについて，この役割が拮抗したりしないよう，また，役割が葛藤を生んだり，バランスを崩さないよう，積極的にかかわるべき領域には関与していく姿勢が望ましいとしている。こうすることが，結果としてストレスが少なく，また複数キャリアを統合していくための要件であるとしている。

●キャリア・デザイン

金井壽宏（2002）はキャリアの節目に焦点を当て，節目にキャリアをデザインすることの重要性を説いている。キャリア・デザインとは，自発的に自らのキャリアについて過去を内省し，将来を展望することである。キャリアをデザインする際に①自分は何か得意か，②自分はいったい何をやりたいのか，③どのようなことをやっている自分なら意味を感じ，社会に役にたっていると実感できるのか，ということを考えるべきであるとしている。一方で，キャリア・ドリフトという概念も示している。ドリフト（drift）とは「漂流する」という意味であるが，人生の節目にはしっかりデザインをし，自分のキャリアに対して大きな方向付けができていれば，あえてドリフトを楽しむこともときには必要であるとしている。ただし，デザインせずにドリフトのみをすると，ただ状況に流されてしまうことになりかねない。職業キャリアは，キャリア・デザインとキャリア・ドリフトを繰り返しながら，個人にとって意味あるキャリアを形

成していくことが重要である。

●キャリア発達に関する諸問題

キャリア発達の各段階において様々な問題がある。（1）現代の若者の職業人としての移行に関する諸問題，（2）職業人における諸問題の2つの観点から概観する。

(1) 現代の若者の職業人としての移行に関する諸問題

若年無業者は初期キャリアの問題を抱えていることがある。若年無業者とは15～34歳の非労働力人口のうち家事も通学もしていない者を指す。平成26年の労働力調査年報によると2014年平均で56万人に上り，年齢階級別に見ると30～34歳が18万人と最も多く，次いで25～29歳が16万人である（総務省，2014）。

こうした若年無業者は，近年ではニート（Not in Education, Employment or Training ; NEET）と呼ばれ，就学，就労，職業訓練のいずれも行っていないものと定義され，社会問題として扱われるようになった。もともとはイギリスの用語であり，国内外問わずに先進諸国共通の問題となっている。現代社会の経済や社会構造的な問題を背景に生まれたと考えられる。しかしながら，就業を希望しない，もしくは，求職活動までいたっていない若年無業者の中には「引きこもり」の状態にあるものも多いと推測されている。30歳前後になっても，仕事につかず，外出もせず，ときに何十年と部屋もしくは家に閉じこもって過ごす青年および成人も増えている。ひきこもり期間の長期化が懸念される。初期の就労経験を持たずに長期間ひきこもることは，職業人としての移行のハードルを上げることにもなる。また，心の問題が背景にある可能性もあり，アセスメントが重要である。

一方で，アルバイトおよびパートタイマーなどの一部非正規雇用の就労に就いている場合，フリーターと呼ばれる。フリーターは正規雇用に比べ将来のキャリアの展望を持ちにくく，経済的自立が難しいことから生活設計が困難になるなどの問題がある。これらの事例の多くは親が現在の生活を援助している状況にあり，親世代の経済的支援が困難になったときや親世代が介護を必要とする時期を迎えたとき，彼らの生活が破たんすることが懸念される。

(2) 職業人における諸問題

1）中年期危機　先に示したライフ・キャリア・レインボー（図Ⅱ-1-2）の頂点である40歳前後は，人生においてちょうど折り返し地点にあたる。20年近く働き続け，この折り返し地点から，ちょうど山を下っていくことになるが，自分のキャリアがなんとなく見通しが立ち，良い意味でも悪い意味でも自分の限界が見え，体力や気力の低下を実感するなどして，一抹の不安を覚える年齢に立つ。この40歳前後にキャリアに関する不安に直面することを中年期危機という。キャリアにおける心理的危機は，この中年期危機の前には社会に参入する際のリアリティ・ショック[1]がある。リアリティ・ショックを乗り越えたうえで，次に直面する発達的側面からとらえられる心理的危機がこの中年期危機である。特に40歳の時期は様々な

---

[1] それまで個人が幻想的に抱いてきた「仕事イメージや理想」と「現実」のギャップに衝撃を受け，仕事に向かう気持ちに揺らぎを与えることを言う。その結果，喪失感を抱くなどし，離職に至る場合がある。大卒で初職についた若者では3年間に約3割が退職し，若者の初期キャリアの危機としてとらえられる。

役割を重層的に担う時期でもあり，この負荷が危機に影響を与えているとも考えられる。多様な役割が重なることで，生きがいとなる場合もあるが，限界を超えるとある役割が他の役割を阻害するなどの葛藤状況に陥る。このように，40歳危機は生涯発達における中間地点に立ち，自らの人生を問い直し，かつ，先を見据える重要な地点であると言える。

2）バーンアウト（燃え尽き症候群）　近年，対人援助職ではバーンアウト（Burnout）が問題視されている。対人援助職とは，医療・福祉・教育などのヒューマンサービス従業者であり，心の専門家も例外ではない。これらの職業は社会的なニーズが高いにもかかわらず慢性的に人的な資源が不足している状況にある。長時間勤務，不規則な勤務パターンでの就労等，過重労働になりがちな職務であり，ストレスが高く離転職も多い傾向がある。対人援助職は他者を助けるという実践的行為をする仕事であるが，成果や達成度を可視化することは難しい。また，サポートする側が最善と判断し実行したことが，サポートを受ける側の希望と異なることもあり，投じた労力（時間，エネルギー）に見合った評価を受けにくいという点でモチベーションの維持が課題となる。こうした曖昧な状況に陥りやすい（役割曖昧性が高い）職務では，精神的にも身体的にも疲弊しやすくなる。

マスラックとジャクソン（Maslach & Jackson, 1981）は，バーンアウトを測定する尺度を作成し（Maslach Burnout Inventory：MBI），バーンアウトは3つの要因からなることを示した。

①情緒的疲弊感（emotional exhaustion）：人を対象に働くため心理的なエネルギーを使い果たし，心身ともに疲れ果て，気力を失った状態になる。
②非人間化（depersonalization）：被援助者（サービスの受け手）の人格を尊重せず，冷淡で人間性を欠くような態度・感情を示すようになる。被援助者を一人一人の人間として真摯に向き合うことなく，軽んじる，機械的に仕事をこなす，といった態度を示す。
③個人的達成（personal accomplishment）の低下：仕事に従事していても，達成感が得られず，自分が無能で，役に立たないという気持ちになる。

キャリアを支援する心の専門家は，バーンアウトに関しては当事者になる場合もあるだろう。心の専門家として自身の精神的健康を維持し，ときには自身のキャリアを見つめる姿勢も重要である。

3）ワーク・ライフ・バランス　現代社会の就業状況を改善し，精神的健康を維持するために，ワーク・ライフ・バランス（Work Life Balance）の重要性が示唆されている。働く人びとの生活において，労働環境の悪化を示す要因の一つとしては長時間労働があり，日本は諸外国に比べて労働時間が長い。長時間労働の弊害は，精神的健康を阻害し，最悪の結果としてはKAROSHI（過労死）にいたることもある。日本のこの健康被害のKAROSHIは国際的に通じる用語となっている。

そうした状況を改善すべく，人々が自分らしく生活を営むために，内閣府ではワーク・ライフ・バランスを「老若男女誰もが，仕事，家庭生活，地域生活，個人の自己啓発など，様々な活動について，自ら希望するバランスで展開できる状態」と定義している（内閣府, 2007）。ワーク・ライフ・バランスを実現しうるキャリア構築が期待されている。

引用文献

Hall, D. T. (1976). *Careers in organizations*. Glenview, IL: Scott, Foresman.
Hansen, L. S. (1997). *Integrative life planning: Critical tasks for career development and changing life patterns*. San Francisco: Jassey-Bass.
Holland, J. L. (1997). *Making vocational choice: A theory of vocational personalities and work environments*. 3 rd ed. Odessa, FL: Psychological Assessment Resources.
金井篤子 (2000). キャリア・ストレスに関する研究―組織内キャリア開発の視点からのメンタルヘルスへの接近― 風間書房
金井篤子 (2003). キャリア・カウンセリングの理論と方法　蔭山英順 (監修)　森田美弥子・川瀬正裕・金井篤子 (編)　21世紀の心理臨床　ナカニシヤ出版　pp.212-227.
金井篤子 (2015). ライフ・キャリア構築　臨床心理学, **15**(3), 313-318.
金井壽宏 (1999). 経営組織　日本経済新聞社
金井壽宏 (2002). 働く人のためのキャリア・デザイン　PHP研究所
Maslach, C., & Jackson, S. E. (1981). The measurement of experienced burnout. *Journal of Occupational Behavior*, **2**, 99-113.
Mitchell, L. K., Levin, A. S., & Krumboltz, J. D. (1999). Planned happenstance: Constructing unexpected career opportunities. *Journal of Counseling and Development*, **77**, 115-124.
文部科学省 (2004). キャリア教育の推進に関する総合的調査研究協力者会議報告書―児童生徒一人一人の勤労観,職業観を育てるために―
内閣府 (2007). 内閣府男女共同参画会議　仕事と生活の調和 (ワーク・ライフ・バランス) に対する専門調査会　「ワーク・ライフ・バランス」推進の基本的方向報告　平成19年7月
中村　恵 (2003). サニィ・ハンセン　L. Sunny Hansen　統合的キャリア発達　渡辺三枝子 (編)　キャリアの心理学　働く人の理解〈発達理論の支援と展望〉　ナカニシヤ出版　pp.127-139.
Persons, F. (1909). *Choosing a vocation*. Boston: Houghton Mifflin.
Rounds, J., & Tracey, T. J. (1995). The arbitrary nature of Holland's RIASEC types: A concentric circles structure. *Journal of Counseling Psychology*, **42**, 431-439.
Schein, E. H. (1978). *Career dynamics: Matching individual and organizational needs*. Addison Wesley. (シャイン, E. H. (著)　二村敏子・三善勝代 (訳) (1991). キャリア・ダイナミクス　白桃書房)
Schein, E. H. (1990). *Career anchors: Discovering your real values*. Revised edition. San Francisco, CA: Jossey-Bass/Pfeiffer. (シャイン, E. H. (著)　金井壽宏 (訳) (2003). キャリア・アンカー―自分の本当の価値を発見しよう　白桃書房)
総務省 (2014). 平成26年　労働力調査年報
Super, D. E. (1957). *The psychology of career*. New York: Harper & Row.
Super, D. E. (1980). A life-span, life-space approach to career development. *Journal of Vocational Behavior*, **16**, 282-298.
Super, D. E. (1986). Life carrer roles: Self-realization in work and leisure. In D. T. Hall, & Associates (Eds.), *Carrer development in organization*. San Francisco: Jossey-Bass. pp.95-119.
Super, D. E., & Bohn, M. J., Jr. (1970). *Occupational psychology*. Belmont, CA: Wardworth Publishers. (スーパー, D. E. & ボーン, M. J., Jr. (著)　藤本喜八・大沢武志 (訳) (1973). 職業の心理　ダイヤモンド社)
Super, D. E., Savickas, M. L., & Super, C. M. (1996). A life-span, life-space approach to careers. In D. Brown, L. Brooks, & Associates (Eds.), *Career choice and development*. 3 rd ed. San Francisco: Jossey-Bass. pp.121-178.
若林　満 (1988). 組織内キャリア発達とその環境　若林　満・松原敏浩 (編)　組織心理学　福村出版　pp.230-261.
渡辺三枝子 (1990). キャリア　國分康孝 (編)　カウンセリング辞典　誠信書房　p.120.
渡辺三枝子・E. L. ハー (2001). キャリアカウンセリング入門―人と仕事の橋渡し　ナカニシヤ出版

2 ストレスの心理学

松本みゆき

●ストレスの概念

ストレスという言葉を，私たちは毎日頻繁に耳にしている。しかし，それが何を意味しているかは，非常に曖昧である。たとえば，「職場の上司がストレスだ」「仕事のストレスが溜まっている」というようなことは，よく聞かれる。しかし，「職場の上司がストレスだ」といったときの「ストレス」は，職場の上司がストレスの原因になっていることを示すのに対し，「仕事のストレスが溜まっている」といったときの「ストレス」は，抑うつ，疲労感，不安感などのストレスの症状が蓄積していることを示す。このように，「ストレス」といっても私たちはそれを様々な意味で使っていることに注意する必要がある。ストレスについて調べる際には，まずストレスの概念について明らかにしなければならない。

一般社会においてだけでなくストレス研究の分野でも，長らくストレスの定義，あるいは操作的定義が広いことから議論が生じていた。ストレスの定義が広い原因は，ストレスが医学や生理学，社会科学などの分野でそれぞれ独自に研究がなされてきたためである。医学，生理学の分野では，ストレスは何らかの刺激に対する反応として説明される。1936年にストレス研究の父と呼ばれるセリエ（Selye, H.）が，様々な動揺させる事象や恐怖刺激に対して共通して生じる生体反応として，胃十二指腸の潰瘍化，胸腺の萎縮，副腎の肥大が見られることを実験や観察によって明らかにし，それらの反応を「汎適応症候群」（general adaptation syndrome：GAS）と名付けた。また，物理学や工学の分野では，ストレスはストレスの症状を引き起こす外部からの刺激として説明される。キャノン（Cannon, W. B.）は，寒冷，低酸素，低血糖，痛み，運動，出血などのホメオスタシスを乱す外部からの刺激をストレスと称した。労働者の労働環境における，暑さ，寒さ，騒音などの労働者の業務を阻害する外部からの刺激の特定はストレス研究の初期において盛んになされた（Cooper & Smith, 1985）。一方，心理学の分野では，ストレスはストレスプロセス全体として説明される。ストレスプロセスには，ある人が遭遇する出来事といったストレスの原因，ストレスの原因によって引き起こされるス

表Ⅱ-2-1　ストレスの概念（Beehr, 1998; Beehr & Franz, 1987）

ストレス（Stress）	ストレスプロセス全体
ストレッサー（Stressors）	個人が遭遇している出来事または出来事の性質（刺激）
ストレイン（Strain）	ストレッサーに対する個人の心理的，身体的，行動的反応
アウトカム（Outcomes）	個人レベルおよび組織レベルのストレインの結果

トレス反応，個人の性格や期待，価値，目標などの個人差などが含まれ，それぞれの要因間には相互関係や因果関係が想定されている。ベアー（Beehr, T.）らはストレスの概念を表Ⅱ-2-1のとおりまとめており，本章でもこれに従う（Beehr, 1998; Beehr & Franz, 1987）。

●ラザルスらの心理学的ストレスモデル

心理学の分野におけるストレス研究はラザルス（Lazarus, R.）とフォルクマン（Folkman, S.）の心理学的ストレスモデルにより大きく発展した。彼らはストレスについて「人間と環境とは，ダイナミックな互いに相補いあう関係，すなわち双方から作用し，主体的に能動的にかかわりあう関係の中でとらえられる」（Lazarus & Folkman, 1984 本明他監訳 1991；p.292）と述べている。ラザルスらのモデルでは，刺激（ストレッサー）に遭遇してからそれに対する反応（ストレイン）が生じるプロセスにおいて，その人がストレッサーをどのように評価するかということと（一次的評価），その評価の結果それにどのように対処するか（二次的評価）という心理的メカニズムが重視されている。つまり，ラザルスらはストレスを，人間と環境のどちらか一方に内在しているのではなく，人間が環境にかかわり相互交流する中で，遭遇したことを評価し，状況に対処していくという進行するプロセスと想定している。このような人間と環境が相互交流するプロセスを想定したモデルは相互交流モデル（transactional model）と呼ばれ，このアプローチを取り入れた研究が盛んに行われるようになった（Cooper et al., 2001）。

図Ⅱ-2-1にラザルスらの心理学的ストレスモデルを示した。このモデルについて見てみよう。

(1) 評　価

はじめに現在さらされている出来事や状況を，自分を脅かすものであるとか好ましいものである，自分とは無関係であるといった評価（一次的評価）がなされる。この評価には，価値観や信念などの個人の要因や状況がもたらす圧力や強制といった環境の要因が先行条件として関わる。また，ある出来事や状況についての評価に基づいて，それを切り抜けたり，処理したり

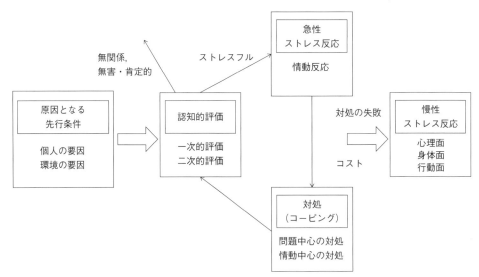

図Ⅱ-2-1　ラザルスらの心理学的ストレスモデル（Lazarus & Folkman, 1984をもとに島津, 2002が作成）

するために何をするべきかを検討する評価（二次的評価）がなされる。ここでは同時に，ある出来事や状況を「うまく切り抜けられる」と評価（二次的評価）することで，その状況に対する脅威性（一次的評価）が下がることも考えられる。つまり，この2つの評価は時間的な前後関係や重要度が異なっているのではなく，単にその内容が異なっているに過ぎない。

(2) コーピング

さらに，図中の対処（コーピング）はストレスフルと評価された状況とその結果を処理するための過程である。対処の具体的な内容は多様なものが存在するが，その中でも問題中心の対処（問題焦点型コーピング）は，「問題解決に向けて情報収集する」や「計画を立てる」，「具体的に行動する」などのように，その状況そのものを解決しようとする具体的な努力のことを指す。また，情動中心の対処（情動焦点型コーピング）は，「直面する問題について考えるのをやめる」「問題の意味を考え直す」などのように，その状況そのものの解決ではなく，それによって生じた感情の調整を目的としている。このような対処を実行した結果，問題そのものが解決したり，あるいは問題に随伴して生じた不快な感情が改善したりすれば，ストレインは高まらない。しかし，ストレインが慢性的に継続すると健康状態の悪化を招く恐れがある。

(3) ストレイン

ストレスフルと評価された状況に対して，コーピングが問題の解決や感情の調整に対してうまく機能しない場合，心理面，身体面，行動面に慢性的なストレス反応（ストレイン）が生じる。

心理的ストレス反応としては，不安，焦燥，ゆううつ，無気力，怒り，混乱などの情緒的な反応，さらに，注意力散漫，考えがまとまらない，意思決定ができないなどの認知的反応がある。

身体的ストレス反応の自覚症状には，身体が疲れやすい，食欲がない，胃が痛い，動悸がする，めまいがするなどがあげられ，このような不調が長期間続くことによって，免疫系，自律神経系，内分泌系にも悪影響を及ぼし，胃潰瘍など医学的な治療が必要になるほどの身体疾患につながる可能性がある。

行動的反応としては，たばこやアルコールの量が増える，食べ過ぎる，甘いものや刺激物を好むなどの食行動の変化が起こることがある。また，他者に対して攻撃的になったり，物事や社会に対して逃避的になったりすることもある。労働者の場合は，欠勤や転職，遅刻や早退，離職なども行動的反応の一つとしてあげられる。

●職業性ストレス研究

ストレス研究は，職業性ストレスの分野で大きく展開した。1960年代の職業性ストレス研究の初期にはストレッサーにどのようなものがあるかを明らかにし，それらを記述，分類する研究が，そして，ストレッサーとストレインとの関係を検討する研究や，それらの関係を調整する要因を検討する研究が行われた（Dewe, 1991）。その後ラザルスらの心理学的ストレス研究の影響を受け，個人と環境との間に不適合があるときにストレインが生じるとし，個人と環境との相互交流に焦点を置いた，相互交流モデルのアプローチを取り入れた職業性ストレスモデルがいくつか誕生した。相互交流モデルには，ダイナミックな認知過程，個人と環境との間

の不適合，その不適合の解消が含まれる（Dewe et al., 1993; Holroyd & Lazarus, 1982; Newton, 1989）。

以下では，職業性ストレス研究の流れに沿って，代表的な職業性ストレスモデルを紹介する。

(1) 職業性ストレスモデル

1) クーパーとマーシャルの職業性ストレスの因果関係モデル（Causal Relationship Model）

因果関係モデルは，クーパー（Cooper, C. L.）とマーシャル（Marshall, J.）によって示されたもので，職務ストレッサーを原因とし，ストレインを結果とした一方向的な因果関係を想定したモデルである。図Ⅱ-2-2に示したとおり中心となるこれら2つの要因と，それに関連した個人要因やプロセス要因，適応行動要因がモデルに沿って分類され配置されている。彼らはストレッサーを組織内ストレッサーと組織外ストレッサーに分類している。組織内ストレッサーには，職務の本質的なもの，組織の役割，キャリア発達，仕事における人間関係，組織構造や風土があげられており，組織外ストレッサーには家庭の問題，人生の危機，財政的困難などがあげられている。これらのストレッサーが不安の程度，神経症の程度，曖昧性への耐性，タイプA行動パターンなどの個人の特性によって調整され，職業的不健康の徴候へと結び

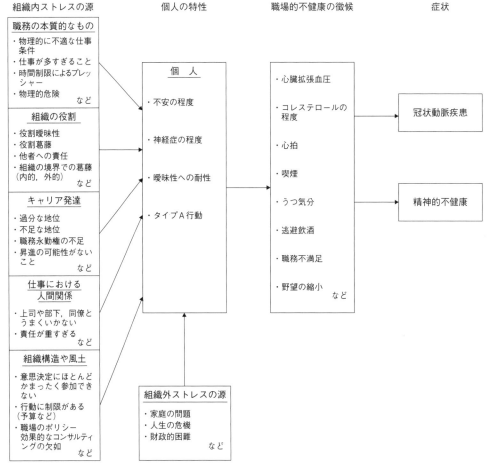

図Ⅱ-2-2 因果関係モデル（Cooper & Marshall, 1976を金井，2004が訳）

つき，その状況が解決されず長期的に続くことによって，冠状動脈疾患や精神的不健康などの症状へと結びつくと考えられている。

　しかし，因果関係モデルにおいて職務ストレスとは，「特定の職務に関連した，ネガティブな環境要因またはストレッサー」（Cooper & Marshall, 1976；金井，2004）であるとされており，ストレスはストレッサーとして定義されている。定義からも示されるように，ここではストレスのプロセスを明らかにするというよりも，ストレッサーおよびストレインとその調整要因を分類することに焦点が置かれている。渡辺（1999）は，このモデルの問題点として「個人が置かれた組織の状況，従事する職務の特徴，キャリアと家庭とのインターフェイスがさまざまに異なるため，いくらでも新しい変数を作り出すことができる」とし，「組織ストレスや職業性ストレスの普遍的な本質を探ることにはつながっていない」と論じている。

　2）カラセックの仕事の要求度‐コントロールモデル（job demands-control model）　　仕事の要求度‐コントロールモデル（JD-Cモデル　図Ⅱ-2-3）は，カラセック（Karasek, R. A.）によって示されたモデルで，「仕事の要求度」と「仕事の裁量度（コントロール）」の組み合わせによって，ストレインが生じるというものである。たとえば，組立ライン作業者と管理職者では，「仕事の要求度」が同じでもストレインが生じるかどうかは異なることから，「仕事のコントロール」という概念が導入された。「仕事の要求度」は仕事の量的負荷，仕事上の突発的な出来事，職場の対人的な問題から構成される。「仕事のコントロール」は意思決定の権限，スキル自由度から構成される。「仕事の要求度」の高低と「仕事のコントロール」の高低で労働者を，要求度が高くコントロールの低い「高ストレイン群」，要求度が高くコントロールも高い「アクティブ群」，要求度が低くコントロールが高い「低ストレイン群」，要求度が低くコントロールも低い「パッシブ群」の4群に分類することができる。カラセックらの研究によると，「アクティブ群」では職務満足感が高く，「高ストレイン群」ではストレインが生じることが示されている。

　JD-Cモデルは，「仕事の要求度」と「仕事のコントロール」という2要因で構成されるシンプルなモデルで，多くの仕事に適応できるため，これまでに数多くの研究がなされている。しか

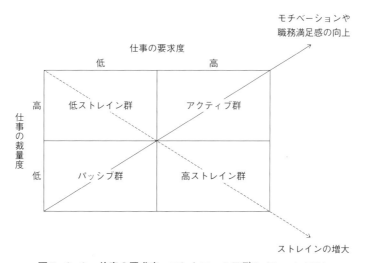

図Ⅱ-2-3　**仕事の要求度‐コントロールモデル**（Karasek, 1979）

し，「仕事の要求度」が高く，「仕事のコントロール」が低いときに，たとえば，仕事に対するモチベーションの高さなどで常にストレインが増大するとは限らないことや，「仕事のコントロール」だけが資源として用いられていることに対する批判もある（Bakker & Demerouti, 2014）。

3）ジョンソンとホールの仕事の要求度－コントロール－サポートモデル（demand-control-support model）　ジョンソン（Johnson, J. V.）とホール（Hall, E. M.）は，カラセックのJD-Cモデルにソーシャルサポートを追加した仕事の要求度－コントロール－サポートモデル（JD-C-Sモデル　図Ⅱ-2-4）を提案した（Johnson & Hall, 1988）。このモデルでは，仕事の要求度が高く，コントロールが低く，ソーシャルサポートが少ない場合にストレインが生じやすいとされている。

この「仕事の要求度」および「コントロール」，「サポート」を測定し，世界中で使用されている尺度にJCQ（job content questionnaire）がある。JCQはカラセック（Karasek, 1985）により作成された。日本語版JCQは川上らにより翻訳・開発されている（Kawakami et al., 1995）。現在まで，カラセックらによって，JCQの改訂作業が行われている。最新版に関する情報は，JCQセンターホームページ（http://www.jcqcenter.org/），または，JCQ日本語版ホームページ（https://mental.m.u-tokyo.ac.jp/jstress/JCQclub/jcqhome.htm）で知ることができる。

4）ハレルとマクレイニーのNIOSH職業性ストレスモデル（NIOSH job stress model）
NIOSH職業性ストレスモデル（図Ⅱ-2-5）は，米国の国立職業安全保健研究所（National Institute for Occupational Safety and Health；NIOSH）で行われた研究で示されたモデルである（Hurrell & McLaney, 1988）。このモデルには，職場で生じる様々なストレッサーと，それらによって生じるストレイン，健康障害の関連を中心にその影響を調整する個人的要因，仕事以外の要因，社会的支援などが含まれており，様々な職業に対応できる包括的なモデルと考えられている（永田, 1998）。このモデルの中でも特に，上司や同僚，家族からのソーシャルサポートはそれが十分にあることによって，職場のストレッサーが多くてもストレインが生じない，緩衝要因として機能することが示されている。

日本語版のNIOSH職業性ストレス調査票は原谷らによって開発されている（原谷ら, 1993）。この調査票は，22尺度，253項目から構成されるが，それぞれの尺度は独立しており，

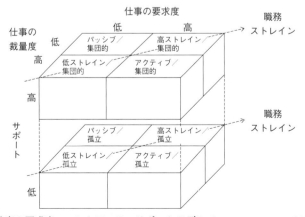

図Ⅱ-2-4　仕事の要求度－コントロール－サポートモデル（Johnson & Hall, 1988を川上ら, 1993が訳）

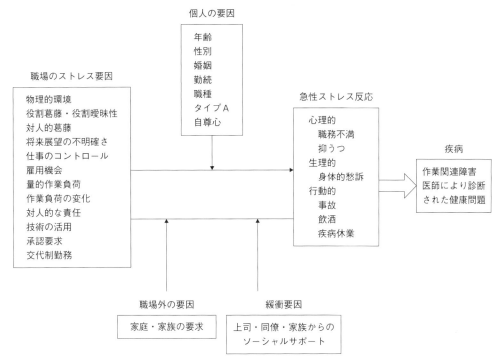

図Ⅱ-2-5　NIOSH職業性ストレスモデル（Hurrell & McLaney, 1988を渡辺, 2002が訳）

調査目的によって選択することができる。

5）シーグリストの努力-報酬不均衡モデル（effort-reward imbalance model）　シーグリスト（Siegrist, J.）の努力-報酬不均衡モデル（ERIモデル　図Ⅱ-2-6）は，仕事の遂行のために行われる個人の努力の量と，その結果として得られる報酬との不均衡によってストレインが生じるというものである（Siegrist, 1996）。つまり，仕事上の努力にもかかわらず，その仕事から得られる報酬が不十分である場合，ストレインが生じると考えられている。ここでの努力には，仕事の要求度や責任，義務など仕事の外的な要因に対するものと，自分自身の期待や要求水準など内的な要因に対するものがある。また，報酬には金銭などの経済的報酬，尊重などの心理的報酬，仕事の安定や昇進などのキャリアという3要素が含まれる。さらに，企業が従業員に対して高い心理的な要求をする場合，企業や仕事への過度なコミットメントであるオーバーコミットメントを招くことがあり，オーバーコミットメントは努力と報酬の関係を調整することが指摘されている。つまり，努力に比べて，報酬が不十分であることに加え，オーバーコミットメントが強い場合が最もストレスフルであることが想定されている。

日本語版努力-報酬不均衡モデル調査票は，堤らによって開発されている（Tsutsumi et al., 2001）。この調査票の内容やマニュアルについては，日本語版努力-報酬不均衡モデル調査票のページ（http://mental.m.u-tokyo.ac.jp/jstress/ERI/chosahyo.htm）に掲載されている。

6）ベッカーとデメロティの仕事の要求度-資源モデル（job demands-resources model）
ベッカーとデメロティは，仕事の要求度-資源モデル（JD-Rモデル）の実証研究結果から仕

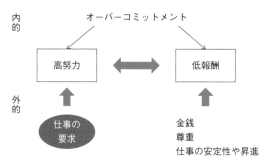

図Ⅱ-2-6　努力-報酬不均衡モデル（Siegrist, 1996, 1999）

事の要求度-資源理論（JD-R理論）を示している（Bakker & Demerouti, 2014）。これによると，仕事の特徴は「仕事の要求度」と「仕事の資源」に集約される。ここでの「仕事の資源」とは，仕事の達成に寄与し，仕事の要求度やそれに伴うストレインを低減させ，個人的成長や学習を促進させる要因である（大塚，2012）。さらに，JD-R理論では「個人の資源」がモデルに組み込まれている（図Ⅱ-2-7）。これは，自己効力感や組織における自尊心，楽観主義などで，自身の環境を良いものへと導くことができるとするポジティブな自己評価と関連があり，目標設定やモチベーション，パフォーマンスの向上や職務満足感を促進させる要因である。

　また，「仕事の要求度」と「仕事の資源」という2つの分類は，あらゆる種類の仕事において見られる概念であり，ストレスにおいて異なる2つのプロセスを導く。そのプロセスは健康阻害（ストレイン）プロセスと動機づけプロセスである。健康阻害プロセスは，仕事の要求度が高いとストレインが増大し，健康が阻害されるというものである。仕事の要求度が高い場合には，仕事の資源とモチベーションとの関連が弱められるため，仕事の資源を多く持っていてもそれがモチベーションの向上にはつながらず，ポジティブなアウトカムは生じにくくなる。一方，動機づけプロセスは，仕事の資源が「ワーク・エンゲイジメント」を向上させ，仕事のパフォーマンスが高まるなど好ましいアウトカムが生じることである。仕事の資源が高い場合には，仕事の要求度とストレインとの関連が弱められるため，仕事の要求度が高くてもそれがストレインの増大にはつながりにくく，モチベーションが維持されポジティブなアウトカムが生じやすくなる。島津（2015）によると「ワーク・エンゲイジメント」とは，活力（vigor），熱意（dedication），没頭（absorption）の3つの要素が含まれる概念で，このうち活力は「就業中の高い水準のエネルギーや心理的な回復力」を，熱意は「仕事への強い関与，仕事の有意味感や誇り」を，没頭は「仕事への集中と没頭」を意味している。つまり，「ワーク・エンゲイジメント」の高い人は，仕事に誇りを持ち，熱心に取り組み，仕事から活力を得て活き活きとしている状態にある。

　さらに，JD-R理論では仕事の要求度と仕事の資源といった仕事の特徴と，労働者のストレインとモチベーションが相互に関連を持つことが示唆されている。つまり，労働者のストレインやモチベーションは，仕事における環境の変化で異なってくることについてもモデルの中に含まれている。「ジョブ・クラフティング（job crafting）」とは，労働者がよりモチベーションを高めたり疲労感を少なくするために，仕事における環境を変えていくことである。島津（2015）によると，「ジョブ・クラフティング」とは周囲に積極的に働きかけながら仕事の資源を増強したり，仕事の内容を再評価することで仕事の意味をやりがいのあるものとしてとら

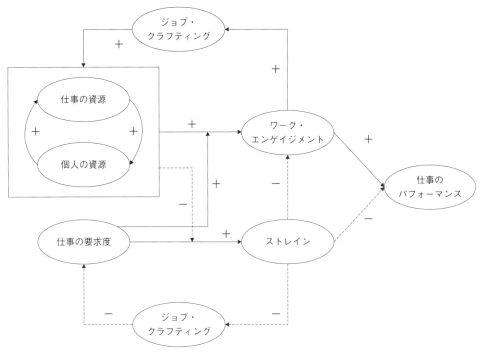

図Ⅱ-2-7　仕事の要求度‐資源理論（Bakker & Demerouti, 2014）

え直すなどの方法のことである。

●職業性ストレス研究の課題

(1) 職業性ストレスモデルの共通点

　ここで取り上げた代表的な職業性ストレスモデルを概観すると，いずれのモデルも個人と環境との間に不適合があるときにストレインが生じるとするプロセスについて説明するモデルであると言える。ここでの個人とは，仕事のストレッサーを認知し，そのストレッサーに対する資源を評価することである。また環境とは，仕事のストレッサーや要求度，社会的変化や経済状態など個人を取り巻く状況のことである。カーンらは，代表的な職業性ストレスモデルに共通する点として，要求の存在，その要求に対する資源の評価，健康に影響を及ぼす反応の発生をあげている（Kahn & Byosiere, 1992）。

(2) 相互交流アプローチ

　一方，相互交流アプローチは，職業性ストレス研究にどのような影響を与えたのだろうか。ラザルスは，ストレスは個人と環境との相互交流であるととらえられていると述べている（Lazarus, 1990）。ラザルスの言う「相互交流」とは，ストレスが単に個人内だけ，あるいは環境にのみ属するのではなく，2つの結合に属することを確認し，異なった構成要素をつなぐプロセスのことである。つまり，ラザルスによると，刺激や反応といった1つの構成要素はプロセスの一部に過ぎず，ストレスと呼ぶことはできない。相互交流アプローチは，個人と環境が結びつくそれらのプロセスに焦点が当てられている。ここで取り上げたような職業性ストレスモデルを概観すると，いずれのモデルにも個人内あるいは環境の両方の要因が含まれ，それ

らの要因がかかわり合うプロセスが想定されており，相互交流アプローチの流れに沿っている，あるいは，その影響を受けていると考えられる。

　しかし，クーパー（Cooper, C. L.）らは，これまでのストレス研究において，理論的なレベルではストレスを相互交流としてとらえることが支持されているが，実際の研究ではプロセスそのものというよりもストレスプロセスの一部を強調して理解することがよくなされていることを指摘している。結局，ストレスの定義は，研究がどのようにされるか，結果がどのように説明されるかにより，定義はレトリックの問題ではなく，ストレス経験の要素をとらえていなければならないとしている（Cooper et al., 2001）。さらに，丸山（2015）は，個人と環境の不適合の解消には，プロセスに焦点を当て個人と環境とを結びつける要素を特定し，時間経過の中で動的なストレスの相互交流的な本質に着目していかなければならないとしている。相互交流アプローチに沿った，職業性ストレスの解明が益々必要とされている。

(3) これまでの職業性ストレス研究の問題点

　これまでの職業性ストレス研究について，問題点もいくつか指摘されている。

　クーパー（Cooper, C. L.）らは職業性ストレス研究の問題点として，その研究方法や研究手法があまりレビューされていないこと，つまり，ストレスのそれぞれの要因が何で測られているのか，誰のことが測定されているのか，その測定で意図したことが測られているのかなどの，ストレス測定の妥当性にあまり注意が払われていないことや，用いられた方法の適切さやその方法を用いた理由，代替方法の有無などについて明示されていないことを指摘した。また，相互交流の視点から，ストレスの本質にどのように迫るべきなのかということについて検討する必要があるとしている（Cooper et al., 2001）。丸山（2015）もストレスの意味をめぐる議論からストレス研究の課題が生じていることを指摘し，それでもストレスが個人や組織，生活やコミュニティ，仕事や経済に莫大な「損失」を与え続けているために，ストレス研究が進められなければならないと述べている。

　また，ベッカーらは，職業性ストレス研究の問題点として，職業性ストレスモデルにモチベーションが仕事の意欲などを高めるなどのポジティブなプロセスが考慮されていないことをあげている（Bakker & Demerouti, 2014）。実際に，組織では人事労務管理の面では従業員のモチベーションや職務満足感にのみ焦点があてられていて，産業医や健康管理の面では職務ストレッサーやストレインにのみ焦点があてられている。しかし，ストレスとモチベーションは非常に密接な関係を持つため，両者を分けて考えることはできない。ストレスフルで慢性的な疲労感の強い労働者は，仕事に対するモチベーションが低く，離職意図が高く，仕事に対するやりがいや意味を見出せないことが示されている（Leiter, 1993; Bakker et al., 2008）。

●今後の職業性ストレス研究

(1) 相互交流アプローチに基づいた職業性ストレス研究

　今後，職業性ストレス研究はどのように展開するべきなのであろうか。

　大塚（2015）は，近年，心理学の分野で人間の強みを伸ばしウェルビーイングを高めるなど，人間のポジティブな面に注目するポジティブ心理学が流行していることを受け，心理学ストレスモデルをベースとした，人間の思考や行動，感情などをポジティブな方向に向けるための取り組みを行うべきと指摘している。心理学的ストレスモデルは，遭遇した出来事や状況を評価

してストレインが生じるまでのプロセスを説明したものであるが，その評価には害・損失，脅威といったその状況をストレッサーと評価するものもあれば，その出来事や状況を克服できるとする挑戦や，困難な状況を乗り越えることで自分自身に利益があるとする利得というものもある。このような挑戦や利得という評価は，そこに生じた不適合を解消しようというモチベーションにつながるものである。

さらに，一度，害・損失あるいは脅威という評価を受けた出来事や状況であっても，コーピングのプロセスにおいてそのことを前向きに再評価することができたり，解決のための計画をたてたりすることなどによって，ポジティブな感情が生まれ，新たな行動や思考が獲得できることも考えられる。

これからの職業性ストレス研究では相互交流アプローチに基づくモデルをベースとして，職業性ストレスモデルのポジティブな面に着目した検討が行われるべきと思われる。

(2) メンタルヘルス対策への展開

また，これまでの職業性ストレス研究の知見から，メンタルヘルス対策への展開が今後さらに盛んになると考えられる。

大塚（2012）は，JD-CモデルやNIOSH職業性ストレスモデルなど代表的な職業性ストレスモデルについて，いずれのモデルの中にも，ストレインを減少させる要因や，ストレッサーとストレインの関係を調整する要因が含まれているとしている。たとえば，JD-Cモデルの仕事の裁量度，JD-C-Sモデルの仕事の裁量度とソーシャルサポート，NIOSH職業性ストレスモデルの仕事の裁量度，自尊心，ソーシャルサポートなど，ERIモデルの報酬，オーバーコミットメント，JD-Rモデルの仕事の資源，個人の資源がこれに当たる。彼らはJD-Rモデルについて，このモデルのように，労働者のパフォーマンスの向上を説明するためのモデルを活用した職場のメンタルヘルス対策を行うことが必要であると述べている。また，島津（2015）は，JD-Rモデルでも用いられているワーク・エンゲイジメントに着目した組織内での個人と組織の活性化について述べている。つまり，ワーク・エンゲイジメントは仕事の資源や個人の資源が豊富なほど上昇することから，仕事の資源および個人の資源を充実させるための，管理監督者研修や職場環境等の改善，セルフケア研修などの産業保健活動を，経営や人事労務部門とも協調しながら行うべきだとしている。

(3) 組織を対象としたメンタルヘルス対策

ベッカーらは，ワーク・エンゲイジメントを増やすための，組織を対象としたメンタルヘルス対策として仕事の資源（上司や同僚からの支援，仕事の裁量権，成長の機会など）を増やすための「仕事の再構成」と，個人の資源（自己効力感，自尊心など）を増やすための「トレーニング」を提案している（Bakker & Demerouti, 2014）。「仕事の再構成」とは，組織あるいは上司が従業員の仕事や課題，条件などを変えることである。たとえば，生産過程において個人やチームの自律性を高めることなどがこれにあたる。「トレーニング」とは，従業員に新しいスキルや技術的知識，問題解決能力を身につけさせる，あるいは，自己効力感，レジリエンス，楽観主義などを高めるための組織が実施する人材管理の方法である。これらのトレーニングは主観的な個人の資源を高めるだけでなく，客観的な個人の資源も高める（Demerouti et al., 2011）。したがって，個人の資源が高まれば，ワーク・エンゲイジメントやパフォーマン

スも向上することが考えられる。

　島津（2015）によると，現在わが国のメンタルヘルス対策において，ワーク・エンゲイジメントなどのポジティブな側面に着目する傾向が生まれている。また，近年の職場のメンタルヘルス対策は，個人を対象としたものに加え，組織を対象としたものにも重点が置かれるようになってきている。なぜなら，個人を対象とした方法はその効果が一次的・限定的になりやすいのに対して，組織を対象とした方法ではより永続的な改善に結びつきやすく，その効果が大きいことが指摘されているためである（Kaeasek, 1992；島津，2010）。

　このように，職業性ストレス研究は職業性ストレスモデルについて，あるいはメンタルヘルス対策について，さらなる発展が望まれる分野であり，今後さらに検討が進むことが期待されている。

引用文献

Bakker, A., & Demerouti, E.（2014）. Job demands-resources theory. In P. Chen, & C. Cooper（Eds.）, *Work and wellbeing. Vol. 3 . Wellbeing: A complete reference guide*. John Wiley & Sons. pp. 37-64.

Bakker, A. B., Van Emmerik, H., & Van Riet, P.（2008）. How job demands, resources, and burnout predict objective performance: A constructive replication. *Anxiety, Stress, and Coping*, **21**, 309-324.

Beehr, T.（1998）. An organizational psychology meta-model of occupational stress. In C. Cooper（Ed.）, *Theories of organizational stress*. New York: Oxford University Press. pp. 6-27.

Beehr, T., & Franz, T.（1987）. The current debate about the meaning of job stress. *Journal of Organizational Behavior Management*, **8**, 5-18.

Cooper, C., Dewe, P., & O'Driscoll, M.（2001）. *Organizational stress: A review and critique of theory, research, and applications*. Sage Publications.

Cooper, C. L., & Marshall, J.（1976）. Occupational sources of stress: A review of the literature relating to coronary heart disease and mental ill health. *Journal of Occupational Psychology*, **49**, 11-28.

Cooper, C., & Smith, M.（1985）. *Job stress and blue collar work*. New York: John Wiley.

Demerouti, E., Van Eeuwijk, E., Snelder, M., & Wild, U.（2011）. Assessing the effects of a "personal effectiveness" training on psychological capital, assertiveness and self-awareness using self-other agreement. *Career Development International*, **16**, 60-81.

Dewe, P.（1991）. Primary appraisal, secondary appraisal and coping: Their role in stressful work en counters. *Journal of Occupational Psychology*, **64**, 331-351.

Dewe, P., Cox, T., & Ferguson, E.（1993）. Individual strategies for coping with stress and work: A review. *Work and Stress*, **7**, 5-15.

原谷隆史・川上憲人・荒記俊一（1993）．日本語版NIOSH職業性ストレス調査票の信頼性および妥当性　産業医学，**35**, S214.

Holroyd, K. A., & Lazarus, R. S.（1982）. Stress, coping and somatic adaptation. In L. Goldberger, & S. Breznitz（Eds.）, *Handbook of stress: Theoretical and clinical aspects*. New York: Free Press. pp. 21-35.

Hurrell, J. J., Jr., & McLaney, M. A.（1988）. Exposure to job stress: A new psychometric instrument. *Scandinavian Journal of Work, Environment & Health*, **14**, 27-28.

Johnson, J. V., & Hall, E. M.（1988）. Job strain, work place social support, and cardiovascular disease: A cross-sectional study of a random sample of the Swedish working population. *American Journal of Public Health*, **78**, 1336-1342.

Kahn, R. L., & Byosiere, P.（1992）. Stress in organizations. In M. D. Dunnette（Ed.）, *Handbook of industrial and organizational psychology*. Chicago: Rand McNally. pp. 571-648.

金井篤子（2004）．職場のストレスとサポート　外島　裕・田中堅一郎（編著）　増補改訂版　産業・組織心理学エッセンシャルズ　ナカニシヤ出版　pp. 159-186.

Karasek, R. A.（1979）. Job demands, job decision latitude, and mental strain: Implications for job redesign. *Administrative Science Quarterly*, **24**, 285-308.

Karasek, R. A.（1985）. *Job Content Questionnaire and User's Guide*. Lowell, MA: University of Massachusetts.

Karasek, R. A.（1992）. Stress prevention through work reorganization: A summary of 19 international case studies. *Conditions of Work Digest: Preventing Stress at Work*, **11**, 23-41.

Kawakami, N., Kobayashi, F., Araki, S., Haratani, T., & Furui, H.(1995). Assessment of job stress dimensions based on the job demands-control model of employees of telecommunication and electric power companies in Japan: Reliability and validity of the Japanese version of the Job Content Questionnaire. *International Journal of Behavioral Medicine*, **2**, 358-375.

川上憲人・下光輝一・岩根久夫（1993）．仕事の要求度およびコントロール　桃生寛和・早野順一郎・保坂　隆・木村一博（編）　タイプA行動パターン　星和書店　pp.197-203.

Lazarus, R. S.(1990). Theory-based stress measurement. *Psychological Inquiry*, **1**, 3-13.

Lazarus, R. S., & Folkman, S.(1984). *Stress, appraisal, and coping*. New York: McGraw-Hill.（ラザルス，R. S. & フォルクマン，S.（著）本明　寛・春木　豊・織田正美（監訳）（1991）．ストレスの心理学─認知的評価と対処の研究　実務教育出版）

Leiter, M. P.(1993). Burnout as a developmental process: Consideration of models. In W. B. Schaufeli, C. Maslach, & T. Marck(Eds.), *Professional burnout: Recent developments in theory and research*. Washington, DC: Taylor & Francis. pp.237-250.

丸山総一郎（2015）．ストレスの概念と研究の歴史　丸山総一郎（編）　ストレス学ハンドブック　創元社　pp.5-14.

永田頌史（1998）．産業心身医学　心身医学，**38**, 485-493.

Newton, T. J.(1989). Occupational stress and coping with stress: A critique. *Human Relations*, **42**, 441-461.

大塚泰正（2012）．ポジティブ心理学の理論と職場のメンタルヘルス　産業精神保健，**20**, 194-198.

大塚泰正（2015）．ストレス測定法―心理学的ストレスの理論モデルと測定　丸山総一郎（編）　ストレス学ハンドブック　創元社　pp.66-75.

島津明人（2002）．心理学的ストレスモデルの概要とその構成要因　小杉正太郎（編著）　ストレス心理学　川島書店　pp.31-58.

島津明人（2015）．ワーク・エンゲイジメントと個人・組織の活性化　丸山総一郎（編）　ストレス学ハンドブック　創元社　pp.492-502.

島津美由紀（2010）．職務満足と組織の活性化　藤森立男（編著）　産業・組織心理学―変革のパースペクティブ―　福村出版　pp.144-158.

Siegrist, J.(1996). Adverse health effects of high effort-low reward conditions. *Journal of Occupational Health Psychology*, **1**, 27-41.

Siegrist, J.(1999). Occupational health and public health in Germany. In P. M. Le Blanc, M. C. W. Peeters, A. Bussing, & W. B. Schaufeli(Eds.), *Organizational psychology and healthcare: European contributions*. Munchen: Rainer Hampp Verlag. pp.35-44.

Tsutsumi, A., Ishitake, T., Peter, R., Siegrist, J., & Matoba, T.(2001). The Japanese version of the Effort-Reward Imbalance Questionnaire: A study in dental technicians. *Work and Stress*, **15**, 86-96.

渡辺直登（1999）．ストレスの測定：組織ストレス　渡辺直登・野口裕之（編著）　組織心理測定論―項目反応理論のフロンティア―　白桃書房　pp.155-157.

渡辺直登（2002）．職業性ストレス　宗方比佐子・渡辺直登（編著）　キャリア発達の心理学　川島書店　pp.201-228.

3

産業・組織の心理学

加藤容子

●産業・組織と個人
（1）組織－個人観の歴史的変遷

　産業・組織心理学は，産業に関する生活場面における人の行動を，その環境的条件および個人的条件との関連において研究する科学である。この領域の科学的知見を見る際には，組織と個人をとらえる観点の歴史的変遷をとらえることが重要である。

　産業・組織心理学における古典的な研究は，産業革命以降，個人がいかに効率的に働いて組織の生産性を上げるかを目指した「科学的管理法（Taylor, 1911）」である。そこでは，働く人の作業における動作を細かく分解して，その作業に伴う時間や身体の動きを測定し，個人が1日に行うべき標準的な作業量を定めて，達成度合いによって賃金を定め個人の意欲を高めようとした。これは，人は高い賃金を得るために合理的に作業を進め，組織は人を効率的に管理することができるという考え方に基づくものだった。

　このような管理法を見直すきっかけとなったのが，メイヨーらによる「ホーソン研究」である（Mayo, 1933）。彼らはカナダにあるウェスタン・エレクトリック会社のホーソン工場において，照明や休憩時間などの職場環境が個人の作業効率に及ぼす影響を測定した。しかし研究の結果，照明や休憩時間といった物理的な条件によって作業が異なる傾向は見出されなかった。むしろ実験に参加した女性労働者は，照明が暗いといった不利な条件でもそれを補うように努力したり，作業に従事する人同士がお互いに励まし合うことでより生産性を上げていた。この一連の研究から，労働者が働いて成果を出す過程には心理的な要素が大きくかかわってくることが着目された。そして，先の科学的管理法で想定されていた「合理的で機械的な人間」ではなく，個人的な目的や考え方をもって組織にかかわろうとしている「非合理的で情緒的な部分をもつ人間」として，働く人の理解が転換された。またこの組織－個人観が起点となって，ワーク・モチベーションやリーダーシップなどの研究が発展した。

　その後，組織と個人の関連は相互的で力動的であるという考え方が発展し，組織を一つの有機的存在・生命体としてとらえる「オープン・システム・アプローチ」が提唱された（Katz & Kahn, 1966）。ここでは，社会や環境といった外界の変化に接した組織が，エネルギーを「インプット（導入・注入）」し，「スループット（処理・適応）」を媒介して，「アウトプット（生産）」をもたらすというプロセスが示されている。すなわち，外界とのオープンなかかわりの中で，組織システムがダイナミックに機能していく観点であると言える。またこの組織観は，組織の形成期・発展期・成熟期・衰退期といったライフサイクル観とも結びついている。ここ

から，停滞・衰退を防ぎ再発展するための組織変革・組織開発の動きにつながった。

(2) 組織と個人の相互作用

　以上に見てきた組織－個人観の変遷に伴い，組織と個人はダイナミックに相互作用する視点が重要だと考えられてきた。組織と個人の相互関係は，以下の2つの側面から見ることができる。

　そもそも人が一人で達成できない目的を遂行しようとするとき，何人かが集まることで組織が形成される。その中で個人は働きがいを得たり社会的アイデンティティを獲得する。また組織で作り上げられた成果は，個人に有形・無形の報酬として還元され，個人の生活に寄与する。このように組織は人から成り，人のために形成される側面を持つ。

　一方，形成された組織は組織全体の目的を持つため，組織のために人が働くという別の動きも起こる。個人は組織が求める役割，態度，行動規範や能力・スキルを身につけ，組織のために個人としての欲求を抑えることも必要となる。このとき，組織全体の目的のためにいかに個人が意欲的に働き，成果を出すことができるかが求められる。すなわち組織は仕事のために成り立ち，そのために人が働くという側面を持つ。

　この「個人のための組織」と「組織のための個人」は，相互作用しながら両立することが理想的ではあるが，実際にはどちらかが強調されるなどの偏りが生じることがある。このような場合に，組織の停滞や衰退が起こったり，個人の不調につながるなどの問題が生じる。

(3) 個人の健康と組織の生産性との両立

　「個人のための組織」が実現されているとき，個人は健康的でモチベーション高く働いている状態と言える。一方「組織のための個人」が機能しているときには，組織全体の生産性が高まっている状態と言えるだろう。この個人の健康と組織の生産性が両立している状態をあらわしたものとして，「ワーク・エンゲイジメント（work engagement）」が提唱されている（Shaufeli & Bakker, 2010；島津，2015）。これは，仕事に誇りややりがいを感じている「熱意」，仕事に熱心に取り組んでいる「没頭」，仕事から活力を得ていきいきとしている「活力」の3要素から構成されている。

　ワーク・エンゲイジメントと関連する概念との比較について，島津（2015）は図Ⅱ-3-1のように示している。活動水準が高く仕事に多くの時間やエネルギーを傾けていても，それが強迫的になされ不快な状態であればワーカホリズムと位置づけられる。個人の活動性が高いことは組織にとっては一見望ましいことと思われるが，それが不快を伴ったまま継続されれば，やがてモチベーションの低下や心身の不調につながる可能性を持つ。そういった不快な過重労働の結果，疲弊して抑うつ的となった状態がバーンアウトである。バーンアウトに陥れば特別なケアが必要となり，職務満足感が目指されることとなるが，これは活動水準が高いものではなく，個人にとっても組織にとってもその回復には多くの時間と労力がかかるものとなる。

　従来の産業心理臨床においては，バーンアウトなどの不調に陥った個人に対して支援を行い，個人の職務満足感と心身の健康をもたらすことが中心的な仕事であり，今後も必要な仕事であると考えられる。一方，そもそもワーカホリズムやバーンアウトをもたらさず，ワーク・エンゲイジメントを実現する働き方を目指すという予防的な観点から支援することも重要であり，今後の産業心理臨床の一つの使命だと言えるだろう。

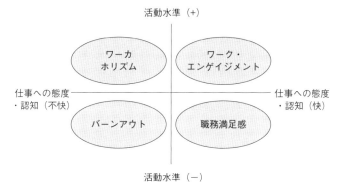

図Ⅱ-3-1　ワークエンゲイジメントと関連する概念（島津，2015）

(4) 産業・組織と個人を見る視点

以上より，心の専門家として産業・組織と個人を支援する場合，個人レベルの視点と組織レベルの視点を持つこと，それらが相互作用しつつ快適にかつ活動性が高い状態で両立するのを目指すことが重要だと考えられる。

個人レベルの視点は個人心理臨床になじみのあるものであり，組織・職場における個人の組織行動を理解しアセスメントするものである。具体的には個人の働き方，コミットメントやモチベーションの在り方について検討することが，役に立つだろう。

組織レベルの視点は，組織全体を見るものである。臨床心理学や心理臨床実践においては，システムズ・アプローチ，コミュニティ・アプローチ，地域援助の観点に近いものである。組織のスタイルはどのようか，組織図はどのように描かれるのか，組織の風土や文化はどのようかということを視野に入れて検討する。

さらに個人レベルと組織レベルの中間になる職場レベルの視点も有用になるだろう。個人を取り巻く職場において，そこでのコミュニケーション，対人葛藤やその方略，リーダーシップなどがどのようにとられているかを検討する。

次項では，この3つのレベルの視点ごとに，関連する理論を紹介する。

●個人レベルの視点─個人の組織行動に関する理論─

(1) 組織コミットメント

個人がその組織・集団でよりよく働くためには，組織コミットメントがかかわってくる。「組織コミットメント（organizational commitment）」とは，組織の一員として，組織の目的遂行に力を投入しようとする積極的態度である。アレンとメイヤー（Allen & Meyer, 1990）は，組織コミットメントには3つの構成要素があるとしている。

①情緒的（affective）要因：組織に対する愛着のために働く
②存続的（continuance）要因：組織から外れるとリスクが高いために働く
③規範的（normative）要因：組織に所属しているべきといった規範に基づいて働く

これらの要因によって個人が積極的に力を投入した結果，本来の力以上の成果が発揮されて組織の生産性につながり，また本人の満足感につながる。一方で，組織コミットメントが強すぎるために偏った力の投入になってしまい，家庭やプライベートの生活への関与が薄くなってしまったり，ときには組織のために犯罪をおかしてしまうという問題も起こりえる。

(2) ワーク・モチベーション

　個人が意欲をもって働くときの理由や目的そのものは,「動機, モーティブ (motive)」と呼ばれる。また, その目的によって人が動機づけられるプロセスは,「動機づけ, モチベーション (motivation)」と呼ばれる。前者について扱ったものは内容理論, 後者について扱ったものは過程理論と整理される。

　1）内容理論　マズロー (Maslow, A.) は, 人間の持つ欲求は階層化されていて, より低次の欲求が達成されるとその上位の欲求が起こるという「欲求階層理論」を示した。
　①生理的欲求 (physiological needs)：最も低次の欲求であり, 食欲や睡眠欲に相当するもの。
　②安全と安定の欲求 (safety-security needs)：危険を避けて心身の安全や保護を求めるもの。
　③所属と愛の欲求 (belongingness-love needs)：居場所や愛情が与えられることを求めるもの。
　④尊敬（承認）欲求 (esteem needs)：他者からの尊敬や承認および自己尊重を求めるもの。
　これらはまとめて「欠乏動機」と呼ばれ, 不足している状態に置かれると人が求めたくなる欲求である。そしてより下位層の欲求が満たされればより上位層の欲求が優勢になる。これらが満たされた後に起こる次の欲求は「成長動機」と呼ばれ, 限度なく発露されていく可能性がある。
　⑤自己実現欲求 (self-actualization needs)：生きがいを持ちたい, 自分を成長させたいと求めるもの。

　アルダファ (Alderfer, C. P.) は, マズローの理論を踏まえて, マズローの生理的欲求と安全と安定の欲求に相当する「生存欲求 (existence)」, マズローの所属と愛の欲求と尊敬欲求に相当する「関係欲求 (relatedness)」, マズローの自己実現欲求に相当する「成長欲求 (growth)」という3つの欲求に整理し,「ERG理論」と呼んだ。これらの欲求は, 低次の欲求から高次の欲求へと移行するという点ではマズローの理論と同じだが, 複数の欲求が同時に生じたり, 高次の欲求から低次の欲求へ移行することもあるという点で, 特徴的である。

　2）過程理論　欲求が起こった後に何らかの認知や判断がなされたうえで, 行動に結びつくといったプロセスがある。これについて明らかにしようとしたのが, 動機づけに関する過程理論である。

　複数の人で作業を進める場面では, 人は自分のかけているエネルギーや時間とそれに伴う報酬や評価などの結果の比と, 他者のそれらの比とを見比べて, なるべくその比がつり合うように動機づけをコントロールする（図Ⅱ-3-2）。これがアダムス (Adams, 1965) の「衡平理論 (equity theory)」である。この理論は, 人の行動は他者との比較の認知によって決まるということを明らかにした点で有意義であった。

　その後ヴルーム (Vroom, V.) は, 人の認知をより広い範囲でとらえた「期待理論」を提唱した。ここでは, モチベーションは「努力」「努力によって得られる結果（業績）の価値（誘意性）」「業績と報酬の因果関係の認知」「業績によって得られる結果（報酬）の価値（誘意性）」から構成されるとまとめられた。

　さらにロウラー (Lawler, 1971) はこの理論にフィードバック・ループを加え, モチベーションと業績と満足感のサイクルに関する総合的なモデル図を提示した（図Ⅱ-3-3）。人が働こ

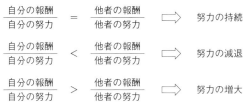

図Ⅱ-3-2　アダムスの衡平理論

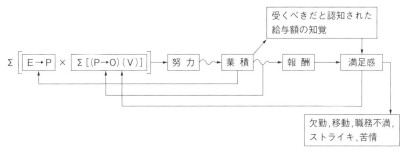

図Ⅱ-3-3　給与と組織効率 (Lawler, 1971)

うとするとき，自分の努力（Effort）が業績（Performance）につながるという期待（E→P）とその業績が自分にとって誘意性（Valence）の高い成果（Outcome）につながるという期待（(P→O)(V)）の総和とを検討することで，良い成績を上げるために動機づけられ，その後実際に努力することによって業績と報酬がもたらされる。このとき，その業績から得られるだろうと認知した報酬をもらえれば，満足感はあがりその次のモチベーションにもつながる。しかし，業績をあげても想定した報酬が得られない場合には，満足感が低くなるだけでなく，次のモチベーションを低下させることにもなる。ここから，組織は業績と個人の満足感との関係を最大化する方法を見つけるべきであると考えられた。

ところで通常の働く場面で，仕事の内容や成果によって報酬や周囲の環境が変わることはそれほど多くないが，それでも人は無気力になることなく，意欲的に働いている。期待理論では説明できないその状態を説明しようとしたのが，「目標設定理論」である。この理論では，ある状況における個人の行動は，その人がどのような目標を持っているかによると考えている。

ロックとレイサムは，目標の特異性（goal specificity）が努力を方向づけ，目標の困難度（goal difficulty）が努力を高め，目標への関与度（goal commitment）が努力を持続させるということを明らかにした。さらにその後，目標設定には自己効力感（self-efficacy）の役割が重要であること，課題を遂行するための知識と能力が必要であることが強調されている（Latham, 2007）。

●職場レベルの視点—個人を取り巻く職場に関する理論—
(1) 職場の人間関係

1）水平的関係と垂直的関係　職場では，職務を分業して明確にすることによって，組織の目標を達成するとともに個人の働く欲求を満足させることが目指される。職務の分業は，機能別また事業部別になされることがあり，この分業に伴って起こる人間関係を「水平的関係」

と呼ぶ。水平的関係においては，お互いの職務の方向性や利害が異なることで葛藤的な状態に陥る場合もあるため，組織全体の方針を目指して，互いに職務状況の報告・依頼をしたり，協力関係を築くことが重要となる。

　また職場では，全体の意思決定を早く行って職務の流れをスムーズにしたり，責任の所在を明確にするために，職位や職階が作られる。職位や職階がより上位層の人は下位層の人に指示・指導によって仕事の方向性を明確にし，下位層の人の意見や実績を吸い上げて上位層での意思決定に反映させる。そして下位層の人には，上位層への報告や連絡に責任を持つことが必要とされる。ここで生じる人間関係を「垂直的関係」と呼び，特にリーダーシップの機能にかかわってくる。

　　2）フォーマル集団とインフォーマル集団　　前述した水平的関係や垂直的関係は，公式的に位置づけられた集団である。これを「フォーマル集団（formal group）」と呼び，メンバーの仕事内容や責任，集団の構造が明確である特徴を持つ。

　それに対して，非公式にメンバーが関係をつないで作る集団を「インフォーマル集団（informal group）」と呼ぶ。インフォーマル集団では，独自のコミュニケーションやルールなどが発生する。これによって，職場全体の意思伝達がスムーズになりメンバーが相互に励ましあうなど，ポジティブな影響が見られる。一方，集団内で暗黙に労働を抑制するルールが作られたり，いくつかの集団間に葛藤が起こったり，さらにはそれが派閥化するなど，ネガティブな影響が見られる場合もある。

(2) 集団での意思決定

　　1）集団思考（浅慮）　　集団の凝集性が高いときにそれを各メンバーが維持しようとするあまりに，合理的な問題解決がなされなくなるという現象がジャニスによって見出され，「集団思考（groupthink）」と呼ばれた（Janis, 1982）。集団思考の状態とは，①所属する集団が無敵だという幻想を抱く，②倫理的に考えない，③同調する圧力が強く全体主義を合理化する，④外集団に対して偏った理解を持つ，⑤個人的な発言が抑圧される，⑥全員の意見が一致しているという幻想を抱く，⑦集団内で反対する者に圧力をかける，⑧不利な情報を遠ざけるといったものである。

　また，そのような状況に陥らせる条件として，①集団の凝集性の高さ，②集団の孤立，③リーダーシップの欠如，④正当な手続きを守る規範の欠如，⑤メンバーの持つイデオロギーの同質性，⑥問題解決への強いストレス状況があることが見出されている。

　このように組織や社会に認知されにくく孤立しがちな職場や，閉鎖的に運営されている職場では，集団全体が幻想的で妄想的な雰囲気になり誤った判断がされやすいと考えられる。

　　2）集団極化現象　　集団での決定が必ずしも合理的にならないもう1つの現象として，「集団極化現象（group polarization）」がある。これは，集団での議論を経たときに，もともとの個人が持っていた意見の平均よりも極端な結果にたどりつくことを示す（Wallach et al., 1962）。極端な方向性は，よりリスクが高まる場合とリスクを回避して慎重にある場合の2通りがある。

　その理由として，他のメンバーの意見が自分と同じであればその意見を強める傾向のあるこ

と，その集団の持つ規範的風土（チャレンジを求めるのか，慎重に判断するのかなど）に従う傾向のあることなどがあげられている。

(3) 対人葛藤とその方略

1）対人葛藤　職場内の対人関係では，互いに意見が合わなかったり，感情的な対立が起こることがある。このような，人と人との関係の中で生じる緊張状態を「対人葛藤（interpersonal conflict）」と呼ぶ。人間関係に関する悩みは働く人のストレスのうち大きな部分を占めており（厚生労働省，2013），ごく日常的で重要な問題である。

では，このような葛藤は働く人や職場にどのような影響を及ぼすのだろうか。職場での葛藤の及ぼす影響について，以下の3つの観点からこれまでの研究結果がまとめられている（Carsten, 2011）。

1つ目は，葛藤に対して受身的で従属的に対応していると，葛藤が長引き本人の自尊心や自己効力感が低くなるため，ネガティブな影響が及ぼされるということである。一方，葛藤状況に対して能動的で問題解決的に対応しようとすると，本人の自己効力感が高まり，健康状態に対してもポジティブな影響が及ぼされる。

2つ目は，葛藤が起こると，相手に対して自分の意見を明快に理解し主張する必要が出てくるため，創造的な思考が起こりやすくなるということである。ただし，相手や組織全体のためというように，社会的なモチベーションである場合に限る。反対に，利己的なモチベーションがある場合には，柔軟な考え方や創造的な成果が起こりづらくなる。

3つ目は，業務やプロジェクトがよりシンプルであれば，葛藤が起こっても生産性にそれほどネガティブな影響は与えないということである。また複雑な業務であっても，メンバーが互いに信頼し合って長期的な目標を共有していれば，個人ではなく関係性に対応しようとするため，ネガティブな影響は起こりにくくなる。

したがって，日頃から職場のメンバー間の信頼関係を構築しつつ，葛藤が生じた際には社会的なモチベーションに基づいて能動的で問題解決的に対応しようとすれば，葛藤はむしろ職場にとって創造的で生産的な成果に結びつき，個人には自己効力感や健康をもたらすものと考えられる。

2）葛藤解決方略　葛藤が起こったときにその解決を試みる対応を「葛藤解決方略（conflict resolution strategy）」と呼ぶ。

職場での葛藤解決方略の種類はトーマスなどによって検討され（Tomas, 1976），プルットとキムによってそれまでの研究がまとめられた（Rubin et al., 1994）。ここでは「自己への関心」と「他者への関心」という2つの次元のモチベーションを設定して，その強弱によって4種類の方略を位置づけた（図Ⅱ-3-4）。

1つ目は，自己への関心が高く他者への関心が低い「主張（contending）」である。自分の考え方のみを押し付けたり，自分の利得のために努力をするという態度を示す。2つ目は，他者への関心が高く自己への関心が低い「従属（yielding）」である。自分の気持ちは抑えて他の人の希望を優先したり，他者に配慮しようとする行動が含まれる。3つ目は，自己への関心も他者への関心も高い「問題解決（problem solving）」である。自分にとっても他者にとってもお互いに適切な解決が見つかるように努力しようとする行動である。4つ目は，どちらの関

図Ⅱ-3-4　対人葛藤方略における2次元モデル
(Rubin et al. (1994), van de Vliert & Hordijk (1989) より作図)

心も低い「回避 (avoiding)」で, 他者との対立的なかかわりを避けたり他者との違いを感じないようにするものである。

なおこの4種類に加えてヴラートら (van de Vliert & Hordijk, 1989) は,「妥協 (compromising)」を提示している。これは, お互いに少しずつ妥協するという方略である（図Ⅱ-3-4）。職場や個人にとっては「妥協」や「問題解決」の方略がとられるよう目指すことが, 重要だと考えられる。

(4) リーダーシップ

複数の人によって構成されている組織が目標を達成するには, そのメンバーをまとめるリーダーシップの働きが必要になる。「リーダーシップ (leadership)」という概念について, ストッディル (Stogdill, 1974) は「集団目標の達成に向けてなされる集団の諸活動に影響を与える過程」という定義を示している。ここで注目すべきことは, 1つ目にリーダーシップは役割ではなく機能であるということ, 2つ目にリーダーシップの発揮だけでなく, 他のメンバーによる受容・反応（フォロワーシップ）との相互作用が重要であること, 3つ目に管理者・上司だけでなくすべてのメンバーが発揮する可能性を持っていることである。

1) 特性論によるリーダーシップ　リーダーシップに関する研究は, 20世紀の前半まではリーダーとしてふさわしい特性を明らかにしようとするものだった。その結果, リーダーは①能力 (capacity), ②素養 (achievement), ③責任感 (responsibility), ④参加性 (participation), ⑤地位 (status) の点で他のメンバーよりも優れていることが指摘された (Stogdill, 1948)。

2) 行動アプローチによるリーダーシップ　次に, 1940年代から1970年代にかけて, リーダーシップを特徴づける行動が研究されてきた。様々な研究が共通して見出したのは, 課題の達成に関連する行動と人間関係に関連する行動の2種類があるということだった。

ここではそれらの研究のうち, 日本の三隅 (1984) によるPM理論を紹介する。三隅はリーダーシップ行動を「課題達成 (Performance) 機能 (P機能)」と「人間関係維持 (Maintenance) 機能 (M機能)」の2次元から成るものとまとめた。そしてそれぞれの機能が高低の組み合わせによって, PM型 (P機能, M機能ともに高い), Pm型 (P機能は高く, M機能は低い), pM型 (P機能は低く, M機能は高い), pm型 (P機能, M機能ともに低い) の4種類のリーダーシッ

プ行動を類型化した。

このうち，PM型のリーダーシップ行動が生産性や働く人の満足感を最も高め，pm型の行動は最も低い効果を持つことがわかった。Pm型とpM型の違いについては，短期的な目標に対してはPm型のほうがより効果的で，長期的な目標に対してはpM型のほうがより効果的であることや，達成動機が低いメンバーにとってはPm型のほうが，達成動機が高いメンバーにとってはpM型のほうがより効果的であることが明らかになっている。

P機能とM機能はともに高いことが望まれるが，この2つの行動を1人が同時に実施することはなかなか困難である。その際，グループの中のある人がP機能を主に担い，別の人がM機能を主に担うといったようにリーダーシップをシェアすること（共有されたリーダーシップshared leadership）によって，グループ全体のPM機能を高めることも提案されている。

3）状況適合アプローチによるリーダーシップ　1960年代後半からは，リーダーシップが効果的に発揮される際には，そのリーダーの特性や行動のみに着目するのではなく，グループの置かれた状況を考慮に入れようとする立場から，「状況適合アプローチ」が研究されてきた。

その先駆けとなったフィードラー（Fiedler, 1967）による「条件即応（コンティンジェンシー，contingency）モデル」は，リーダーの特性を「課題達成指向的リーダー」であるか「人間関係指向的リーダー」であるかに分けるとともに，集団の状況を①リーダーとメンバーの関係の良さ，②課題が構造化されている程度，③リーダーの勢力の3つの観点からリーダーシップ行動が発揮されるために有利な状況から不利な状況まで段階的に設定した。その結果，3つの要素がいずれも低い不利な状況とすべて高い有利な状況では，課題達成指向的なリーダーのほうが集団の生産性は高まり，そうでない場合には，人間関係指向的なリーダーのほうが効果的であることが明らかとなった（図Ⅱ-3-5）。

4）関係性アプローチによるリーダーシップ　近年になって，効果的なリーダーシップはリーダーやメンバーの特性や行動，状況によってのみ決まるだけでなく，リーダーとメンバー

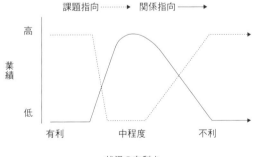

変数	Ⅰ	Ⅱ	Ⅲ	Ⅳ	Ⅴ	Ⅵ	Ⅶ	Ⅷ
リーダー・メンバー関係	良	良	良	良	悪	悪	悪	悪
課題の構造	高	高	低	低	高	高	低	低
地位の勢力	強	弱	強	弱	強	弱	強	弱

図Ⅱ-3-5　条件即応モデル（Fiedler（1967）より作成した池田（2009）より作成）

の関係性に影響を受けると考えられてきた。これが，「関係性に基づいたリーダーシップ」である。そして質の高いリーダー-メンバー関係に基づいたリーダーシップは，生産性を高める効果を持つと示された。

質の高い関係性の構成要素としては，相互の①サポート（support），②信頼（trust），③好意（liking），④ある程度の自由裁量（latitude），⑤配慮（attention），⑥忠誠（loyalty）であるとまとめられる（Schriesheim et al., 1999）。反対に質の低い関係性は，①役割の区分，②心理的な距離，③契約上の義務，④不信によって定義される。

5）変革型リーダーシップ　これまで見てきたリーダーシップは，組織の目的が明確で変わりにくい状況における実務的な機能が主であった。1980年代以降には，組織を取り巻く環境が流動的である場合に，組織自体を変革することが注目されてきた。このようなときには，リスクをとっても新しい視点を与えて変革行動を実践するリーダーシップが求められる。

バスとリッジョ（Bass & Riggio, 2006）は「変革型リーダーシップ」について，①理想化された影響（idealized influence）やカリスマ性（charisma），②モチベーションの鼓舞（inspirational motivation），③知的な刺激（intellectual stimulation），④個別の配慮（individualized consideration）といった4つの行動によって構成されるとした。

●組織レベルの視点—組織に関する理論—
(1) 組織の公式の構造

組織の特徴を見るとき，組織図にあらわされるような公式の構造から読みとれるものがある。公式の構造には主に職務の分業と指示系統の設定が含まれる。

職務の分業は，組織全体が持つ機能や事業を分割したものであり，「水平方向の分業」と呼ばれる。そのうち，企画・開発，製造・生産，営業・販売など，仕事の機能の種類ごとに分割して構造化されたものを「機能別の分業」と呼び，その組織が持っているプロジェクトや事業ごとに構造化されたものを「事業部別の分業」と呼ぶ。さらに，この機能別組織と事業部別組織を合わせた形で，「マトリックス組織」が構成される場合もある（図Ⅱ-3-6）。

指示系統の設定については，職位や職階による「垂直方向の分業」がなされる。この分業により，責任の所在や範囲が明確になったり，意思決定の道筋がスムーズに行われることが目指される。

以上の観点から組織の構造を見ることで，その組織がどんな基準で仕事を部門化しているのか，上位層から下位層への指示や下位層から上位層への職務の反映はいくつの段階を経るのかなど，組織の動きの流れを読みとることができる。

(2) 組織文化

「組織文化（organizational culture）」とは，組織の基本ミッションと関連して組織メンバーに共有された，価値観や信念，行動規範のことである。

組織文化についてシャイン（Schein, 1999a, 2010）は3つのレベルのモデルを提示している。
レベル1は「文物（人工物）（artifact）」に関する文化であり，観察して理解することが可能な組織構造や手順である。たとえば職場のレイアウトや時間や場所の使われ方，グループでの意思決定のされ方や葛藤が生じたときの解決のされ方，個人の服装や話し方，感情の表出の

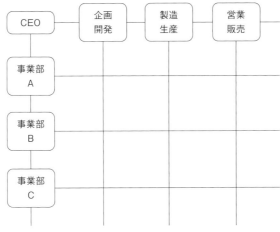

図Ⅱ-3-6　マトリックス組織の例

され方などである。

　レベル2は「標榜されている信念と価値観（espoused belief and values）」に関する文化であり，レベル1の文物について「なぜそうされているのか」という問いに対する答えから導かれる。そこには，経営理念やビジョン，戦略や哲学，価値観や信念が該当する。ここでは合理的で意識された価値観が見出されるが，これだけでは組織文化を理解することはできない。

　レベル1とレベル2を突き合わせる中で，不一致で矛盾した点が出てくる。このとき，より深いレベルの暗黙の思考や認識が影響しているものと考えられる。これがレベル3の「背後にひそむ基本的仮定（assumption）」である。文化の本質はこのレベルのものであり，このレベルの文化を意識して明確化することで，変革を試みることができる。

(3) 組織の無意識の力動

　組織文化で見られたように，組織を理解する際には表層的なレベルから深層的なレベルまでの視点が必要とされる。ここでは，組織の深層的・無意識的な力動を理解するための概念を取り上げる。

　1）集団の基底的想定　精神分析家であるビオン（Bion, 1961）は集団療法の知見から，集団にはタスクを合理的かつ有効に進めようとするワーク・グループの心性の他に，それを阻害あるいは推進する「基底的想定（basic assumption）」と呼ぶ心性があることを見出した。集団状況においては，全体の同一化とメンバー個人のアイデンティティとの葛藤状況から不安が引き起こされ，それに常に対処することが求められる。基底的想定はその不安への防衛反応であり，次の3種類が提示されている。

　1つ目は「依存の基底的想定（basic assumption Dependency）」である。依存の基底的想定によってグループが支配されるとき，メンバーはリーダーに依存し保護されサポートされることを求め，リーダーはそれに応えるような動きをする。あるいはリーダーがすべてを知り解決する力を持っており，メンバーは自身で考えることなくそれを享受する。このときグループは維持され停滞して，発達や変革は妨げられる。

　2つ目は「闘争 - 逃避の基底的想定（basic assumption Fight-flight）」である。ここではグルー

プの内部あるいは外部に敵や危険がいると想定され，グループはその敵や危険に対して闘争するか逃げるかの動きをとる。メンバーはリーダーがその判断と行動をとることを期待し，リーダーはそれに応えて指揮をとる。このときグループは激しい感情を体験し，組織の変化に伴い高揚した連帯感を持つ。

3つ目は「ペアリングの基底的想定（basic assumption Pairing）」である。グループ内のメンバーのペア，あるいはリーダーとメンバーや外部のだれかのペアが結合することによって，新しい解決がうまれることを期待しようとする想定である。これはあたかもペアの性的結合によって新しい生命を希望する心性のようであり，神秘的で救世主を求めるような特徴を持つ。

これらの基底的想定は本来とりくむワーク・グループとしての動きを阻害するように働くことがある一方で，基底的想定が時期や条件に応じて適切に働くことによって，ワーク・グループが洗練された（sofisticated）形で実現される現象も起こる。

2）BARTシステム　ビオンの集団療法での知見をベースとしてイギリスのタヴィストック人間関係研究所では，グループ関係カンファレンス（group relations conference　グループを体験する中で，グループに働く無意識の力動や自分の防衛を理解することを通して，グループや組織の運営，コンサルテーションにおける人間関係能力の向上を図るプログラム）が展開された。そこでの経験の中で，組織の力動を理解する観点としてBoundary, Authority, Role, Taskがキー概念としてうかびあがり，この4つの頭文字はまとめてBARTシステムと呼ばれている（Green & Molenkamp, 2005）。

Boundary（境界）とは，グループでのワークを抱える容器であり，場所・時間・資源・職務・役割・責任などの領域を分割するものである。たとえば，ある仕事はどの場所でいつからいつまで行われるのか，そこで担う責任はどこまでかといったことについてであり，この観点から組織の境界は曖昧なのか明確なのか，強固なのか柔軟なのか，明示的なのか暗黙的なのかといった特徴が検討される。

Authority（権限・権威）とは，ある仕事を遂行する権利であり，それを遂行するために個人に付与された力である。明確な職位として委任された「公式の権限・権威」と，それを個人が行使する際に個人的な特性と関連するその人なりの「個人的な権限・権威」とが含まれる。職務の遂行と矛盾しない形で権限・権威が付与されているかを検討することができる。

Role（役割）とは，職務や課題を達成するために分割された仕事が個人に割り当てられたものである。先に述べた組織の機能別・事業部別分業によって個人に割り当てられるものとも言える。職務規程で示されるような「公式の役割」と，その人が集団の中で無自覚に引き受けやすい「非公式の役割」とがある。後者は世話役，調整役，助言役，聞き役，批判役などであり，個人がはじめに体験する組織すなわち家族における役割が反映されることが多い。

Task（課題・職務）はその組織・集団が目指す到達目標であり課題である。組織・集団の力動や機能の中心に位置されるものであり，このTaskを北極星のようなしるべとして，Boundary, Authority, Roleが設定され動いていく。

上記の4つの概念は，特に組織・集団が困難に陥っているときに，その問題のありかを探る際に有用になると考えられる。

●組織−個人の支援の実践

(1) 組織−個人の支援

　組織に所属する個人や職場，あるいは組織そのものを対象に支援を行う場合，上記に見てきたような個人レベル，職場レベル，組織レベルから，複層的かつ相互作用的な観点をもって検討することが必要となる。具体的な支援の手続きとしては，クライエントを同定し，アセスメントし，支援方法を決めて実行し，支援によるクライエントの反応によってアセスメントや支援方法の修正を繰り返すといったプロセスとなるだろう。以下では，クライエントの同定，アセスメント，支援方法の実際について紹介する。

(2) クライエントの同定

　組織−個人の支援における対象者すなわちクライエントについて，シャインは次の6つの基本的タイプをあげている(Schein, 1999b)。なおシャインは組織開発を目的としたコンサルテーションでのクライエントについて述べているが，他のあらゆる組織−個人を対象とした心理的支援においても適用して考えることができるだろう。

①コンタクト・クライエント　要請や懸案や問題をもって最初にコンサルタントや援助者に接触（コンタクト）してくる（1人または複数の）個人。

②中間クライエント　プロジェクトが展開していくにつれて，様々な面接調査，ミーティングその他の活動に関与するようになる個人または集団。

③プライマリー・クライエント　取り組んでいる問題や課題を最終的に抱えている（1人または複数の）個人。

④自覚のないクライエント　組織またはクライエント・システムの中で，プライマリー・クライエントに対して上位か下位か横並びの関係にあり，介入の影響を受けることになりそうだが，自分に影響が及ぶことに気づいていないメンバー。

⑤究極のクライエント　コミュニティ，組織全体，職業集団およびその他の集団であり，コンサルタントや援助者はそれらの集団のことを気にかけており，どのような介入をする場合もその福利を考慮しなければならないと考えている対象。

⑥巻き込まれた「クライエントでない人たち（ノン・クライエント）」　上記のどのクライエントの定義にも当てはまらないが，援助作業を阻害したり停滞させることを利益とする個人や集団。

(3) 組織−個人のアセスメント

　組織−個人をアセスメントする際には，これまで紹介した理論を枠組みとして用いながら，その組織−個人の機能不全となっている側面と良好に機能している側面の両方を，表に見えているレベルと隠されている無意識的レベルの連続した注視の中で，見立てることが必要となる。

　それらに加えて廣川（2014）は，アセスメントの重要な要素として，心の専門家に求められている役割の限界を見極めること，組織の状況はたえず変化すると受け止めることをあげている。前者は，心の専門家が求められていない役割まで取り込んでしまうことで，かえって組織を混乱させたり自身の責任が問われる事態に陥る危険性を指摘したものである。後者は，対象となるクライエントとその周辺状況は変化し，キーパーソンが異動や退職をしたり，問題に取り組む計画が縮小されたり解消される場合があるため，そのときその場でできる最適解を探

していくことが必要だということである。ここから，心の専門家が組織－個人を支援する際には，その対象となる組織－個人の中に自らも1メンバーとして入りこんでおり，その組織－個人のシステムは有機的で変動するため自らの役割や立場も変動するということを，メタ認知することが重要と言えるだろう。

(4) 組織における個人の支援の実際

心の専門家が働く人と一対一の関係の中で支援する技法としては，主に次の3つがあげられる。

1) コーチング　「コーチング（coaching）」は，ポジティブ心理学の実践的応用であり，個人生活での安心や満足，仕事の場での活動能力を高めることを目指すものである（Palmer & Whybrow, 2008）。特に働く場面におけるコーチングは，コーチ（coach, 指導者）とコーチー（coachee, 被指導者，クライエント）の関係の中で，職務上の具体的な課題目標を設定し，それへの解決方法を一緒に考えながら，目標を達成するよう促すことを指す。職場で上司が部下に対してその自律的な仕事を促すために行われることが多いが，心の専門家が個人の具体的な目標を推進するために支援する場合にも，この手法をつかうことができる。

2) メンタリング　「メンタリング（mentoring）」とは，メンター（mentor, 後見人）がメンティー（mentee, 被後見人）あるいはプロテジェ（protégé　仏語）に対して，キャリアの方向性について相談に乗ったり助言・指導をして保護するものである。メンタリングの機能は次の2つがある（Kram, 1985）。
　①キャリア支援的機能：ワーク・キャリア上の昇進や異動に関して，助言をしたり訓練を促すもの。
　②心理・社会的機能：メンティーの人格全体を受容しつつエンカレッジすることで，心理・社会的発達を促すもの。

いずれもメンティーの成長と発達を促進する発達支援的な機能であり，その目的はメンティーの適応である。なお専門的支援ではない日常生活でのメンター関係では，メンターにとっても継承性といった中年期の発達課題に寄与する価値ももつ。

3) キャリア・カウンセリング　「キャリア・カウンセリング（career counseling）」とは，個人がライフ・キャリアやワーク・キャリアに関して持つ問題に対して，その人自身が解決することを支援するものである。キャリア・カウンセリングは第Ⅱ部第1章で示されるキャリアの諸理論に基づいて行われ，個人の自己洞察と自律的な態度・行動が養われることを目的としている。心の専門家が働くことにまつわる問題についてカウンセリングをする場合に，最も用いられやすいだろう。

(5) 組織－個人の支援の実際

組織と個人を対象とした支援として，わが国では2015年から始まったストレスチェック制度が重要なものとしてあげられる。その詳細については第Ⅱ部第5章にゆずり，ここでは組織－個人をシステムとして見た場合の支援について取り上げる。この支援のうち，イギリスやア

メリカを中心に展開されてきた代表的なものとともに，我が国における先駆的試みを紹介する。

1）タヴィストックの組織コンサルテーション イギリスのタヴィストック人間関係研究所では，1957年に先にも述べた「グループ関係カンファレンス」というトレーニングプログラムが開発され，同時に多くの組織から依頼されてコンサルテーションプログラムを実践してきた。またタヴィストッククリニックでは，1980年に「組織コンサルテーションワークショップ」が始まった。

組織コンサルテーションは，社会科学におけるシステム論と精神分析の諸理論をベースにしており，元来別個であった2つの理論は相互に密接に組み合わされている。特に対人援助サービス領域における組織コンサルテーションが，オブホルツァーとロバーツによって紹介されている（Obholzer & Roberts, 2006）。ここでは危機的な組織へのコンサルテーションについて，組織における投影同一化のプロセス，組織全体を占める不安を抱える（コンテインする）こと，組織内のスプリッティングと統合などの実践と知見が示されている。またより健全な組織のマネジメントについて，人間の不安のコンテイナー（容器）になりうる公共機関の機能，対人サービスにおけるケアとコントロールのバランス，グループ間での葛藤とそのマネジメント方法などが紹介されている。

2）プロセス・コンサルテーション アメリカでは1940年代に，レヴィン（Lewin, K.）が組織を有機的なシステムとしてとらえ，感受性訓練，変革プロセス，Tグループ，アクションリサーチなどの提唱により，グループダイナミクス研究の礎を築いた。レヴィンの研究を洗練させて組織開発のコンサルテーションを展開したシャインは，「プロセス・コンサルテーション（process consultation）」を提唱した（Schein, 1999b）。彼はコンサルテーションのモデルとして，専門家モデル（クライエントは自分では供給できない何らかの情報ないしサービスを，コンサルタントから購入する）や医師 – 患者モデル（クライエントは組織の中の機能不全の部分について，コンサルタントが診断し処方し治療を管理することを求める）と対比して，プロセス・コンサルテーション・モデルを示した。ここではクライエントとなる組織や個人をシステムとしてとらえ，このクライエント・システムとの関係を築くことによって，クライエントは自身の内部や外部環境において生じる出来事のプロセスに気づき，理解し，それに従った行動ができるようになり，その結果クライエントが定義した状況が改善されるものとしている。

プロセス・コンサルテーションにおいては，支援的でクライエント中心的な態度，今 – ここでの関係を扱うこと，失敗や困難もクライエントと共有することなど，個人心理療法と共通する態度やスキルが挙げられている。加えて，組織のシステムのうち変革すべき部分と維持すべき部分を判別すること，クライエントの反応から介入のタイミングを図ること，変革のためにはリスクがあっても建設的となる新たな洞察や代替案を提供することも示されており，これはコンサルテーション独自の方法とみなされる。

3）オーガニゼーショナル・カウンセリング アメリカではまた，経営学修士（MBA）の教育と関連して「オーガニゼーショナル・カウンセリング（organizational counseling）」がうまれ，ジョーンズ・ホプキンス大学大学院のコースとなっている。オーガニゼーショナル・カウンセリングとは，「組織内に生きる個人」と「個人の生きる環境としての組織」との相互

依存関係に焦点を当て，個人と組織の双方の活性化をめざしたカウンセリングである（渡辺，2005）。渡辺（2005）はこれを踏まえ，日本組織の特徴を勘案した統合モデルを提示した。ここでは，支援の対象者は組織と個人のいずれに重点があるのか，支援の機能は次の3つのいずれであるのかを整理したものである。
①経営戦略（組織開発，人事戦略）：個人の視点からニーズ調査や効果測定などを行ったうえで，それを経営層へ提言して，理解・協力を得る。
②人材育成（教育・研修，キャリア形成支援）：主に人事・教育担当者のより効果的な介入を促進するために，支援する。採用・配置・管理者教育だけでなく，キャリア形成支援なども含まれる。
③適応支援（キャリア相談，メンタルヘルス相談）：主にカウンセラーが個人に対して行う相談活動である。しかしカウンセリングに限らず，職場復帰プログラムの企画・実施や職場適応全般についての継続的なフォローなども含まれる。

　心の専門家が自らの実践における対象者と支援機能を確認するために，有効なモデルと言えるだろう。

4）組織心理コンサルテーション　先に述べたイギリスのタヴィストックでの組織コンサルテーションをベースに，アメリカのライス研究所やウィリアム・アランソン・ホワイト研究所では組織コンサルテーションが開発・実践されてきた。ここでは，先述したBARTシステムの他，システム論によるマネジメント，コーチング，リーダーシップなどを，アセスメントと介入のための概念ツールとして用いている。

　京都文教大学産業メンタルヘルス研究所ではこの知見をもとにして，心理臨床家と経営コンサルタントが共同して，力動的心理療法やグループセラピーに基づく心理臨床のアプローチと，経営学やリーダーシップ養成に基づく組織開発のアプローチを統合した方法論を開発している（京都文教大学産業メンタルヘルス研究所，2011，2014）。日本の組織の現状に即して，組織の問題解決や変革マネジメントのニーズに応えられるよう，心理と経営の両面から支援する実際的なアプローチが目指されている。

5）ワーク・ディスカッション　先に示したタヴィストッククリニックでの知見のうち，能力開発の方法論として「ワーク・ディスカッション・メソッド（work discussion method）」が開発された。この方法論は，困難な状況で働く対人援助職が，自らの業務において苦慮している他者と自分の関係について，関与しながらの観察を行い，その記述レポートを持ちよったグループ・セミナーでディスカッションを継続的に行うというものである。このディスカッションのプロセスから，集団の無意識的心性が浮かび上がり，それをグループで抱える（コンテインする）ことで理解をもたらすことを目的としている（Rustin & Bradley, 2008）。

　鈴木（2015）はこの方法論をわが国に紹介するとともに，学校の教師や施設の職員を対象としたコンサルテーションへの応用の可能性を示している。医療・福祉・教育などの対人援助の領域で患者や生徒のもつ心の痛みを受けとる職務にある人にとって，その痛みを抱え，不安を和らげ，より良い仕事をもたらすことが目指されている。

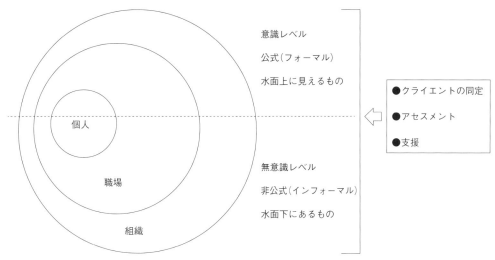

図Ⅱ-3-7　組織-個人の理解と支援の視点

●まとめ

　これまで述べてきた組織-個人を理解し支援する視点について，図Ⅱ-3-7にまとめた。組織・職場・個人という複層的な対象をとらえ，その意識レベルから無意識レベルにわたる状態を理解し，それに基づいた適切な支援を工夫することが重要だと言えるだろう。

引用文献

Adams, J. S. (1965). Inequity in social exchange. In L. Berkowitz (Ed.), *Advances in experimental social psychology*. Vol. 2. Academic Press. pp.267-299.

Allen, N. J., & Meyer, J. P. (1990). The measurement and antecedents of affective, continuance and normative commitment to the organization. *Journal of occupational psychology*, 63 (1), 1-18.

Bass, B. M., & Riggio, R. E. (2006). *Transformational leadership*. Psychology Press.

Bion, W. R. (1961). *Experiences in groups: And other papers.* London: Tavistock Publications. (ビオン, W. R. (著) 池田数好 (訳) (1973). 集団精神療法の基礎　岩崎学術出版社)

Carsten, K. W. D. D. (2011). Conflict at work: Basic principles and applied issues. In S. Zedeck (Ed.), *APA Handbook of industrial and organizational psychology*. Vol. 3. Washington, DC: American Psychological Association. pp.461-494.

De Dreu, C. K. (2011). Conflict at work: Basic principles and applied issues. In S. Zedeck (Ed.), *APA handbook of industrial and organizational psychology*. Vol. 3. Washington, DC: American Psychology Association. pp.461-494.

Fiedler, F. E., & Chemers, M. M. (1967). *A theory of leadership effectiveness*. New York: McGraw-Hill. (山田雄一 (監訳) (1970). 新しい管理者像の探求　産業能率短期大学出版部)

Green, Z., & Molenkamp, R. (2005). The BART system of group and organizational analysis: Boundary, authority, role and task. *Retrieved December*, 30, 2009.

廣川　進 (2014). 組織のアセスメントとコンサルテーション―「組織臨床」の基本と実践　山口智子 (編)　働く人びとのこころとケア―介護職・対人援助職のための心理学　遠見書房　pp.114-126.

池田　浩 (2009). リーダーシップ　産業・組織心理学会 (編)　産業・組織心理学ハンドブック　丸善　pp.208-211.

Janis, I. L. (1982). *Groupthink: Psychological studies of policy decisions and fiascoes.* 2 nd ed. Boston: Houghton Mifflin.

Katz, D., & Kahn, R. L. (1966). *The social psychology of organizations*. New York: Wiley.

厚生労働省 (2013). 労働者健康状況調査

Kram, K. E. (1988). *Mentoring at work: Developmental relationships in organizational life*. University Press of America.（クラム, K. E.（著）渡辺直登・伊藤知子（訳）(2003). メンタリング―会社の中の発達支援関係―　白桃書房）

京都文教大学産業メンタルヘルス研究所（2011）. 京都文教大学産業メンタルヘルス研究所レポート第3号

京都文教大学産業メンタルヘルス研究所（2014）. 京都文教大学産業メンタルヘルス研究所レポート第4号

Latham, G. P. (2007). *Work motivation: History, theory, research, and practice*. Sage Publications.（レイサム, G. P.（著）金井壽宏（監訳）依田卓巳（訳）(2009). ワーク・モティベーション　NTT出版）

Lawler, E. L. (1971). *Pay and organization effectiveness: A psychological view*. New York: McGraw Hill.（ロウラー, E. L.（著）安藤瑞夫（訳）(1972). 給与と組織効率　ダイヤモンド社）

Mayo, E. (1933). *The human problems of an industrial civilization*. New York: The Macmillan.（メイヨー, E.（著）村上栄一（訳）(1967). 新訳　産業文明における人間問題　日本能率研究）

三隅二不二（1984）. リーダーシップ行動の科学（改訂版）有斐閣

Obholzer, A., & Roberts, V. Z. (Eds.) (2006). *The unconscious at work: Individual and organizational stress in the human services*. Routledge.（オブホルツァー, A. & ロバーツ, V. Z.（編）武井麻子（監訳）(2014). 組織のストレスとコンサルテーション―対人援助サービスと職場の無意識　金剛出版）

Palmer, S., & Whybrow, A. (2008). *Handbook of coaching psychology: A guide for practitioners*. Psychology Press.（パルマー, S. & ワイブラウ, A.（編）堀　正（監訳）(2011). コーチング心理学ハンドブック　金子書房）

Rubin, J. Z., Pruitt, D. G., & Kim, S. H. (1994). *Social conflict: Escalation, stalemate, and settlement*. Mcgraw-Hill Book.

Rustin, M., & Bradley, J. (2008). *Work discussion: Learning from reflective practice in work with children and families*. London: Karnac Books.（ラスティン, M. & ブラッドリー, J.（編）鈴木　誠・鵜飼奈津子（監訳）(2015). ワーク・ディスカッション―心理療法の届かぬ過酷な現場で生き残る方法とその実践　岩崎学術出版社）

Schaufeli, W. B., & Bakker, A. B. (2010). Defining and measuring work engagement: Bringing clarity to the concept. In A. B. Bakker, & M. P. Leiter (Eds.), *Work engagement: A handbook of essential theory and research*. Psychology Press. pp.10-24.（岩田　昇（訳）(2014). ワーク・エンゲイジメントの定義と測定　島津明人（監訳）ワーク・エンゲイジメント―基本理論と研究のためのハンドブック　星和書店　pp.19-48.）

Schein, E. H. (1999a). *The corporate culture survival guide*. Jossey-Bass.（シャイン, E. H.（著）金井壽宏（監訳）(2004). 企業文化―生き残りの指針　白桃書房）

Schein, E. H. (1999b). *Process consultation revisited: Building the helping relationship*. Reading, MA: Addison-Wesley.（シャイン, E. H.（著）稲葉元吉・尾川丈一（訳）(2002). プロセス・コンサルテーション―援助関係を築くこと　白桃書房）

Schein, E. H. (2010). *Organizational culture and leadership*. 4 th ed. John Wiley & Sons.（シャイン, E. H.（著）梅津祐良・横山哲夫（訳）(2012). 組織文化とリーダーシップ　白桃書房）

Schriesheim, C. A., Castro, S. L., & Cogliser, C. C. (1999). Leader-member exchange (LMX) research: A comprehensive review of theory, measurement, and data-analytic practices. *The Leadership Quarterly*, 10 (1), 63-113.

島津明人（2015）. 職場のポジティブ・メンタルヘルス―現場で活かせる最新理論　誠信書房

Stogdill, R. M. (1948). Personal factors associated with leadership: A survey of the literature. *The Journal of psychology*, 25 (1), 35-71.

Stogdill, R. M. (1974). *Handbook of leadership: A survey of the literature*. New York: Free Press.

鈴木　誠（2015）. ワーク・ディスカッションとは何か　鈴木　誠・鵜飼奈津子（監訳）ワーク・ディスカッション―心理療法の届かぬ過酷な現場で生き残る方法とその実践　岩崎学術出版社　pp.2-14.

Taylor, W. (1911). *The principles of scientific management*. New York & London: Harper Brothers.（テイラー, W.（著）有賀裕子（訳）(2009). 新訳　科学的管理法―マネジメントの原点　ダイヤモンド社）

Tomas, K. W. (1976). Conflict and conflict management. In M. D. Dunnette (Ed.), *Handbook of industrial and organizational psychology*. Chicago: Rand-McNally. pp.889-935.

Van de Vliert, E., & Hordijk, J. W. (1989). A theoretical position of compromising among other styles of conflict management. *The Journal of social psychology*, 129 (5), 681-690.

Wallach, M. A., Kogan, N., & Bem, D. J. (1962). Group influence on individual risk taking. *Journal of Abnormal and Social Psychology*, 65 (2), 75-86.

渡辺三枝子（編著）(2005). オーガニゼーショナル・カウンセリング序説―組織と個人のためのカウンセラーをめざして　ナカニシヤ出版

4

労働関連法規

西脇明典

　働く者に関する労働法分野の法令は数が多く，また改正も激しい。さらに労働案件は，最高裁判所を頂点とする裁判所の判断によるところも大きい。

　本章では，平成27年11月30日現在の労働関連法規の中で，「心の専門家」として活動する者を対象に，押さえておかなければならない労働法規の知識，考え方，その内容について，概観することにしたい[1]。

●労働契約と労働法規
(1) 労働契約

　①人が働く，という場合，民間企業のサラリーマン，経営者，公務員，パートタイマー・アルバイト，派遣社員など，様々な働き方がある。労働法規が対象とするものは，すべての働き方ではなく，労働者が会社（使用者）の指示，命令に従って働き（従属性），働いたことにより，その対価とし給料が支払われるものである。こうした労働者が働くことと使用者が給料を支払うことを互いに約束することを労働契約（若しくは雇用契約）という（以下では，契約当事者を，使用者と労働者と表現する）[2]。

　就業態様からいえば，多くは，使用者と労働者との労働契約という関係にある。この他にも，派遣，業務委託など，指揮命令系統に違いがあったり，従業者に独立性がある場合など単純な労働契約とはいえないものが多くあるが，以下，単純に，労働契約のみを念頭に置くこととする。

　②労働契約は，合意（口頭）によって成立する（労働契約法6条[3]）。

　しかし，労働に関する事項は多岐にわたるため，すべてを口頭で決めることはできない。そこで，労働契約書を作成し双方が署名押印したり（労働契約法4条参照），使用者が「労働条件通知書」という書類に労働関係において重要な事項を記載し労働者に渡したりしている（労働基準法15条1項，同規則5条）。また，そうした書類だけでも労働関係を規律する事項をすべて記載することは現実として困難であるので，通常，使用者は，「就業規則」を作り労働者

---

1) メンタルヘルス分野に関し，平成27年12月から開始された産業領域の「ストレスチェック」制度は，詳細な別項（第Ⅱ部第5章）に委ね，本章ではふれない。
2) 公務員関係は，こうした民間企業における労働契約とは性質を異にし，「任用」といい，主として公務員法により規律されているので，本章の対象とはしない。
3) 「労働契約は，労働者が使用者に使用されて労働し，使用者がこれに対して賃金を支払うことについて，労働者及び使用者が合意することによって成立する」と規定している。

に周知して，労働関係を規律することにしている（労働基準法第9章）。

就業規則においては，たとえば，労働者が守らなければならない「服務規律」に関する事項，「安全衛生」に関することや「懲戒事由」を定めたり，私的な病気（うつ病など）により働くことができない場合に，使用者が労働者に休職命令を出し，労働者において，病状が回復し働くことができるようになったら復帰することができる，という「休職・復職制度」などが定められている。この意味で，労働契約の内容は，労働契約書や労働条件通知書の他に，就業規則に多くのことが定められているので，労働関係における約束ごとにおいて，就業規則は極めて重要なものである。

常時10人以上の労働者を使用する使用者は，就業規則を作成し労働基準監督署へ届け出なければならない。就業規則には，必ず記載しなければならない事項と，定めをする場合に記載すべき事項がある（労働基準法89条）。

③労働条件等が定められているものとして，就業規則の他に「労働協約」（労働組合法14条）と言われるものがある。これは，使用者と労働組合が結び署名押印した書面である。企業において労働組合がある場合，労働協約を定めることが多く，就業規則に書かれていない事項が規定されていることもあるので，労働組合がある企業においては，労働協約の有無，内容を確認しなければならない。

④労働基準法，労働協約，就業規則，契約（約束）の効力の優先順位は，①労働基準法，②労働協約，③就業規則，④契約の順である（労働基準法13，92，93条，労働組合法16条）。

労働基準法の基準に達しない労働条件を定める労働契約は効力がなく，その部分は労働基準法で定める基準による。就業規則と労働契約の関係も同じである。

(2) 労働法規の分類

労働関係を規律する労働法規において，各視点から，次のように分類することができる。

1）民事法規か，刑罰法規か，行政法規か　民事法規とは，私人（たとえば，労働者）と私人（たとえば，会社）との法律関係を律するもの，刑罰法規とは，違反すると国家権力により懲役その他の刑罰が科される根拠となるもの，行政法規とは，行政の組織や作用を定め，法律違反をしたものが行政庁の処分を受ける根拠となるもの，である。

労働法規に違反をすると，民事法規による損害賠償責任の他，刑罰法規により懲役刑を科されたり，行政法規により指導・助言や免許取消（行政処分）を受けることがある。

2）法律か，政省令・指針か，裁判例か　労働分野では，法律の他，政令（内閣による命令），省令（大臣が法律，政令を施行するために発する命令），通達（大臣，省庁の組織の長が所掌事務に関して諸機関や職員などに発するもの。法令の意味内容や行政庁としての解釈を示したり，制度の運用などに関するものなど）が極めて多くある。法律はもちろん，政令，省令，通達は，実務上，極めて重要である。

また，労働問題が多種多様であり，裁判所が下した判断（裁判例ないし判例と言われるもの）が，実務上重要とされることも多い。

3）強行法規か，任意法規か　前者は，当事者の意思を問わず適用されるもので，これに

反するものは無効とされる根拠となるものであり，後者は，当事者間の約束が優先され，当事者が規定と異なる約束をしないときに適用のあるもの，をいう。

強行法規か，任意法規かは，規定の内容，趣旨により決められる。ある法律が強行法規であると，その法律を守らなければ，法律上制裁（たとえば，約束が否定されたり，損害賠償責任を負うことなど）を受けることになる。ある法律が強行法規か任意法規かにより適用された結果が大きく異なるので，重要な分類である。

●各種法規の内容　その1
(1) 労働基準法

1) **強行法規であることと法律を守らせるための方策**　人は，それぞれ意思のある独立した存在であるので，約束ごとは，当事者の自由な意思により定められる（契約自由の原則）。しかし契約が自由であるとしても，労働者は，使用者に従属する立場にある者であることから，労働契約は，使用者の立場に立った内容とされることになってしまうことになる。このため，国が，労働条件の最低条件を定め，労働者を保護する必要がある。こうして，強行法規として労働条件の最低基準を定めた法律が，労働基準法（以下，「労基法」という）である。

労基法に反する労働条件を内容とする労働契約は，無効とされ，無効とされた部分は，労基法が定める基準となる（13条）。また，労基法に違反した場合，多く，刑事罰（懲役刑ないし罰金刑など）を内容とする罰則が定められている（117条〜121条）。さらには，労基法を守らせるため，国の監督機関として，全国に労働基準監督署が設けられており（97条），労働基準監督官には，事業場の臨検，書類の提出を求めるなどの権限（101条）があり，法律違反の罪について司法警察官としての職務を行うことができる（102条）。

このように，労基法に反する場合には，刑罰が課されることもあり，労基法が定める基準は，使用者において把握し，守ることが強く要請されている。

2) **「労働者」と「使用者」**　「労働者」は，「事業又は事務所に使用される者で，賃金を支払われる者」（9条）とされ，「使用される」か否かは，時間的・場所的拘束の有無，指揮監督，仕事の依頼に対する諾否の自由，労務の代替性などを基準として判断される。

「使用者」は，「事業主又は事業の経営担当者その他その事業の労働者に関する事項について，事業主のために行為をするすべての者」をいう，とされている（10条）。ここで注意を要するのは，労基法にいう「使用者」は，事業主（たとえば，会社）のために行為をする者すべて含まれる，ことである。たとえば，休日出勤を部下に命じた課長は，その部分では部下に対し「使用者」に該当することになる。

3) **適用範囲**　適用される範囲として，一部の例外を除き（一般職の国家・地方公務員など），業種を問わない。また，適用事業は，企業・会社単位ではなく，「事業場」単位である。

4) **賃　金**

(ア) 定義・法規制　社会で給料といわれているものを，労基法では「賃金」といっている。働く者にとって，いくら賃金が支給されるかは，大きな関心事である。

賃金は労働者が働いたことによる対価であるものの，法律は多くのことを定めず，具体的な

額，賃金の定め方等については当事者間の自由な意思により決めることとされている。このことは，同業種であっても異なる会社では賃金額も違うことを考えれば，理解できるところであろう。法律に定めがあるのは，国籍や性別を理由に差別して賃金を決めることの禁止（3条，4条），賃金の支払い方法（24条），最低額の決定（28条。最低賃金法という特別の法律による。最低賃金は，毎年，地域ごとに決定され，最低賃金より低い賃金としている場合には罰則が科される）などである。

　（イ）**支払い方法**　　賃金は労働者が生活していくうえで大切なものであることから，労働者に確実に支払がなされるよう，ルールが定められている（24条）。すなわち，①賃金は，日本の「通貨」で支払うこと，②労働者に「直接」支払うこと（労働者が未成年者であっても親が受け取ることは禁止されている），③「全額」支払うこと（例外として，法令の定めがある場合たとえば税金や社会保険料の控除と労使協定による場合），④毎月1回以上，定期日に支払うこと（賞与には適用がない），である。

　（ウ）**賞与（ボーナス）と退職金**　　月々支払われる月給の他に支払われるものとして，賞与と退職金がある。賞与や退職金は，必ず支払われるものではなく，就業規則（賃金規程）などで支給の有無，基準が規定される。支給条件が明確にされていれば，使用者（会社）は支払を要し，「賃金」として法律の適用を受けることになる。

　（エ）**働かなかったときの賃金**　　労働者において，働くということと賃金の支払いを受けることは，ワンセットである（労働契約法6条）。このため働かなかったときには，賃金は支払われない，ということが法律の原則とされている。これをノーワーク・ノーペイの原則という。

　しかし働かなかったという場合でも，いろいろなケースがあり，必ず賃金が支払われないというわけではない。たとえば，法律に定めがある，年次有給休暇（39条。後述）や休業手当（26条）である。休業手当は，労働者が働くことができるのに，使用者（会社）側に生じた原因により仕事をすることができなかった場合に，支払われるものである（使用者は平均賃金[4]の60％以上の手当を支払わなければならない）。この他，就業規則などにより休暇，休職中においても，賃金が支払われることがある。

5）労働時間

　（ア）**労働時間とは**　　労基法が規制する「労働時間」とは，労働者が使用者から指揮命令監督を受け労働し拘束されている時間から，休憩する時間を除いた時間（実労働時間）をいう。

　実労働時間は，労働者が使用者の指揮監督を受けて労働している時間を指し，現実に作業に従事している時間の他，作業と作業の間の待機時間である「手待時間」も含まれる。また使用者から具体的な指示がなくとも，労働実態や業務量等により，労働をするよう「黙示の指示」があったとされる場合がある。

　（イ）**法定労働時間**　　労基法で定める1日および1週の最長労働時間の規制を「法定労働時間」と言い，法定労働時間の原則は，1日8時間，1週40時間である（32条1項，2項）。法で定める場合を除き，この法定労働時間を超えて労働させることはできない。

4）平均賃金の算定方法については，労基法12条に定めがある。

なお，労基法では，法定労働時間の弾力化のため月，年，週単位の「変形労働時間制」（32条の2，同4，同5）や，主体的で柔軟な労働時間を目的とした「フレックスタイム制」を設けており，一定期間に平均して1週40時間を超えない範囲で，1日8時間，1週40時間を超えて労働させることができる。

　（ウ）**所定労働時間**　　労働契約において，労働時間の開始（始業時）と終了（終業時）を示さなければならない（89条）。この始業時から終業時での時間を「所定就業時間」といい，この時間から所定休憩時間を引いた時間を「所定労働時間」と呼んでいる。実務上，所定労働時間外に労働者が活動をする場合（たとえば，朝礼，仮眠時間，研修など），それが労働時間といえるか問題となることがある。

　6）**休　　憩**　　休憩は，1日の労働時間が6時間を超える場合は45分以上，8時間を超える場合は1時間以上の休憩時間を，労働時間の途中に一斉に与えなければならない（34条1項。ただし，一斉休憩は労使協定があればその定めによる。同条2項）。休憩時間は，労働者の自由に利用させなければならない（同条3項）。

　7）**休　　日**　　休日とは，労働者が労働契約において労働義務を負わない日をいう。労基法上，労働者に毎週少なくとも1回の休日を与えなければならない（35条1項）。就業規則等において，4週間の起算日を定めることにより，4週間を通じ，4日以上の休日を与えることとすることができる（35条2項。「変形週休制」）。

　8）**時間外・休日労働**
　（ア）**時間外労働・休日労働とは**　　労基法が規制する「時間外労働」は，法定労働時間を超えて労働をすることであり，「休日労働」は法定休日（就業規則などで定められた休日を意味する所定休日とは異なることに留意）に労働をすることである。
　労基法上，原則として，法定労働時間（1日8時間，1週40時間）を超えて時間外労働させたり，法定休日に休日労働をさせることはできない（32条，35条）。
　（イ）**時間外・休日労働協定（36（サブロク）協定）**　　例外的に，時間外労働・休日労働をさせることができる主な場合として，労使協定（36条。いわゆる36協定）によるものがある。すなわち，使用者は，事業場において労使協定を結び，それを行政官庁（所轄労働基準監督署）に届け出た場合は，その協定に定めるところにより労働時間を延長し，または休日に労働させることができる。
　協定には，時間外・休日労働をさせる必要のある具体的事由，業務の種類，労働者の数，延長することができる時間，労働させることができる休日を定めることとされている。また時間外労働に関しては，行政指導基準として，時間外労働の限度に関する基準があり，たとえば1か月の上限基準は45時間とされている。
　（ウ）**割増賃金**　　労基法において，法定労働時間を超える時間外労働，法定休日における労働および深夜の労働に対しては，通常の賃金に一定の割増率（時間外は2割5分以上，休日については3割5分以上）を乗じた割増賃金を支払わなければならない。（時間外および休日の割増賃金にかかる率の最低限度を定める政令）。
　また，1ヶ月の法定労働時間を超える時間外労働が60時間を超えた場合は，その超えた時

間について5割以上の割増賃金を支払わなければならない（なお，中小企業については，現在，この適用が猶予されているが，猶予措置を廃止するする改正案が検討されている）。

9）深夜労働　深夜（午後10時から午前5時まで）に労働させた場合，通常の賃金に2割5分以上の率を乗じた割増賃金を支払わなければならない（37条4項）。

10）年次有給休暇　年次有給休暇制度は，労働者に，毎年一定の日数を使用者の負担（有給）で休暇として与えるものである。これは労働者に休養などを取って活力を復活させ，健康で文化的な生活を送ることを目的としている。

年次有給休暇の付与は，6か月続けて勤務し，全労働日の8割以上働いていることが要件となっている。この要件を満たせば，法律上当然に年休権が発生し，発生している年休権を具体的に取得するためには，労働者が日にちなど「時季」を指定する，ということとされている[5]。付与される日数は，勤続年数が長くなるほど増え，勤続年数6か月で10日，勤続6年6か月で20日を上限としている（なお，時間単位年休や協定により計画的年休の制度を採ることも法律上認められている）[6]。

これに対し，使用者は，事業の正常な運営を妨げる場合には，年休を付与できないと示して，労働者の時季指定を拒むことができる（これを時季変更権という）。

なお，年次有給休暇とは別に，多くの企業において，福利厚生などの点から，休暇制度が設けられているが，これらは，法律上の制度ではなく，就業規則などの規律を受ける。

11）女性・妊産婦の就業制限，就労免除制度　労基法は，母性保護などの観点から，産前産後の休業・就労制限（65条），育児時間（67条），生理休暇の就労免除（68条）について定めている。これらの場合，年次有給休暇と異なり，賃金の支払いが保障されているものではない。

12）労働契約の期間　労働契約には，期間の定めのない契約（無期労働契約）と期間の定めのある契約（有期労働契約）がある。労働契約に期間を設ける場合には，一定事業の完了に必要な期間を定めるものの他，期間の上限は原則3年（例外的場合は5年）以内としなければならない（14条1項）。

我が国における有期労働契約は，長期雇用システム維持のために必要な雇用の調整役として活用され，有期労働契約に制限をすることが行われなかった。しかし，有期労働契約者の増加により，法規制の要請が高まり，「有期労働契約の締結，更新及び雇い止めに関する基準」が作られ，行政指導をすることができるようになっている。

この基準の下では，使用者は，有期労働契約の締結に際し，①更新の有無，②更新ありの場合にはその判断基準（業務量，労働者の勤務成績・態度，能力など）を明示すること（労基法施行規則5条1項1の2），③更新しないこととする場合（3回以上更新または1年以上の継続勤務）には契約期間満了日の少なくとも30日前までに予告をすべきこと，とされている。

5）林野庁白石営林署事件　最高裁昭和48年3月2日判決
6）パートタイム労働者の付与日数については，週の所定労働日数と継続期間による，別の定めがある。

さらには、有期労働契約の雇止めが社会問題化する中、有期労働契約に関するルールの確立が要請され、労働契約法が改正されている（後述）。

13）解雇の制限　労基法は、労働契約法16条の解雇権濫用規定のほかに、解雇の制限規定を置いている。

使用者が労働者を解雇する場合、少なくとも30日前に予告しなければならず、予告をしない使用者は30日分以上平均賃金を支払わなければならない（20条1項）。これを解雇の予告義務、支払われるものを（解雇）予告手当という。ただし天災事変や労働者の責めに帰すべき事由により解雇する場合、予告・予告手当の支払は要しない（同項但書き）が、即時に解雇する場合には、行政官庁（労働基準監督署）の認定を要する（同条3項）。

また、使用者は、業務上の災害（労災）により療養のため休業する期間及びその後の30日間は、労働者を解雇してはならない（19条1項）[7]。また産前産後の女性が労基法により休業する期間及びその後の30日間も解雇してはならない（19条1項）。

ただし、業務上災害の療養において使用者が打切補償（81条）を支払った場合（19条1項但書き前段）や、業務上災害、産前産後の場合において、「天災事変その他やむを得ない事由のために事業の継続が不可能とな」り、行政官庁の認定を受けたときには、解雇は制限されない（19条1項但書き後段・2項）。

また、国籍・信条・社会的身分による不利益取扱いとしての解雇することも禁止されている（3条）[8]。

(2) 労働契約法

①労働契約法は、平成19年にできた新しい法律であり、労働契約に関する考え方などが定められている。(a) 労働契約は、書面がなくても、当事者の合意があれば成立すること（6条）、(b) 労働契約の基本的原則として、労使対等、均衡考慮、仕事と生活の調和への配慮（いわゆるワークライフバランス）、信義・誠実、権利濫用の禁止があること（3条）、(c) 労働契約内容の理解の促進（4条）などである。

このうち、「仕事と生活の調和」は、私生活上の事情があるにもかかわらず、これまでその犠牲のうえで労働を優先してきたことにより様々な弊害が生じてきていることに鑑み、私生活の確保、多様な働き方や多残業からの解放を目指した理念であるといえる。この理念は、昨今の労働政策の重要な課題であり、国は、「仕事と生活の調和（ワークライフバランス）憲章」[9]や「仕事と生活の調和推進のための行動指針」[10]を定め、後者で以下のとおり定められている[11]。

---

7) 解雇制限となる「療養」には、治癒（症状固定）後の通院は含まれない。したがって業務上疾病が治癒した後、業務に復帰できないことを理由に解雇することに、解雇制限は働かない。
8) 労基法の他にも、各法律において解雇制限規定がある。例えば、男女雇用機会均等法による解雇禁止（6条4号、9条2・3項）、育児介護休業法による解雇禁止（10条・16条・16条の4・16条の7・16条の9・18条2・20条の2・23条の2）、パートタイム労働法（9条）、不当労働行為としての解雇禁止（労働組合法7条1号・4号）、労働者が法の違反を監督官庁に申告したことを理由とする解雇禁止（労基法104条2項など）など。
9) http://wwwa.cao.go.jp/wlb/government/20barrier_html/20html/charter.html
10) http://wwwa.cao.go.jp/wlb/government/20barrier_html/20html/indicator.html

> □企業や働くものの取り組みとして
> （健康で豊かな生活のための時間の確保）
> - 時間外労働の限度に関する基準を含め，労働時間関連法令の遵守を徹底する。
> - 労使で長時間労働の抑制，年次有給休暇の取得促進など，労働時間等の設定改善のための業務の見直しや要員確保に取り組む。
> - 社会全体の仕事と生活の調和に資するため，取引先への計画的な発注，納期設定に努める。
>
> □国の取り組みとして
> 労働者の健康を確保し，安心して働くことのできる職場環境を実現するためにメンタルヘルス対策を推進する。

②労働契約法には，いわゆる安全配慮義務の規定が置かれている。

> 【労働契約法5条】使用者は，労働契約に伴い，労働者がその生命，身体等の安全を確保しつつ労働することができるよう，必要な配慮をするものとする。

　安全配慮義務の概念は，昭和50年の最高裁判所の判例によって確立されるにいたり，労働契約法によって立法上明らかにされたものである。
　ここでいう「生命，身体等」の「等」には，心身の健康が含まれる（通達[12]）。したがって，労働者が長時間労働によりうつ病など精神疾患に罹らないよう，使用者は，時間や業務の管理，職場の環境整備，労働者の健康状態などについて配慮しなければならないものとされている。
　長時間労働がもとで自殺にいたった労働者の遺族が会社に損害賠償を求めた有名な判例として，電通事件（最高裁平成12年3月24日判決）がある。最高裁判所は，「使用者は，その雇用する労働者に従事させる業務を定めてこれを管理するに際し，業務の遂行に伴う疲労や心理的負担等が過度に蓄積して労働者の心身の健康を損なうことがないよう注意する義務」を負うのであり，「使用者に代わって労働者に対し業務上の指揮監督を行う権限を有する者」（たとえば，係長や課長）は，使用者の注意義務の内容に従って，その権限を行使するべきであるとし，会社や上司は，部下として働く労働者の心身の健康が害されないように注意を払わなければならないことを述べている。この判例以後，特に使用者の労働時間管理や労働者の長時間労働が社会的に問題視されるようになった。
　また，多残業に限らず，今では，様々な労使関係の中でメンタルヘルス不全に陥った労働者が，使用者の安全配慮義務違反などを理由として損害賠償を請求する案件が増えている傾向にある。

　③解雇
　使用者による労働契約の解消（解除）を，「解雇」という。
　雇用契約に期間の定めがある場合（有期契約）においては，期間が到来すれば契約は終了するものの，使用者は，契約期間中労働者を原則として解雇することができず，「やむを得ない事由」[13]があるときに解雇できるに過ぎない（17条）。
　労働契約における当事者は，相互に過度に拘束することを防ぐため解約の自由（使用者から

---

[11]「仕事と生活の調和」は，労契法のみならず，育児介護休業法1条において，法律の目的として「子の養育又は家族の介護を行う労働者等の雇用の継続及び再就職の促進を図り，もってこれらの者の職業生活と家庭生活との両立に寄与する」とされ，同じ理念が謳われている。
[12] 平成24年8月10日基発0810第2号
[13]「やむを得ない事由」は一般的な解雇権濫用の判断基準（労契法16条）よりは狭い。

すれば解雇の自由，労働者からすれば退職の自由[14]が定められている（民法617条）ものの，使用者が解雇を自由にできるというのであれば，経済的立場の弱い労働者へのダメージが大きいことから，各法律で使用者の解雇の自由を制限する規定があり，その代表が，労働契約法における解雇権濫用法理の規定（16条）である。

> 【労働契約法16条】解雇は，客観的に合理的な理由を欠き，社会通念上相当であると認められない場合は，その権利を濫用したものとして，無効とする。

　この規定により，就業規則の解雇事由に形式的に当たるといえるだけでは，解雇が認められることにはならない。実務上，労働遂行能力が欠けている場合などで問題とされることが多く，裁判例も極めて多数にわたり，それぞれの事案に応じた判断がなされているものの，解雇が有効とされるハードルは相当高いといってよい。たとえば，精神疾患の事案においては，休職制度を利用してもなお労務を提供するには不十分である，今後の労務提供能力が向上する見込みが困難である，等の事情がなければ，使用者の解雇が有効であるとは認められない傾向がある。
　④有期労働契約に関する規律
　非典型労働者の割合が増大する中，有期労働契約に関する法律規制の要請が高まり，労働者の使用目的に照らして「必要以上に短い期間を定めることにより，その労働契約を反復して更新することのないよう配慮」（17条2項）が求められた他，平成24年8月，労働契約法に以下の3条を追加する法律が成立している。
　a．期間の定めのない労働契約への転換（18条）
　有期労働契約が更新され通算して5年を超えた場合に，労働者は，有期労働契約を無期労働契約に変更（転換）できる。ただし，賃金その他の労働条件は，別に定めがない限り，有期労働契約時のものをそのまま引き継ぐものとされている。
　b．有期労働契約の更新（19条）
　有期労働契約が反復して更新され無期労働契約と実質的に異ならない場合や更新に対する期待が合理的である有期労働契約の場合には，使用者が労働者の申込みを拒絶するには，客観的に合理的な理由で社会通念上相当が必要となる。これを欠く場合には，同一の労働条件で，申込みを使用者は承諾したものとみなされる[15]。
　c．期間の定めがあることによる不合理な労働条件の禁止（20条）
　有期労働契約と無期労働契約の間に労働条件の相違がある場合，その相違は，労働者の業務の内容および業務に伴う責任の程度，職務の内容および配置の変更の範囲その他の事情を考慮して，不合理なものであってはならない。この不合理ではあってはならない，とは，合理的なものであると認められる必要ないが，法的に認められない程度に不公正，不相当であってはならないものと解されている。

(3) 労働安全衛生法
　①労働条件の最低基準を設け労働者を保護する労働基準法は，「安全及び衛生」（第5章）をあげ，かつて安全衛生教育などの規定を置いていたが，問題化する労働災害に対応するため，

14）労働者には退職の自由があるが，一定の制約がある（民法627条1項，2項，民法628条，労基法137条）。
15）「みなす」とは，擬制といい，異なるものを法律よりに同一視する，という意味である。

別の法律として定められたのが労働安全衛生法（以下，「安衛法」という）である。この安衛法は，労働者の安全と健康を確保するとともに，快適な職場環境の形成を促進することを目的とする法律である（1条）。主なものに限り概説する。

②安衛法は，「事業者」（「使用者」ではない（2条3号））に対し規制を行うものであるところ，労基法をもとにしているので，法を守らせる方策は，行政監督と刑罰によっている（90条以下，116条以下）。

事業者には，労災防止のための最低基準を守り，労働者の安全と確保をするよう求め（3条），労働者にも，労災防止措置に協力するよう努める義務が課されている（4条）。

③事業者は，自主的に安全衛生活動をしない限り労働災害を防ぐことはできない。そこで，安衛法は，事業場の規模に応じて，事業者に安全衛生を管理する組織を設置，整備することを求めている。

「安全衛生管理体制」（第3章）としては，労働災害防止業務の実施を統括管理する「統括安全衛生管理者」（10条）を中心に，「安全管理者」（11条），「衛生管理者」（12条）ないし「安全衛生推進者」（12条の2）を置くこととされている。また，労働者の健康管理，健康確保の効果を上げるため，医学的観点から，常時50人以上労働者がいる事業場には，産業医の選任が義務付けられている（13条）。また，調査審議機関として，安全・衛生委員会（17，18条）などの設置が義務付けられている。

④健康の保持増進のための措置（第7章）として，作業環境を把握し適切な措置を取るための「作業環境管理」（65条・65条の2），労働者の健康に配慮し作業を適切に管理するという「作業管理」（65条の3），労働者の健康状態を把握する「健康診断」（66条）の定めがある。

このうち，健康診断には，すべての労働者を対象とする「雇入れ時」（規43条）健康診断および「定期」健康診断（規44条），一定の有害業務従事者に対する「特殊」健康診断がある。

事業者は，一般健康診断を実施する義務を負い（66条），その健康診断の結果を記録しなければならない（66条の3）。健康診断により異常があると診断された労働者がいれば，医師等の意見を聴取し（66条の4），この意見を勘案し，必要があるとされるときには，就業場所の変更，作業の転換，労働時間の短縮などの措置を講じなければならない（66条の5）。また事業者は，診断の結果，特に健康の保持に努める必要がある労働者に医師や保健師による保健指導を行うよう努めなければならず（66条の7），さらには，労働時間の状況（時間外労働時間が月100時間を超え疲労の蓄積が認められる労働者など）などから，医師による面談指導を実施させる義務を負い，その記録しなければならない（66条の8）。この面談する際には，メンタルヘルス面にも配慮を要する。この他にも，事業者には，66条の8対象以外の労働者に対する面接指導の努力義務（66条の9），健康保持増進推進措置の努力義務（69条）などが課されている[16]。

労働者には，健康診断を受ける義務があるが，事業者指定医師の健康診断を希望しないときには，他の医師の健康診断を受け，その結果を書面で提出すれば，義務を免れる（66条5項）。また，健康診断結果を利用した健康保持の努力義務（66条の7）先述した長時間労働者には医師による面接指導を受ける義務（66条の8第2項）がある。

これらの他にも，安衛法は，労災を防止し，労働者の安全，健康を確保・維持し，促進する

---

[16] 努力義務に反した場合に直ちに違法であると評価されるものではない。

ために，多くの規定を置いている。

⑤健康診断や面接指導の実施の事務に従事した者は，その実施に関して知り得た労働者の秘密を漏らしてはならない（104条）。違反者には，6月以下の懲役又は50万円以下の罰金の刑罰が科される（119条）。

⑥「心の専門家」に関する安衛法第70条の2第1項に基づく重要な行政指針として，「事業場における労働者の健康保持増進のための指針」[17)] と「労働者の心の健康の保持増進のための指針」[18)] がある。これらは，産業領域におけるものであるが，その外の領域においても，十分に参考に値する内容を有するものである[19)]。

前者は，望ましい健康保持増進措置を示すものであり，実施スタッフとして「心理相談担当者」をあげ，その役割は「健康測定の結果に基づき，メンタルヘルスケアが必要と判断された場合又は問診の際に労働者自身が希望する場合に，産業医の指示のもとにメンタルヘルスケアを行う」ことであるとしている。ここにおけるメンタルヘルスケアは「積極的な健康づくりを目指す人を対象としたものであって，その内容は，ストレスに対する気付きへの援助，リラクセーションの指導等」を意味している。

後者は，メンタルヘルスケアの基本的な考え方や具体的な進め方などについて，指針を示したものである。

(4) 労働者災害補償保険法

①労働者が仕事に従事しているときに死亡，負傷したり，疾病に至った場合，使用者による補償は，本来，労働者において使用者に損害賠償を請求することになる。しかし，それでは，労働者が使用者の落ち度や損害を証明するなど困難を伴い，十分な労働者への補償は図れない。そこで，労働災害は，使用者が営利活動を行っている中で起こった以上，利益を得ている使用者に補償を行わせることにより，労働者の保護を図る，との考えの下，「労災補償」が制度化された。この補償制度の特徴は，使用者に過失がなくても労働者に補償されること，賠償額が定率化していることである。

この労災補償制度は，社会保障制度の一環として，政府が制度を運営し，使用者は保険に加入し保険料を納める義務を負い，労働災害にあった労働者が保険により補償を受けるものとなっている。

②労働災害が生じたときには，「使用者が労働者に補償する」と労基法が定めているが，一定規模・業種に強制適用させ，労基法上の「使用者の労災補償責任を塡補」することを目的として労災保険制度を規定しているものが，労働者災害補償保険法である。このため，労基法の補償に相当する給付が労働者になされたときには，その価額の限度で使用者は補償責任を免れることになる。

そして，日本の労災保険は，①業務上の事由（業務災害）または通勤（通勤災害）による災害に対し保険給付を行い，また②労働者の社会復帰の促進事業や被災労働者とその遺族の援護事業，労働者の安全および衛生確保など（社会復帰促進等事業）を図るものとなっている。

---

17) http://www.mhlw.go.jp/bunya/roudoukijun/anzeneisei12/pdf/10.pdf
18) http://www.mhlw.go.jp/new-info/kobetu/roudou/gyousei/anzen/101004-3.html
19) こうした指針は，改訂がなされることが多いので，事案が生じたときの最新のものを参照する必要がある。

③業務災害（労働者の業務上の負傷，疾病，障害又は死亡）に対する補償として，主に知っておかなければならないことは，以下のとおりである[20]。

　a．業務上災害として認められるためには，「業務起因性」がなければならない。

　業務起因性があるといえるのは，労働者が事業主の支配下・管理下にあり（業務遂行性），それに伴う危険が現実となったと経験則上認められる，ことをいう。

　b．「業務上の疾病」は，労働基準法施行規則（35条　別表第1の2。労基法の委任規定）において列挙され，その中に，過重負荷による脳・心臓疾患の他，「心理的負荷による精神障害に関する疾病」について定められている。

　そこでは，「人の生命に関わる事故への遭遇その他心理的に過度の負担を与える事象を伴う業務による精神及び行動の障害又はこれに付随する疾病」，と規定されている（平成22年追加。それ以前は「その他業務に起因することの明らかな疾病」との一般条項として処理されていた）。

　c．精神障害の業務上の認定における基準は，「心理的負荷による精神障害等に係る業務上外の判断指針」（平成11．9．14基発544号）が示されたのち，改正指針（平成21．4．6．基発046001号）が示され，現在，「心理的負荷による精神障害の認定基準」（いわゆる「認定基準」平成23．12．26基発1226第1号）が示されている。

　d．「認定基準」は，「ストレス－脆弱性」理論に依拠しており，精神障害の業務起因性の要件として，対象疾病に該当すること，発病前のおおむね6ヵ月間に業務による強い心理的負荷が認められること，業務以外の心理的負荷，個体側の要因が認められないこと，をあげている。

　対象疾病は，ICD-10の主にF2からF4に分類されるものである。この「認定基準」における心理的負荷の判断は，負荷を与えるエピソード・出来事（使用者の人事権，業務命令権によるものの他，いわゆるパワーハラスメント[21]，セクシャルハラスメントがある）とその強度（「弱」「中」「強」）に応じて行われる。このうち，昨今，精神疾患に罹患する労働者に長時間労働が多く見られることから，「認定基準」では，強い心理的負荷を与える出来事として「直前の2か月間に1月あたりおおむね120時間以上，3か月間に1月当たりおおむね100時間以上の時間外労働」を摘示している。なお，個体側の要因とは，たとえば，重度のアルコール依存などである。

　この「認定基準」における心理的負荷に関する表は，実務上，極めて重要である。

　e．労働者の自殺は，労働者の故意による死亡として，労災保険給付の支給対象外である（労災保険法12条の2の2第1項）。しかし，業務により精神障害を発症した労働者が自殺した場合には，精神障害によって正常な認識ないし行動の選択が著しく害された状態であるとして業務起因性を認める場合があり，自殺事案であっても，精神障害の業務起因性が問題となる。

　f．精神障害の業務上の認定がなされ，被災労働者に労災保険による給付がなされたとしても，労災保険給付には限度があるほか慰謝料などがないため，使用者は，労働者や遺族から，安全配慮義務違反を理由として損害賠償責任の追及を受けることがある。

20）労働災害を含め各労働法規に関する事項の詳しい内容は，厚生労働省のホームページにおいて閲覧することができる。とくに，精神疾患に関する「認定基準」につき，http://www.mhlw.go.jp/bunya/roudoukijun/rousaihoken04/dl/120118a.pdf
21）パワーハラスメントについて，「同じ職場で働く者に対して，職務上の地位や人間関係などの職場内の優位性を背景に，業務の適正な範囲を超えて，精神的・身体的苦痛を与える又は職場環境を悪化させる行為」をいう，とされている（平成24年1月30日　厚生労働省「職場のいじめ・嫌がらせ問題に関する円卓会議ワーキング・グループ」）。

●各種法規の内容　その2

(1) 男女雇用機会均等法

　性による差別を禁止，規制する基本法は，男女雇用機会均等法である[22]。

　昭和60年の成立当初は，性差別禁止法としてではなく，女性労働者を保護する法律であったが，平成9年，同18年の改正を経て，男女双方が保護対象とされ，雇用のあらゆる場面で差別を禁止し（5条，6条，7条，性別を直接の理由とする場合のみならず，間接差別[23]も禁止されている），妊娠，出産，産前産後休業取得を理由とする不利益取扱い禁止（9条3項），事業主のセクハラ防止措置義務（11条1項，なお平成18年厚生大臣告示615号（平成25年改正）に具体的な定めがある）などが定められ，性差別禁止の基本の法律となっている。

(2) 育児介護休業法

　育児休業，介護休業等育児又は家族介護を行う労働者の福祉に関する法律（育児介護休業法）は，①「育児休業及び介護休業」に関する制度，②「子の看護休暇及び介護休暇」に関する制度，③育児及び家族の介護を行いやすくするため所定労働時間等に関し事業主が講ずべき措置等について定める法律である。この法律は，家庭における共同分担，家庭と仕事との調和などを基本理念としているが，育児・介護期間中の賃金までは保障されていない。

(3) 個人情報保護法[24]

　情報化社会で情報流通社会である現代において，いろいろな情報が安易に流されており，個人の情報，秘密を保護する必要性は高い。とりわけ，個人の健康情報は，センシィティヴな情報であり，より保護の必要がある。

　健康情報を含む労働者の個人情報の保護に関しては，個人情報の保護に関する法律（平成15年法律第57号）及び関連する指針等が定められている。こうした法や律指針において，個人情報を事業の用に供する個人情報取扱事業者に対して，個人情報の利用目的の公表や通知，目的外の取り扱いの制限，安全管理措置，第三者提供の制限などを義務づけている。また，個人情報取扱事業者以外の事業者であって健康情報を取り扱う者は，健康情報が特に適正な取扱いの厳格な実施を確保すべきものであることに十分留意し，その適正な取扱いの確保に努めることとされている[25]。

　さらに，健康情報により差別，偏見が生じうることから，平成27年9月に個人情報保護法が改正され，病歴などを含む個人情報を，「要配慮個人情報」として，取り扱いを加重した規律がなされる。

　事業者はもちろん労働者の健康情報を扱う者において，情報の，利用目的の限定，取得，管理，利用などについて，十分留意しなければならない。

---

22) 労基法は男女同一賃金の原則を定める（4条）のみである。
23) たとえば，労働者の募集採用に当たり，労働者の身長，体重または体力を要件とする等，性に一見中立であるように見えるものの，実際には非中立に作用するものをいう。
24) 参考文献として，「健康情報の保護」（（財）産業医学振興財団　平成18年刊）。
25) 特に，「医療・介護関係事業者における個人情報の適切な取扱いのためのガイドライン」（厚労省平成16年12月24日通知，平成18年4月21日改正，平成22年9月17日改正）及び「個人情報保護法に関連した労働者の健康情報の取り扱いに関連する指針」（厚労省平成24年6月11日通達）に留意しなければならない。

(4) いわゆるパート労働法

　いわゆるパート労働法を呼ばれている法律は，正式には，「短時間労働者の雇用管理の改善等に関する法律」といい，短時間で働く労働者（たとえば，主婦，フリーター，高齢労働者・アルバイトなど）において，労働条件がはっきりとせず，使用者の雇用管理が十分ではないことから，「短時間労働者」の労働条件明確化の観点から，平成5年に制定された法律である。ここで「短時間労働者」とは，「1週間の所定労働時間が同一の事業所に雇用される通常の労働者の……1週間の所定労働時間に比し短い労働者」という[26)][27)]。

　しかしながら，1990年後半以降，非典型労働者が増加する労働環境の中で，短時間労働者において正規の労働者との賃金や処遇に格差があることに問題の目が向けられるようになってきた。こうしたことから，パート労働法は，平成19年に大改正され，パート労働者に対する均等・均衡待遇に関するルールなどが定められた。たとえば，職務の内容（業務の内容と業務に伴う責任の程度）が当該事業所で働いている通常の労働者と同一で，人材育成の仕組などが長期的に同一である短時間労働者は，「通常の労働者と同視すべき短時間労働者」とされ，賃金，教育訓練，福利厚生その他の待遇について，短時間労働者であることを理由する差別的取扱いが禁止された（当時8条，現9条）。この他にも，「通常の労働者と同視すべき短時間労働者」とは言えない労働者について，通常の労働者とバランス（均衡）のとれた待遇として，賃金の決定，教育訓練の実施，福利構成施設の利用における努力義務，措置義務，配慮義務，また，短時間労働者が通常の労働者へ転換を推進するための措置義務，を事業者に課している。

　そして平成26年にも改正があり，短時間労働者の待遇について通常の労働者と相違する場合，その相違は，職務の内容，職務内容および配置の変更の範囲その他の事情を考慮して，不合理なものであってはならない，と規定された（現8条）。

　非典型労働者の代表とも言えるパート労働者と正規労働者との処遇格差は，労働政策の問題の一つであり，また使用者と労働者の間で紛争が起きることが懸念されている。

(5) 労働者派遣法

　労働者が，ある企業（派遣元）と雇用関係に立ちながら，その企業と労働者派遣契約を結ぶ企業（派遣先）の指揮命令を受け（派遣先との労働関係はない），その企業のために労働する場合を言う。こうした労働者の派遣に関する法律が，労働者派遣法である[28)]。この法律は，平成24年と平成27年に大改正がなされ，派遣の在り方が近年大きく変化している。またこの法律のもと，厚生労働省において派遣元企業と派遣先企業において講じなければならない措置が定められ，安全衛生に係る措置についても規律がなされている。

　派遣に類似するものとして，業務請負と出向がある。しかし，業務請負は，自己（請け負った者）が雇用する労働者を自己の指揮命令下においているので，他人の指揮命令の下においている派遣とは異なる。また，出向は，出向元との労働契約関係を維持しつつ，出向先とも労働

---

26) わが国においてパート・タイマーなどと呼ばれている労働者の中には，正規の労働時間（フルタイム），日数で働く労働者も含まれているものの，パート労働法は，このような労働者を対象とする法律ではない。
27) 通常の労働者に比し所定労働時間ないし所定労働日数が少ないパート労働者も，使用者に雇用され賃金が支払われているので，労基法，労契法，安衛法の適用を受ける。
28)「労働者派遣法」は，正式には「労働者派遣事業の適正な運営の確保及び派遣労働者の保護等に関する法律」という。この法律は，これまで改正が繰り返されており，最近のものとして平成27年9月に成立したものがある。

契約関係に立つ点で，派遣と異なる。

(6) 高年齢者等の雇用の安定等に関する法律（いわゆる「高年法」）

現代は高齢者社会であり，定年を過ぎても働くことを望む労働者も多い。高年法においては，定年制は60歳以上としなければならず（8条），公的年金支給年齢の引き上げに関連して65歳までの雇用確保の措置を講じなければならない（9条），とされている。

(7) 障害者の雇用の促進等に関する法律

この法律では，労働者の一定割合（2％）まで障害者[29]の雇用を一般企業に義務付けている。さらに平成28年4月以降，すべての事業主を対象に，障害者であることを理由とする差別的取扱いが禁止され，合理的配慮（「指針」参照）の提供義務が課される。

●その他の労働関連問題

(1) 労働契約の期間

労働契約は，期間の定めのない契約（無期契約）とその定めがない契約がある（有期契約）が，期間の定めがなかったとしても就業規則で定年制をとる企業が多い。労働契約の期間についていえば，法律上，上限は原則3年（満60歳以上などにつき例外あり，労基法14条）と定められている[30]が，下限の規定はない。そうすると1日の期間雇用もでき，労働者の雇用の安定から期間雇用の利用を制限する立法もありうるが，我が国ではそのような規制をせず，単に，「労働者を使用する目的に照らして，必要以上に短い期間を定めることにより，その労働契約を反復更新することがないよう配慮しなければならない」（労働契約法17条2項）[31]と規定するにとどまっている。

(2) 採用，休職，役職制度

これまでに述べた法律において，内容を直接規定・規律していない分野も多い。たとえば，採用，休職制度などである。

1）採用
使用者における労働者の採用は，原則自由である。採用の自由は，使用者における契約の自由の根幹をなしている[32]。しかしながら，近年の立法政策において，採用の自由に対する制限が増加する傾向にある。たとえば，男女雇用機会均等法における募集採用の差別禁止などである。また実務上，使用者は採用面接の際，傷病歴などを労働者から情報取得することができるか，という問題が提起されている。

2）休職制度
多くの企業で就業規則において休職制度を設けている[33]。休職とは，労働者が通常の仕事に就くことができない，若しくは仕事をするには不適当な事由が発生した場合

---

29) 平成30年4月1日以降，法定雇用率の算定基礎に精神障害者を加える（猶予制度あり）。
30) 労働契約期間の上限規制については，立法上の継続検討課題とされている。
31) 同項は，訓示規定（規定に違反しても，違反の影響はなく，制裁もない）と解されている。
32) 三菱樹脂事件　最高裁昭和48.12.12大法廷判決
33) 労基法では，休職に関する事項につき明示義務を課している（5条，同規則5条1項11号）。

に，使用者がその労働者に労働契約は維持しつつ労務に従事することを免除ないし禁止すること，をいう。

休職の中でも，「心の専門家」としては知っておかなければならないのは，「傷病休職」である。「傷病休職」においては，労働者がある病気にかかった（たとえば，うつ病）場合，定められた期間中にその病気から回復し働くことができるようになれば復職となり，回復することなく休職期間が満了してしまえば，自動的な退職（一般には自然退職という）又は解雇となる。すなわち，労働者は，労働契約により働かなければならないとされているところ，傷病によって働けなければ労働者としての義務を果たすことができないので，使用者から労働契約を解消（解雇）されてもやむを得ない，といえる。しかし，使用者においてもそれまで働いてきた労働者を直ちに解雇してしまうのは忍びなく，ある一定期間（休職期間）を経てもなお治癒しなければ自然退職ないし解雇とするとしたものが傷病休職制度である。こうした休職の意味は，使用者による解雇の猶予措置である。

休職期間の長さや復職の要件・手続，再発したときの扱いなどは，就業規則に定められており，傷病休職の事案において，就業規則の確認，検討を必ずしなければならない[34]。

傷病休職者が復職する際，「治癒」が要件とされるが，「治癒」をめぐって使用者と労働者が対立することが近時多くなっている。たとえば，「治癒」したといえるためには，従前の業務に復帰できる状態まで回復しなければならない，とするのか，それほどまでとはいわず，ある程度の期間をおけば回復する見込みがあればよいとするのか，また，労働者が復職するために提出した主治医の復職診断書に対し使用者の産業医が疑義を呈する場合の処理，さらには，「試し勤務」や「リハビリ勤務」として労働者が復職前後の期間に何らかの仕事を行う際の条件などである。この他にも，労働者がいったん復職を果たしたものの再び精神疾患に罹患した場合の対応（ひいては安全配慮義務との関係）が問題とされる事案もある。

●おわりに

労働法令や裁判例は，ときどきの時代背景，経済事情やその事案に応じて改正され，変化する。以上は，現時点（平成27年11月30日）のものについてふれるにとどめるので，法令の改正や新たな裁判例の登場に十分留意されたい。

34）復職の考え方，手続などについて，厚生労働省の「心の健康問題により休業した労働者の職場復帰支援の手引き」は極めて有用な資料である。
　http://www.mhlw.go.jp/new-info/kobetu/roudou/gyousei/anzen/101004-1.html

5

産業精神保健

森崎美奈子

● はじめに

　日本企業は厳しいビジネス環境にあり，高度情報化，グローバル化が進んでいる。国際化競争に勝ち抜く技術開発の猛スピード化，IT技術革新，徹底したコスト削減，職務変更，業務効率の追求，評価制度の見直し，早期退職制導入等が進められている。さらには国内外企業によるM＆A（企業合併・買収）に伴う経営理念の変化は，労働者の働き方を根底から揺るがしている。労働者の仕事の形態，質・量が大きく変化し，就労生活への不安が強まっているが，このような時代の変革は，労働現場の，「職務・役割・人間関係・労働者個々の労働意識」を大きく変化させて，「新たな自己の可能性，ライフプラン，キャリアプラン」を模索する機会にもなったのであるが，一方では，愛社精神や帰属感の低下を引き起こし，企業活動のリスクの一端ともなっている。さらに，正規雇用の圧縮，派遣や業務委託等が一般化した結果，ワーキングプア等の格差社会が問題視されだし，「自立と自己実現」を目指したキャリア育成が国家レベルで大きく取り上げられている。

　高度情報化，グローバル化は，企業活動の質を大きく変化させ，職場環境を変えたが，そのことは，日本の労働者の働き方の質を変化させ，労働者のストレスの要因となり，ひいては心身両面の健康障害を引き起こすと考えられる。本章では，「産業精神保健」の実践をとらえていくことで，職場の心の健康問題への臨床心理学的支援の可能性・方向性等に寄与できればと願われる。

● 労働衛生（産業保健）とは何か

　「労働衛生（産業保健）」は労働者の健康対策を担う領域であるが，産業精神保健は，産業保健活動の一分野である。産業保健活動の目的は，労働条件と労働環境に関連する健康障害の予防と，労働者の健康の保持増進，そして福祉の向上であり，日本国憲法に基づき，労働基準法と労働安全衛生法によって法的に定められている。労働基準法は労働時間や休暇，休業補償など労働者の勤務条件を定め，労働安全衛生法は職場の安全管理，産業医の選任，健康診断などについて定めている。活動対象は，個々の労働者だけでなく，労働者が所属する組織，地域をも含んでいる。労働者および労働者集団の健康レベル向上を目標に展開されるこの活動は，結果として，生産性向上など企業活動の推進にも大きな効果があり，そのことは労働者の健康・福祉のさらなる向上に貢献することにつながると言える。さて以下に，産業保健活動の推移の概要を述べる。

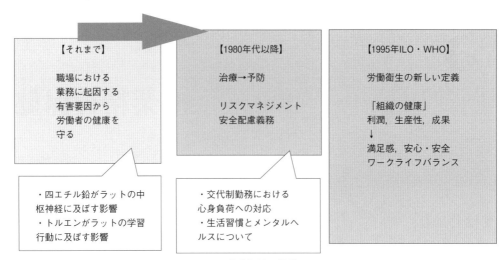

図Ⅱ-5-1　産業保健の推移（資料松井）

(1) 産業保健（労働衛生）の推移（図Ⅱ-5-1）

1）職場環境の整備―職場の業務に起因する有害要因から労働者の健康を守る―　1956年（昭和31年）は，経済企画庁が経済白書「日本経済の成長と近代化」の結びで，「もはや戦後ではない」と記述し，高度経済成長の始まりとなった神武景気が幕開けした年である。その後の急激な経済成長に伴い，職業性疾患が増加し，産業活動の急速な変化に即応した労働安全衛生対策が求められ，1972年（昭和47年）労働基準法から分離する形で，労働災害・職業病防止のための総合的法律である「労働安全衛生法」が新たに制定された。その頃の産業保健領域の学会では，環境有害物質研究や疲労自覚調査等が主流を占めていた。

2）1980年代以降　産業現場では「リスクマネジメント（risk management）」「安全配慮義務」が注目されて，予防医学的な観点から労働者の心身の健康の保持・増進活動が積極的に取り組み出された。従来，産業保健スタッフ（産業医，看護師，保健師，カウンセラー等）はどちらかと言うと，事業所内「診療所」で，二次予防的役割を担っていたのであるが，働く人びとの勤務形態の多様性に伴い，睡眠・食事といった生活習慣が労働者の心身の健康に及ぼすことが示され，治療よりも予防に軸足を移し，「健康管理室」「健康支援センター」等，組織改変や名称変更が推進された。保健指導・研修といった一次予防が重視されることになったのである。

3）1995年（平成7年）　ILO・WHOの合同会議で労働衛生に関する再定義が協議され，職場環境に労働者が適応するのではなく，労働者が快適に働ける職場環境を準備することの重要性が再確認された。その結果，労働者一人一人が自らのキャリア（仕事を通して自分自身の生き様を決定する）構築のために，自発的にワークライフバランスを考えながら「働く」ことが促進されることになった。このことは，個人の健康の総和として組織の健康が成立することを明確に示したものであり，2015年12月（平成27年）から実施されたストレスチェック制度の義務化につながるものと言える。

表Ⅱ-5-1　心の労働災害の増加（厚生労働省公表の「過労死等の労災補償状況」より筆者作成）

年度		1998	1999	2006	2007	2008	2009	2010	2011	2012	2013	2014
心の病	請求件数	42	155	819	952	927	1136	1181	1272	1257	1409	1456
	認定件数	4	14	205	268	269	234	308	325	475	436	497
うち自殺（含未遂）	請求件数	29	93	156	164	148	157	171	202	169	177	213
	認定件数	3	11	66	81	66	63	65	66	93	63	99

　なお，産業・経済をめぐる急速な社会の構造的変化に伴う労働環境の変化は個々の労働者の心理的負担を増している。仕事に関するストレスを自覚している労働者は1997年以降，6割を超えている。実際にメンタルヘルス不調により連続1ヶ月以上休業，または退職した労働者がいる事業場の割合は，8.1％である。一方，メンタルヘルスケアに取り組んでいる事業場の割合は，47.2％で，事業場規模別に見ると，300人以上の規模では9割を超える実態である。このような状況を背景に，精神障害等による労災請求件数は急増している（表Ⅱ-5-1）。

　自殺者数も1998年には30,000を超え，うち有職者の自殺件数も9,000人から7,000人で推移している。さらに，官民問わず，うつ病等のメンタルヘルス不調者が増加して，精神障害や過労死・過労自殺が「業務起因」であるとの主張で，労災申請や民事訴訟の損害賠償請求が急増し（表Ⅱ-5-1），事業者の安全配慮義務が問われた結果，職場におけるメンタルヘルス対策が急務となったのである。

(2) 労働衛生5管理とは

　産業保健（労働衛生）活動は，労働安全衛生法，労働基準法と相まって，職場における労働者の安全と健康を確保するとともに，快適な職場環境を形成することを目的として推進されている。事業者は，労働災害を防止するために，労働安全衛生法で定められた最低基準を守るだけでなく，快適な職場環境をつくり，労働条件を改善することで，労働者の安全と健康を守らなければならない。活動は基本的には以下の5管理からなっている。

①作業環境管理：業環境中の有害物資の除去や環境測定などによる状態の把握と評価を行い，それにより中毒などを防ぐ。

②作業管理：環境を汚染させないような作業方法や，有害要因の暴露や作業負荷を軽減するような作業方法を定め，適切に実施させるように管理する（耳栓や防振グローブの装着）。

③健康管理：健康診断（定期健康診断・特殊健康診断）などを行い，結果を産業医が判断し，必要な処置を行って，職業性疾病や障害を予防する。

④健康教育：有害作業に従事する労働者に対する教育，一般的な健康保持増進について教育し，健康確保を推進する。

⑤統括管理，健康管理体制：①-④を総合して推進するため，職場の労働衛生管理体制の整備，管理計画の策定を行う。職場の巡視，職場の衛生診断とその対策，関係する情報の収拾，行政への対応や外部諸機関との連携を図る等の職務を行う。

　なお，職域における安全衛生の確保は事業者の義務であるが，労働者自身も同時に事業者の

活動に協力し，自らの安全と健康のために自主的に努力することが不可欠であることは，言うまでもない。

●産業精神保健としての職場メンタルヘルス活動

(1)「臨床医学」と「産業保健」(図Ⅱ-5-2)

本来,「産業保健活動」は労働安全衛生法等を法的根拠[1]とし,「労働者と職場組織の活性化」を目的とする広範囲な活動である。労働者は「安全で健康的な職場環境で就労し，自己実現を果たすこと」を，企業は「労働者の心身の不調によって生じる損失を減らし，優良企業としての企業活動を推進すること」を目指す，健康増進・予防活動（一次予防）である。

しかし，日本の企業では，従業員に対しては福利厚生・サービス施策として診療行為を提供して来た。つまり，企業内診療所等で疾病対応として「臨床医学」が提供されていたのである。職場不適応労働者に対しても，医師や精神科医やカウンセラー等による二次予防・三次予防に取り組んできた歴史がある。

(2) 産業精神保健とは何か

産業精神保健は職域における精神保健活動である。職場における精神障害の発症予防（一次予防），精神障害の早期発見と早期治療（二次予防），職場復帰支援（三次予防）を包括する活動であり，労働者の「精神健康の確保・増進」と「精神障害の予防」の二面性を持つ。

なお，従来，産業医，産業保健師・看護師，精神科医，心理職といった産業保健スタッフは「職場メンタルヘルス活動」を臨床医学的視点の延長線でとらえがちな風潮があったことは事実である。産業保健に関わる人々には社会経済の変革の中で安全衛生活動の一環に位置付けられた産業精神保健の意義や目的[2]に対する共通認識を持つこと，各自の役割を明確にすること，そのうえでチームとして連携したメンタルヘルス活動を進めることが求められている。チームでの活動が産業精神保健展開のキーである（図Ⅱ-5-3，Ⅱ-5-4）。

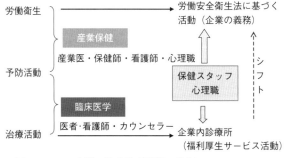

図Ⅱ-5-2　企業の健康管理部門の役割（森崎，2012，2016）

---

1) 69条：心身の健康保持増進指針，71条2～4：快適職場形成指針，労働契約法第5条：安全配慮義務　等
2) 職場のメンタルヘルス活動の基本路線（a. 教育・啓発活動，b. 相談・ケア活動，c. 人事諸施策の調整，d. 医療的支援（精神科的治療），e. 復職・就労支援の推進）

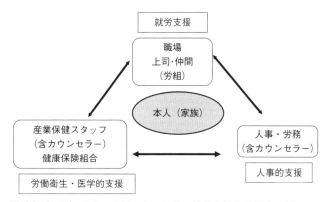

図Ⅱ-5-3　関係者（部門）のチームワーク：三位一体の支援システム（森崎，2007，2012，2016）

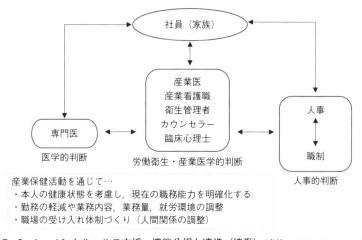

図Ⅱ-5-4　メンタルヘルス支援　機能分担と連携（協働）（森崎，2007，2011，2012）

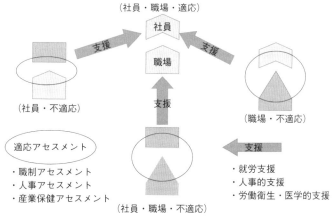

図Ⅱ-5-5　三位一体の支援システムの機能（森崎，2012，2016）

```
1. 事業者の安全配慮義務（2000年3月　最高裁判決）電通事件
2. 事業所における労働者の心の健康づくりのための指針（2000）
      メンタルヘルス指針
3. 心の健康問題により休業した労働者の社会復帰支援の手引き
  （2004，2009改正）
4. 労働者の心の健康の保持増進のための指針
      新メンタルヘルス指針
      「4つのケア」を効果的に推進
5. 精神障害（「過労自殺」）の労災認定基準（1999年公表⇒2009年改正）
    ・精神障害を発病していること
    ・発病前6ヶ月間に業務による心理的負荷が認められること
    ・業務以外の心理的負荷，個人的要因が発病に関与しているとは認められないこと
    ・2009改正⇒12項目追加で計43項目，7項目の修正
        持続する状況を検討する際の着眼事項例の追加
        パワハラに関連した具体的出来事：違法行為の強要，
        達成困難なノルマ，嫌がらせ・いじめ・暴行
        非正規社員の理由による差別
6. 改正労働安全衛生法による健康の保持増進・過重労働対策（2006）
7. ストレスチェック導入（2015年12月～）
```

図Ⅱ-5-6　メンタルヘルスに関する行政の動き

（3）行政の取り組み—労働行政の動向—（図Ⅱ-5-6）

1）心と体の健康づくり　行政の職場メンタルヘルス対策は「こころとからだの健康づくり」をコンセプトとして，1987年（昭和62年）にはTHP（total health promotion plan）活動，1992年（平成4年）には「快適職場づくり」，2000年（平成12年）には「事業場における労働者の心の健康づくりの指針（メンタルヘルス指針）」，2006年（平成18年）には「労働者の心の健康の保持増進のための指針（新メンタルヘルス指針）」等の通達によって，推進展開されている。特に，管理職には，「ストレス対策は職場生活におけるリスクマネージメントである」との認識を持ち，職場の労務管理の一環として実践するが求められることになったのである。しかし，一向に減少しない過労死・過労自殺等への対策の一環として，2005年11月に労働安全衛生法が改正された。それに伴い，2006年3月31日には「労働者の心の健康の保持増進のための指針（新メンタルヘルス指針）」が公示され，各企業の積極的なメンタルヘルス対策が展開されて，産業現場の心理職・保健師等への期待が一層強まった。

2）労災認定の基準緩和（図Ⅱ-5-6）　この間，精神障害の労災事案の増加対策としては，「心理的負荷による精神障害等に係わる業務上外の判断指針について（1999，2009（一部改正））」，過労死対応としては，「脳・心臓疾患の認定基準の変更について（2001）」や「過重労働による健康障害防止のための総合対策（2002）」によって，労働者の過重労働への歯止めを推進している。

精神障害の労災の認定基準に心理的負荷や個体側要因（心理面の反応性，脆弱性）が注目されたこと，しかも恒常的な長時間労働についても重く評価対象にするなどの視点が導入された。この視点は，企業にメンタルヘルス活動をリスクマネージメントとしてとらえる姿勢，そのためにはストレスマネージメント施策を具体的で，かつ積極的に推進する姿勢が求められたことを意味し，特筆される指針である。これ以降，メンタルヘルス不調，自殺の労災申請が急増し，認定者も増加した（表Ⅱ-5-1）。

3）第12次労働災害防止計画　職場では，日常生活では使うことがない危険物を扱ったり，

危険な場所で作業を行ったり，心身に影響が及ぶような過重労働も問題となっている。日本が高度経済成長期にあった昭和30年代後半から40年代前半には，年間6,000人を超える人が，業務上の災害によって尊い命が失われた。人の生命と健康はかけがえのないもので，働くことで生命が脅かされたり，健康が損なわれたりすることがあってはならない。このような現状を踏まえ，労働災害を減らし，誰もが安心して健康に働くことができる社会を実現するため，行政は昭和33年から11次にわたって「労働災害防止計画」を策定，実施するとともに，すでに述べたが，労働災害の防止を目的とする「労働安全衛生法」を昭和47年に制定し，取り組んできた。その結果，労働災害は大幅に減少したが，今なお，仕事中の事故や急性中毒などで亡くなる人は年間1,000人を超えている。また，過重労働などを原因として脳・心臓疾患を発症し死亡したり（いわゆる「過労死」等），仕事による強いストレスを原因として精神障害を発症し，自殺したとして労災認定される人は，合わせて200人近くに上っている。さらに，怪我や病気で，4日以上仕事を休んだ人は，年間11万人に達している。

このような現状を踏まえ，厚生労働省は，産業構造の変化等，労働者を取り巻く社会経済の変化に対応し，労働者の安全と健康を確保するため，平成25年4月〜平成30年3月までの5年間を計画期間とする「第12次労働災害防止計画」を平成25年2月に策定し，3月に公示した。

第12次労働災害防止計画で重点的に取り組むべき事項は，平成29年度までにメンタルヘルス対策に取り組む事業場を80％以上にすることであるが，そのために企業には，以下が求められる。①職場改善への取り組み，②ストレスへの気づきと対応の促進，③事業場への取り組み支援，④職場復帰支援対策の促進に努めること。

4）ストレスチェック制度の義務化　平成26年6月19日，衆議院本会議にて，労働安全衛生法の一部を改正する法律案が可決・成立した。これにより従業員50人以上の事業所は，年1回，従業員に対してストレスチェックを実施すること，ストレスチェックの結果を従業員に通知し，従業員が希望した場合には医師・保健師等による面接指導を実施することが義務付けられ，事業者はその結果を職場改善に生かすことが求められた。[3] 制度導入の背景には，精神疾患による労災請求件数が3年連続で過去最多を更新している社会全体の問題があり，従来の過重労働の緩和などの量的な施策に加え，労働の質にもフォーカスした対策が導入されることになった。新たに公表されたストレスチェック制度に関する省令・告示・指針（2015年4月15日厚生労働省）には「ストレスチェック制度を総合的なメンタルヘルス対策の取り組みの一つとして位置づけ，総合的な取り組みを継続的に実施していくこと」が強調されている。

ストレスチェック制度の義務化に伴い，事業者はストレスチェック結果の通知を受けた労働者に対して，相談の窓口を拡げ，相談しやすい環境をつくることで，労働者が高ストレス状態

3）義務化のポイント
1．従業員50名以上の事業場において，常時使用する労働者※1に対しストレスチェックを実施
※1「常時使用する労働者」とは，次の①および②のいずれの要件をも満たす者
①期間の定めのない労働契約により使用される者（契約期間が1年以上の者並びに契約更新により1年以上使用されることが予定されている者，および1年以上引き続き使用されている者を含む）
②週労働時間数が，当該事業場の同種の業務に従事する通常の労働者の1週間の所定労働時間数の4分の3以上である
2．高ストレス者からの申出に対し医師による面接指導を実施する
3．面接結果に基づき，必要に応じ就業上の措置を講じる

で就労を続けないようにする等，適切な対応を行うこととなった。

　制度の趣旨を正しく理解し，よりよい職場環境の実現が労働者の生産性や満足度，定着率の向上にもつながるものとし，企業全体で取り組んでいくことが大切である。そのためには，ストレスチェック実施後のフォローアップが重要な課題となる。労働者や職場のストレス状況の改善および働きやすい職場の実現は，ひいては生産性向上につながる。企業経営の一環として取り組むことが重要なポイントである。

　そのため，産業医が日常的な活動の中で相談対応を行う他，産業医と連携して，保健師，看護師，心理職が継続的に相談対応を行える事業場内の「体制の整備」が望まれる。なお，心理職等はストレスチェックの集団ごとの集計・分析結果に基づく職場環境の改善等に際して，産業医から支援が求められた際に適切に対応するためには，臨床心理学的視点での組織診断，職場改善の専門性やスキル研鑽に努めなければならない。

　以上，職場のメンタルヘルスの動向について述べたが，労働者のメンタルヘルス対策は，企業の労働安全衛生法を遵守する活動であり，同時に，労災防止等のリスク対策という側面もある。しかし，最も大事な視点は，メンタルヘルス対策は働く人にとっても，家族にとっても，職場組織にとっても，そして企業活動にもプラスになる活動なのであるとの認識を持つことである。今後，この分野へ臨床心理学的知見をもって，心理職がいかにかかわっていくかは，重要な課題である。

(4) 安全配慮義務

　事業者と労働者の関係は労働契約を結ぶことによって初めて成立する。労働契約が結ばれた時点で，労働者には，職務に専念する労務提供の義務が生じ，事業者には労務提供に対する対価（賃金）支払いの義務が生ずる。

　なお，事業者には労働契約が成立した時点で，さらに「業務により労働者が健康上の問題が生じないように配慮する」義務が発生する。これは「安全配慮義務」と呼ばれるが，安全配慮義務については，労働基準法や民法等の規定では明確に示されていなかった。しかし，2000年に最高裁判所は電通事件[4]の判決で「使用者[5]は，その雇用する労働者に従事させる業務を定めてこれを管理するに際し，業務の遂行に伴う疲労や心理的負荷等が過度に蓄積して労働者の心身の健康を損なうことがないよう注意する義務を負う」との判断を示し，使用者に代わって労働者に対し業務上の指揮監督を行う権限を有する者に，「使用者の注意義務に従って，その権限を行使する」ことを求めた。民事上の事業者責任が拡大されたのである。その結果，事業者から権限を委譲されている管理監督者は労働者の健康状態を把握し，業務負荷による健康状態の悪化を防止するための具体的な措置を履行することとなり，日々の労務管理として，「業務と健康障害の間に相当因果関係が認められる（予見性・危険予知）」，「健康障害を起こさないための具体的対策（回避可能性・結果回避）」に配慮することが求められることになった。

　なお，平成20年3月に施行された労働契約法第5条で「使用者は，労働契約に伴い，労働

4）過労自殺に関する裁判例
電通事件（最高裁平成12年3月24日第二小法廷判決）
長時間にわたる残業を恒常的に伴う業務に従事していた労働者がうつ病に罹患し自殺した場合に使用者の民法七一五条に基づく損害賠償責任が肯定された事例
5）使用者＝事業者。

者がその生命，身体等の安全を確保しつつ労働することができるよう，必要な配慮をするものとする」と，事業者の労働者に対する安全配慮義務（健康配慮義務）が明文化された。危険作業や有害物質への対策はもちろんであるが，メンタルヘルス対策も事業者の安全配慮義務に当然含まれると解釈されている。[6] なお，労働契約法には罰則がないが，安全配慮義務不履行に対しては，民法第709条（不法行為責任），民法第715条（使用者責任），民法第415条（債務不履行）等を根拠に，近年は事業者に多額の損害賠償を命じる判例が多く出されている。

(5) 事例性と疾病性

職場において精神保健活動を進める際に重要な概念として，事例性（caseness）と疾病性（illness）がある。たとえば，労働者の職場での問題行動として，「3つのA」と呼ばれる，常習欠勤（absenteeism）[7]，問題飲酒（alcoholism），事故（accident）があるが，これらの問題事例が，精神疾患によるものどうかと医学的診断の視点でかかわることを「疾病性」という。一方，その問題行動を本人の職場適応の程度から判断する視点でかかわることを「事例性」という。問題行動が周囲の人にどのくらい迷惑をかけているか，業務に支障をきたしているのか，本人はそのことをどう思っているのか，どれくらい困惑しているのか，辛く思っているか等，職場生活に焦点を当ててかかわる考え方である。問題事例に対して，「勤務状況？」「仕事でミスが多い？」「周囲とのトラブルは？」「本人は困っている！」などと客観的現象・事実の視点でかかわるのが事例性であり，「幻聴？」「被害妄想？」「うつ病？」「パニック障害？」など症状や病名に関する判断は医学の領域，疾病性である。

職場でメンタルヘルスが疑われる事例が発生した場合，まず対応に当たるのは，直属上司など精神医学には素人の人たちである。職場で何か問題を感じた際には，病気の確定（疾病性）以上に，業務上何が問題になって困っているか（事例性）を優先する視点が重要である。

(6) メンタルヘルス活動推進のために

行政の動向に関しては既に述べたが，職場のメンタルヘルス活動の基本路線（p.94注2参照）を推進するために，産業現場では産業保健スタッフの職種間の連携が従来にも増して求められる。関係部門が連携して，「労働衛生活動として，管理職サポートとして，人事・労務管理として，福利厚生サービスとして……」等の視点からメンタルヘルス活動に具体的に関わる姿勢が必要である。たとえば，①職場の組織力の回復・強化（チーム・ワークとコミュニケーション），②職務責任と裁量のバランスが取れるような業務の仕組みの改革，③労働者一人一人の働きがいに焦点を当てた「活力ある風土づくり」等である。

特に管理職研修が緊急課題であり，産業保健スタッフには社内研修を実施展開する専門性確

---

[6] 事業者の責任の範囲に関しては，労働安全衛生法（昭和47年法律第57号）をはじめとする労働安全衛生関係法令には，事業者の講ずべき具体的な措置が規定されているが，これらは当然に遵守されなければならない。したがって，安全配慮義務が求める「必要な配慮」は，労働安全衛生法などの労働安全衛生関係法令を守るということだけでなく，より広範囲の「必要な配慮」が必要と言える。労働契約法　第5条の「必要な配慮」とは，使用者に特定の措置を求めているわけではなく，一律に定まるものではない。労働者の職種，労務内容，労務提供場所等の具体的な状況に応じて，必要な配慮をすることが求められている。

[7] 近年，アブセンティズム（absenteeism）に対するプレゼンティズム（Presenteeism）の現象が生産性向上や産業衛生の分野で問題になっている。プレゼンティズムとは，「出勤しているにもかかわらず，意欲が出ない，気力がない等の心身の健康上の問題により，充分にパフォーマンスが上がらない状態」である。

保が必須となるが，心理職には産業保健スタッフに対する専門性習得の指導・支援の役割も期待されている。「新メンタルヘルス指針」に示されているように，職場メンタルヘルス活動に重要なことは，「4つのケア」を具体的に推進することである。その際，職場内外での連携を如何にスムーズに取れるかが成功の鍵である。

職場に生じる問題に迅速に対応し，関係部門との連絡調整役の機能を果たすのは，常勤者である人事労務担当者（≒メンタルヘルス推進担当者），保健師・看護師，心理職，心理相談担当者などの役割である。そのためにまずは，関係部門の連携体制づくり（三位一体体制（管理職・職場，人事労務部門，健康管理部門））が重要である（図Ⅱ-5-3）。

なお，改正労働安全衛生法では過重労働・メンタルヘルス対策として，産業医（66条8）や産業保健スタッフ等（66条9）による面接指導が明確にされたが，面接技法等を習得するためには心理職の支援も必要であろう。さらに，①産業医面接のガイドラインで，うつ状態が疑われた人へのその後の対応，②産業医面接に加えて，メンタル不調労働者に気づく工夫はないか，③産業保健にかかわる関係者や上司等がメンタルヘルス不調者を見逃さないような研修はできないか，等々，それらの問題を産業保健にかかわる関係者で検討しなければならない。その際には心理職の専門性（臨床心理学，組織心理学，産業心理学等）が有効活用されることが望まれる。

●職場のメンタルヘルス活動の実際

職場のメンタルヘルス活動は「労働者と職場組織の活性化」を目的とする広範囲な活動である。従業員に対しては「安全で健康的な職場環境で就労し，自己実現を果たすこと」を目指し，企業にとっては「労働者のメンタルヘルス不調によって生じる損失を減らし，優良企業としての企業活動を推進すること」を目指す，一次予防活動である。「事業場における労働者の心の健康づくりのための判断指針について」によって展開されてきた。指針のポイントは，①心の健康づくり計画の策定，②4つのケア（セルフケア，ラインケア，産業保健スタッフ等によるケア，事業場外資源によるケア）の推進である。2006年には，改正労働安全衛生法（厚生労働省，2005）に基づいて，「労働者の心の健康の保持増進のための指針について」（厚生労働省，2006）が公示されて，「心の健康づくり」は「心の健康保持増進」としてさらに積極的に展開されることになった。新指針には職場での4つのメンタルヘルスケアの推進と，家族による気づきや支援の促進が盛り込まれている。安全配慮義務を推進するためには，現場の管理監督者によるラインケアは特に重点的に推進することが求められる。筆者はラインケアは管理職の部下たちに対する，「目配り，気配り，声かけ」に尽きると主張してきた。日々の労務管理そのものがメンタルヘルス対策なのである。

実際の職場のメンタルヘルス活動の基本路線は，①教育・啓発活動，②相談・ケア活動，③人事諸施策の調整，④医療的支援（精神科的治療），⑤復職・就労支援の推進である。

基本は現場の安全衛生活動の一環としてとらえ，管理監督者がキーマンとして，推進することが求められている。

(1) 職場（上司）と関係者の連携（三位一体支援体制）

従来の「医療職にお任せ！」の姿勢から，上司・人事労務スタッフ等がそれぞれの立場で健康管理部門（産業保健スタッフ）と連携して，従業員の職場適応を支援する三位一体支援体制

の構築が望まれる。三位一体支援体制により，上司，人事，産業保健スタッフはそれぞれの立場から，従業員と職場の関係をアセスメントし，従業員の不適応現象に迅速に気づき，不適応の要因を見極めることができるのである。従業員のメンタルヘルス不調（不適応）現象は概ね3つに分類できる（図Ⅱ-5-5）。①従業員本人の問題から不適応に陥る，②職場に問題があり，不適応に陥る，③本人と職場の双方に問題があり，不適応現象が生ずる。①〜③のいずれかを見極めて，対応方針を立てるためには，職場上司の持つ情報，人事労務部門の持つ情報，そして健康管理部門の持つ情報をつき合わせ，多面的な視点から社員に対応することが大切である。上司，人事，産業保健スタッフそれぞれの問題提起に対して，関係者がチームで観察や分析をすることで，スムーズな問題解決を目指す。関係者の連携で適切な支援（就労支援，人事的支援，労働衛生・産業保健的支援）を実施する機能を事業場内に確立しておくことが重要である。この機能を強化することが，企業内のストレス対策やメンタルヘルス活動推進につながる。上司による日々の「目配り，気配り，声かけ」があって初めて，職場組織の問題や労働者の状況が把握される。事例性の視点と言える。管理職は，職場メンタルヘルス活動のキーマンとしての役割を担っている。

(2) メンタルヘルス対策推進の視点（図Ⅱ-5-7）

メンタルヘルス対策には，予防対策（教育・広報），早期発見・早期治療，相談システム，休職・復職支援システム，危機管理システム等と多くの内容を含んでいる。「これで完璧！」とのGolden Standardは存在しない。しかし，筆者が体験した多くの事例からは，活動を根付かせるには，①正しい知識の普及と修得，②人権・プライバシーへの配慮，③職場（ライン）を中心とした活動であること，④関連部門（人事労務・職場・健康管理担当）の相互支援システム（役割分担，密接な協力連携）を構築すること等の重要性が示唆された。さらに，相談活動においては「相談者（メンタルヘルス不調・不適応者）は組織・職場の「バイオメーター」（図Ⅱ-5-7）である」との認識を持つことである。個人の問題は職場の問題の反映であり，相談者を組織の問題のサインを示している「バイオメーター」と考えて欲しい。

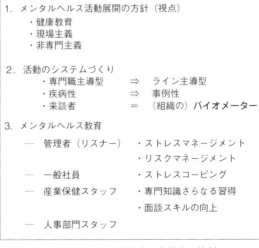

図Ⅱ-5-7　メンタルヘルス活動が定着する体制（森崎，2000）

●おわりに─産業現場の心理職として─

　筆者の産業心理職としての現場体験を述べ，今後の産業心理職への一助にしたい。筆者が臨床現場から産業現場に転じた1985年は，日本が高度成長期を経て，安定成長期が終わり，バブル期に入ろうとしていた時代である。この時期に，経済界はこぞって，日本経済の成長期待と地価高騰を前提に過大な投融資を行った。グローバリゼーション，IT技術革新，マルチプル経済への変革の渦の中で，1992年，バブル景気は崩壊し，設備や雇用の過剰と巨額な不良債権の累積は広範な経済不況を生じさせた。企業は成果主義，コスト削減，リストラ等を推進し，労使協調での取り組みや政策的支援や外需回復を模索し，深刻な不況から脱出した。しかし，その結果，日常茶飯事のように展開された国内外企業によるM&A（企業合併・買収）等による経営理念の変化は，労働者の働き方を根底から揺るがし，労働者の役割・職務・人間関係や個々人の労働意識を大きく変化させた。労働者は「修羅場，土壇場，正念場」を迎えたのである。

　産業精神保健は労働安全衛生法等の枠組みの中での活動であり，労働者のメンタルヘルス対策の推進は同法がベースとなるが，労働基準法，労働安全衛生法，労働安全衛生規則などの条文には「心理職」は存在していない。この間，産業現場で「産業保健スタッフとして，心理職は何ができるか？」「否，何をすべきなのか？」等，筆者も専門職としての役割や位置づけを自問していた。時代の流れは心理職にとっても，まさに「修羅場，土壇場，正念場」と言える時代であった。しかし，振り返ってみると「その時代」は今となってはむしろ「魅力的であった！」との感を抱く。役割や位置づけを創出する楽しさがあった。

　安倍内閣は「すべての女性が輝く社会づくり（2015年9月）」を目指しているが，そのためには，女性自身の「やる気・根気・本気」が求められている。同じく，心理職が企業組織の潜在力として心理学的「知識とスキル」を発揮し，社会の活性化につながることを目指し，「やる気・根気・本気」で産業保健へかかわれた「その時代」は，心理職にとっての醍醐味があったのではなかろうか。長時間労働の恒常化，過重負荷は心身へ影響し，「過労死・過労自殺」は過去例を見ない状況に陥り，労災申請も増加の一途を辿り，その後，企業の収益拡大が続くようになっても，非正規雇用化が進み，派遣や業務委託等の雇用形態が一般化し，ワーキングプアなど，格差社会が問題視され出した。さらには，ニートの問題も看過できなくなった。労働者自身の「自立と自己実現」を目指したキャリア育成も大きく取り上げられるようになった。その結果，筆者は「社内のメンタルヘルス状況の把握と解決のための施策，活動の体系化と社内外の関連部門との連携・システムづくり，教育等」と，課題を展開できた。

　従来，心理職は企業内相談室や健康管理センター等で職場不適応労働者へ疾病性としてかかわる場合がほとんどであったが，上記の社会経済の変革によって，心理職にはカウンセラー役から企業内メンタルヘルス施策の推進役へと意識変革が求められたのである。企業と労働者にとって役立つメンタルヘルス活動の在り方を検討・推進するコーディネーター役として，①精神医学，臨床心理学等の専門性，②社会心理学的な個人と組織への調整力，③心理臨床スキル等の視点から心理職が適任であることが企業に認識されたと言える。

　心理臨床での心理職の役割は，①心理査定，②臨床心理面接，③コンサルテーション，④研究調査等であるが，産業・組織領域での心理職は，職場不適労働者への面談支援，環境調整等で組織へ働きかける，復職支援へのかかわり，各種研修の企画・立案・実施，緊急時の危機対応（事故・災害，自殺防止等），企業内メンタルヘルス対策，キャリア構築や支援，個人およ

び組織にかかわる調査研究等，活動は多岐にわたっている。ストレスチェック制度の義務化に伴い，今後は健康診断やストレス高得点者やハイリスク労働者に対して，産業医の要請に基づき，心理アセスメント・面談・組織分析等の重要な役割を担うことになろう。

引用文献
厚生労働省（2005）．労働安全衛生法等の一部を改正する法律について
厚生労働省（2006）．労働者の心の健康の保持増進のための指針について
森崎美奈子（2000）．職場のメンタルヘルス―メンタルヘルス支援活動での心理職の役割　心療内科，4，200-206．
森崎美奈子（2007）．産業心理職　日本産業精神保健学会（編）　産業精神保健マニュアル　中山書店　pp.152-159．
森崎美奈子（2011）．メンタルヘルス対策と臨床心理の役割　日本産業衛生学会産業精神衛生研究会（編）　職場のメンタルヘルス―実践的アプローチ―　中央労働災害防止協会　pp.280-287．
森崎美奈子（2012）．相談活動・心理カウンセリングの実際　日本産業ストレス学会（編）　産業ストレスとメンタルヘルス　中央労働災害防止協会　pp.169-178．
森崎美奈子（2016）．臨床心理士の役割と産業医との関わり―産業精神保健活動とパートナーシップ　日本産業衛生学会関東産業医部会（編）　産業医ガイド　第2版　日本医事新報社　pp.492-501．

6

産業医学の基礎知識と新たな視点
―心理臨床の産業保健への展開に向けて―

指原俊介

●はじめに

　産業保健は，産業医学に依拠しながら，企業が組織として円滑に機能し，個人にとっても職場環境の中で人間的な尊厳と健康を確保するための制度資本である。我が国の就業人口は約6,000万人であり，社会のインフラストラクチャーとしての役割は，大変大きいと考えられる。また，少子高齢社会の進展や社会保障の変化，低経済成長，医療技術の発達等により，社会，経済，技術を考慮した医療・健康管理が求められる時代において，日本国憲法で定められた国民の健康維持・増進に加え，経済活動の活性化や社会の安定化に資することが求められている。

　第二次世界大戦後，日本は経済の高度成長を通じて産業社会として発展し，さらにグローバル化を経て，産業・労働領域のストレスが個人・組織のメンタルヘルスに対し大きな影響を及ぼしていることに気づかれるようになった。人の健康には，身体的健康，精神的健康，社会的健康がある。医療者はややもすれば身体的健康と精神的健康どちらかに注意を向けがちであるが，身体の健康の維持・増進にあたっても，メンタルヘルス不調の予防と改善にあたっても，それらのみで十分な効果をあげうるわけではない。それは，人が心を持った存在であり，しかも，その心と体は密接な相互関係を持っているからである。また，人は一人で生きているのではなく，職場，家族等社会環境の中で過ごしている。よって，企業で働く人々の心理と事業マインドを踏まえたメンタルヘルスケアネットワークを構築することは，社会的健康の向上が期待され，個人にとっては安心して働ける職場となり，組織にとっては経営基盤の強化となる。

　心の専門家にとって，産業・労働領域で自らの活動を積極的に推進していくためには，1972年から始まる労働安全衛生法の流れ，特に近年（1988年～）のメンタルヘルスケアにおけるコンプライアンス，企業を取り巻く社会と医療状況，企業内で取り扱う病態・疾病とケアの実施方法に関する知識と理解が必須である。

●行政の職場におけるメンタルヘルスケアへの対応

　産業・労働領域行政の流れの中，メンタルヘルスケアが初めて法令上に組み込まれたのは1988年で，労働安全衛生法の改正により働く人々の健康保持増進措置が事業者の努力義務とされた。これは，働く人々の身体の健康に心の問題が関係していること，身体疾患や行動の変化の背景には心の状態の変化が関係していることが見受けられることが増えてきて，本人がメ

ンタルヘルスケアを受けたいと申し出た場合に，または健康測定の結果メンタルヘルスケアを受けさせたほうが良いと判断された場合には，気づきやリラクセーション等の措置を講ずることが事業者に求められた。この頃には，製造業からサービス業へ産業構造の変化，技術革新による作業様態の変化，交代制勤務を含む労働時間のシフトが始まっていた。

　そして，1989年，ベルリンの壁が崩壊して以後，グローバリゼーションの時代となり，1990年代の前半におけるバブル経済の崩壊に伴い，日本企業を取り巻く環境は大きく変化した。国の社会経済的環境が不良になると職場のメンタルヘルスが不調になりやすくなることが疫学調査等により報告されているが，成果主義の導入・リストラの浸透・業務負担の増加・年金問題等を含む将来の社会保障に関する不安・職場や家庭機能の弱体化，そして2008年以降の世界的な景気後退……働く人々が強いストレスを感じながら仕事を行うことで，メンタルヘルス不調に陥り休職・退職にいたる事例が増えた。

　国家としては法令を整え，企業としてはその実情に応じてメンタルヘルスケアの整備が必要になった。メンタルヘルス不調に関連する問題としては，過重労働・精神障害・自殺・退職と解雇・ハラスメント等が指摘され，労働安全衛生法を初めとする法令で，企業が講ずべき具体的な措置が規定されていった。

　さらに，労災請求や民事訴訟を通して刑法・労働基準法・労災保険法・労働安全衛生法・民法・労働契約法が整備され，省令・規則・通達・指針・ガイドライン等が示されてきた（亀田，2009）。メンタルヘルス不調の「危険の予知」および「危険の回避」の責任を企業が果たすために重要な法令の流れを表Ⅱ-6-1に示す。

　このように，度重なる法令の施行および改正により，消極的な健康管理から積極的な健康の保持増進に転換し，さらに疲労やストレス問題が新たに注目されることに伴い，快適な職場環境を形成すること，過労死の予防対策として健康診断に基づいた対策を講じること等が企業に義務づけられるようになった。これらは，職場でメンタルヘルスケア実践を計画する際に，次に述べる企業内の安全衛生管理体制とメンタルヘルスケア体制において，精神医療と心理臨床が活動するための枠組み（権限と責任）となる。

●企業における安全衛生管理体制とメンタルヘルスケアの体制づくり

　安全衛生管理体制の骨格と役割は，法体系により定められている。労働安全衛生法第3章は，事業所内で安全衛生組織と調査審議機関（安全委員会・衛生委員会）からなる安全衛生管理体制を整備することを規定している。一般的な安全衛生組織を構成する人々は，事業所の業種と規模において異なるが（表Ⅱ-6-2），責任者や担当者を選任するとともに，企業単位で見ると，本社のラインと安全衛生部門のスタッフが関与する場合もある。

　また，産業医の選任・資格・職務については，労働安全衛生法第13条に記載されている。そして，職場の安全衛生に対して健康管理による積極的対応を求める健康保持増進の概念が導入されて以来，その職務は次第に拡大されていった。いわゆる5管理（表Ⅱ-6-3）の職場への適用，定期的な職場巡視や安全衛生委員会への出席である。さらに，健康診断の結果や医療相談の内容を踏まえ，医療区分及び就業区分を判定し，個人には生活習慣の改善や医療機関への受診を指導・勧奨し，組織には就業上の配慮を勧告する権限を持つようになった。つまり，職場の診療所医師という立場から安全衛生管理体制の中でマネージメントを行う医師という立場に変わった。同時に，看護職の役割についても，保健指導の専門家としての職務が拡大した。

表Ⅱ-6-1　重要な法令の流れ

1972年　労働安全衛生法の制定
労働基準法とともに、職場での働く人々を災害から守り、健康を確保することを目的とする法律である。労働災害防止計画、安全衛生管理体制、働く人々の危険及び健康障害防止措置、機械等および有害物に関する規制、働く人々の就業に際しての措置、健康管理、安全衛生改善計画等を内容とし、事業者の責任を規定した。産業医制度と安全衛生管理組織が盛り込まれた。

1975年　安全（健康）配慮義務への初めての司法判断
「安全（健康）配慮義務」は判例法理により確立され、また判例・裁判例の積み重ねによってその内容が具体化されてきた。安全配慮義務は、当初働く人々の身体的な安全を保護対象としていたが、過労を理由とした疾患・死亡・自殺が問題化するに伴い、その対象を働く人々の身体的・精神的健康に拡大された。労働契約に特段の根拠規定がなくとも、労働契約上の付随的義務として当然に安全配慮義務を負うとされた。

1988年　労働安全衛生法の改定　1
当時、定期健康診断結果の有所見率は上昇し続けたが、主な要因として働く人々の高齢化が考えられた。若年期からの適度な運動、健全な食生活、ストレスのコントロール等の健康的な生活習慣を身につけることにより、この状況を予防し、発症の時期を遅らせ、発症の程度を軽くし、加齢に伴う心身の機能の低下による労働災害の防止、ストレスの増加に伴う心の健康対策等、健康保持増進措置を努力義務化した。産業看護職が、産業保健指導者として位置づけられ、看護専門職としての活動が求められた。

1992年　労働安全衛生法の改定　2
快適職場の指針では、「作業環境の管理」「作業方法の改善」「労働者の心身の疲労の回復を図るための施設・設備の設置・整備」「その他の施設・設備の維持管理」の4つの視点から措置を講じることが望ましいとされている。目指すものは「仕事により疲労やストレスを感じることの少ない、働きやすい職場づくり」である。「快適職場づくり」を事業場の自主的な安全衛生管理活動の一環として位置付け、職場の「快適化」という目標を安全衛生委員会等で十分に検討して具体化すべきことを定めた。

1996年　労働安全衛生法の改定　3
産業医の資格の強化、役割が重視され、健康診断後の結果通知を義務付け、就業区分等の医師の勧告を事業者は尊重し必要な措置を講ずるべきものとされた。健康診断の事後措置としての保健指導を行う人材として、保健婦が法文上に明記された。

1999年　心理負荷による精神障害等に係る業務上外の判断指針
過剰な負荷や仕事による負荷がうつ状態等のメンタルヘルス不調と相対的にでも関係があると認められた場合には、「業務上疾病」として認定をするという方針を示したものである。これにより、メンタルヘルス不調に関連する問題の定義や自殺等の認定要件が明確にされた。

2000年　事業場における労働者の心の健康づくりのための指針
事業者は職場におけるメンタルヘルスケアの具体的な方法等についての基本的な事項を定めた「心の健康づくり計画」を策定すること、同計画に基づき、次の4つのケアを推進すること、その円滑な推進のために管理監督者や働く人々に対して教育研修を行うこと・職場環境の改善を図ること・働く人々が自主的な相談を行いやすい体制を整えること等が示された。

2003年　第10次労働災害防止計画
過重労働や職場のストレスによる健康障害等の作業関連疾患の着実な減少を図ることを目標とした。

2005年　労働安全衛生法の改定　4
産業医は産業医学の専門家としての公正な立場から、働く人々の健康を保持するための措置に関して、事業者に勧告をする権限があると明らかにされた。また、全ての事業場において、①週40時間を超える時間外・休日労働時間数が1箇月あたりで100時間を超え、かつ、②疲労の蓄積が認められ、③労働者が申し出た場合には、医師による面接指導を実施することが義務となり、ストレス・過重労働対策の実施が法的に確立された。

2006年　労働者の心の健康の保持増進のための指針（メンタル指針）
メンタルヘルス不調の定義は、精神および行動の障害に分類される精神障害や自殺のみならず、ストレスや強い悩み、不安など、労働者の心身の健康、社会生活および生活の質に影響を与える可能性のある精神的および行動上の問題を幅広く含むもの、とされた。事業所内メンタルヘルス推進担当者としては、衛生管理者等や常勤の保健師等から選任することが望ましい、と本指針で示された。

2008年　労働契約法の制定
安全配慮義務が法として成文化された。法第5条の「生命、身体等の安全」には、心身の健康も含まれる。「必要な配慮」とは、一律に定まるものではなく、事業者に特定の措置を求めるものではない。働く人々の職種、労務内容、労務提供場所等の具体的な状況に応じて、必要な配慮をすることが求められている。

2014年　労働安全衛生法の改正　5
精神障害の労災認定件数の増加に対して、働く人々のストレスの程度を把握し、働く人々のストレスへの気付きを促すとともに、職場改善につなげ、働きやすい職場づくりを進めることにより、働く人々がメンタルヘルス不調になることを未然に防止すること（一次予防）を主な目的としている。ただし、働く人々50人未満の事業場については当分の間努力義務とされている。

2015年　公認心理師法の制定
社会からのニーズの高まりに応え一定の質が確保された心理職の安定した供給を図るため、心理職初の国家資格を設けた。

表Ⅱ-6-2　安全衛生管理体制

1. 総括安全衛生管理者（屋外的業種は労働者100人以上など）
2. 衛生管理者（全業種50人以上）
3. 安全管理者（屋外・工業的業種50人以上）
4. 産業医（全業種50人以上）
5. 衛生委員会（全業種50人以上）
6. 安全委員会（屋外・工業的業種50人以上）（まとめて安全衛生委員会でも可）
7. 作業主任者（危険有害作業ごと）
8. 衛生推進者（非工業的業種10人以上50人未満）
9. 安全衛生推進者（工業的業種10人以上50人未満）

また，工事現場などの一つの事業場で，下請けが混在する場合は，次の担当者を選任しなければならない。
1. 総括安全衛生責任者（建設業・造船業）
2. 元方安全衛生管理者（建設業のみ）
3. 店社安全衛生管理者（ずい道・圧気工法・橋梁建設など）

表Ⅱ-6-3　産業保健5管理

統括管理
健康管理
作業環境管理
作業管理
労働衛生教育

表Ⅱ-6-4　産業保健スタッフ

産業医
保健師あるいは看護師
心の専門家
安全管理者
衛生管理者
人事労務担当者

　一方，職場のメンタルヘルスケアは，「すべての働く人々が健やかに，いきいきと働けるよう気配りと援助すること，及び，そのような活動が円滑に実践されるような仕組みを作り実行する」ことが目的である。つまり，個人（人間性）と組織（生産性や社会的責任）への総合対策である。

　メンタルヘルスケアの実施は，医学的・心理学的な知識を背景にした活動が必要であり，産業保健スタッフ（表Ⅱ-6-4）は個人と組織の交差点として産業医の職務と安全衛生管理組織の活動と整合性を保ち，メンタルヘルスケアネットワークを実用的なものとする。つまり，安全衛生管理体制を基盤にし，企業組織内部のネットワークをより強化・深度化，外部資源（精神科医療機関や公的機関）との連携を行い，組織全体で責任の明確化を図る。具体的な産業医学的手段として，5管理以外にも，3つの予防と言われる一次予防（発生防止）・二次予防（早期発見と早期措置）・三次予防（職場復帰と再発予防，リハビリテーション）と4つのケア（セルフケア・ラインによるケア・事業場内資源によるケア・事業場外資源によるケア）があり，これらを重層的に網羅し，ネットワーク化を進めていく。

　よって，メンタルヘルスケアのハードとして，心の健康づくりの方針表明，中長期的目標の設定，心の健康づくり計画の策定，管理監督者や人事労務担当者の参加・連携等がある。また，メンタルヘルスケアのソフトとして，働く人々や管理監督者に対する教育研修，精神状態・身体状態・職務遂行能力の評価，復職支援制度と産業医による外部医療機関との連携等があり，時代の変化が目まぐるしい中，対応を求められる問題の要因は多元的かつ複合的なものになっている。

　つまり，メンタルヘルスケアを実施する際は，Self ReferralとManagement Referralの両者のルートが相互に十分に機能するような健康管理支援体制と対応フローが望ましく，広域に分散事業所を展開する大企業の例を図Ⅱ-6-1，図Ⅱ-6-2，図Ⅱ-6-3に示す。箇所長は職場

健康相談窓口（1）

1. 社内相談窓口

●○○(株)　健康管理センター
専用電話　052-○○○-△△△
☆○○○専用メールボックス　健セ→メンタルヘルス窓口→名古屋
E-mail：□□□.co.jp

●○○(株)　静岡健康管理センター
専用電話　052-○○○-△△△
☆○○○専用メールボックス　健セ→メンタルヘルス窓口→静岡
E-mail：□□□.co.jp

☆H19.10月より○○○専用メールボックス「メンタルヘルス窓口」が設置されています。こちらでも相談を受け付けます。
※専用電話での受付時間は9：00～16：00（12：00～13：00、土・日・祝日を除く）です。
※メールでのご相談については、件名の冒頭に全角で「【メンタル】」と必ず記入して下さい。

2. 社外相談窓口（○○グループ健康保険組合）

●こころの悩み相談室
専用電話　0120-○○○-△△△　(無料)　10：00～22：00
※月曜～土曜日。祝日・年末年始を除く
電話カウンセリング(無料　携帯電話からも無料です)
面接カウンセリング予約(1回50分。年度内、一人5回まで無料)

●健康相談(病気、医療機関、介護、薬、妊娠・出産・育児など)
電話相談　0120-△△○-○○○　(無料)　24時間対応
インターネット：http://www.○○○.jp
①上記URLにアクセスし、保険証の記号(4桁)を入力してログイン
②トップページの「電話・インターネット健康相談」のボタンをクリック
※○○○の電話・インターネット相談は、外部業者に委託して行っています。

健康相談窓口（2）

3. 外部の相談機関
＊最寄の機関と連絡先は下記窓口をご利用下さい。

＜仕事のストレス、職場の悩みを相談＞
●勤労者メンタルヘルスセンター
全国20の労災病院で相談ができます。
☆「勤労者　心の電話相談」(通話料は自己負担)

※○○労災病院では年中無休(電話は14時～20時)・メール相談も可能です。
（○○労災病院）
TEL：045-470-6185　14：00～20：00　年中無休
メール相談：mental-○○@○○○○○○○○○○.co.jp　年中無休

●日本産業カウンセラー協会「働く人の悩みホットライン」
TEL：03-5369-2275　(通話料金は自己負担)
月～金曜日(祝日を除く)　15：00～20：00　一人1回30分以内

＜さまざまな支援＞
●全国の保健所「健康相談」、「精神保健相談」で問い合わせ
●全国の精神保健センター
●地域障碍者職業センター(休職者を対象とした復職前の支援など)
インターネット　http://www.jeed.or.jp/jeed/location/loc01.html#03

ストレスや心の悩みのご相談を、健康管理センターの産業医や保健師にしていただくことはもちろん、ご自身で医療機関を受診される場合には、心療内科、精神科、メンタルクリニック等へ相談下さい。

図Ⅱ-6-1

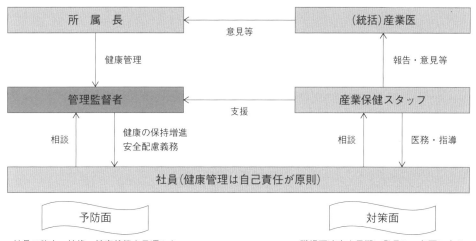

図Ⅱ-6-2　管理監督者の役割と職場の健康管理支援体制

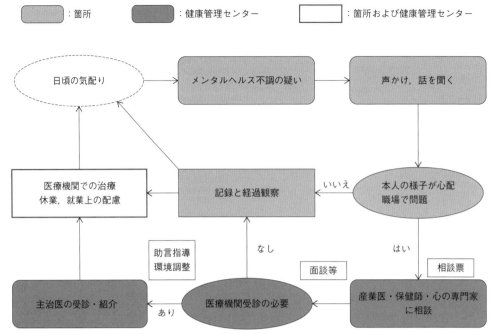

図Ⅱ-6-3　上司の対応フォロー

の総合力を発揮できるように産業保健スタッフと連携しつつ，個々の健康管理を支援していくことが求められる。また，管理監督者・上司の役割の流れとして，働く人々の日頃の変化に目を配り，声をかけたり，話を聞いたり，必要時には産業保健スタッフと連携・協力しながら，明るく活力のある職場づくりを目指す。外部のEAP（従業員支援プログラム）を活用する場合もあるが，産業保健スタッフに心の専門家がいると，働く人々の心理的な状態を踏まえ職場に適応していくための支援が，メンタルヘルスケアネットワークで適切に調整されるため，意思決定が速やかになる。個人情報の保護とITによる情報管理に注意を払うことが求められる。

では，産業保健スタッフの一員としての心の専門家にとってはどのような視点が必要か。労働安全衛生法の始まりが，1972年の産業医制度と企業の安全衛生組織による運営であることが示すように，健康管理と人事労務管理は切り離せない。心の専門家が企業で働く際には，心理査定や心理面接の結果を，職場環境の改善・就業上の配慮・精神医療の診断と治療・心の専門家による継続的な援助と支援等にどのようにつなげていけば良いかを検討し，対応することが最も重要な課題となる。よって，健康の配慮に責任を持つ事業者と自らの健康を守ろうとする働く人々の労使関係，安全衛生組織や人事労務部門の機能と関係性，産業保健スタッフの専門性や実行力等を踏まえ，自らの職場のメンタルヘルスケアネットワークにおいてこれらの関連部門がどのように連携し，どのような役割を担っているのかを十分に理解することが必要である。

加えて，人事労務担当者の業務である人的資源管理の各要素が，職場のメンタルヘルスの問題と深い関係にある。具体的には，人事方針や管理監督者の役割が明確でない，キャリア開発が十分ではない，職場のコミュニケーションが悪い，報酬や業績管理が適正ではない，ワーク・ライフ・バランスが不十分な場合に，メンタルヘルスケアネットワークが機能し難くなり，メンタルヘルス不調が発生しやすいことにも着目する必要がある（三宅，2014）。

一方で，大企業ではもはや問題とならない古典的な課題を抱えたままの小規模な職場が数多くあることも事実である。種々の制度の狭間にいる不安定雇用の人々も増えているし，フルタイムで働いても貧困のまま，かつひとり親の家庭も増加している。産業衛生から取り残される職場がないよう，心理臨床を含めた多職種・多機関が協働しこの問題に目を向けることも期待される。

●職場のメンタルヘルスケアにおける精神医療・心理臨床の実際

職場のメンタルヘルス不調の多くは，心身症・神経症・行動障害・認知障害・人格障害・依存症等として現れる。3つの予防は職場におけるメンタルヘルスケア介入のタイミング，4つのケアは誰が介入するかを示している。

(1) 一次予防

まずは，心の健康づくりに関する啓発活動や職場のメンタルヘルスに関する健康教育を行い，精神障害に対する偏見やスティグマを排除し予防的な援助・指導を円滑にする。

次に，作業様態・作業環境・作業条件等の作業要因が関与する場合，メンタルヘルス不調を作業関連疾患としてとらえ，産業医は安全衛生管理組織や管理監督者と職場環境の改善を図る。

そして，メンタルヘルス不調者の相談および治療へのアクセス，治療への主体的関与を強化するため，人事管理と無関係な相談体制を確立する。

また，最近，メンタルヘルス不調の発生には睡眠衛生の悪化やメタボリック症候群を含む生活習慣病が危険因子であることが明らかになり，メンタルヘルス不調の一次予防上，睡眠障害対策と生活習慣病対策も有効である。いくつかの疫学研究は，不眠や睡眠障害は抑うつスケールや精神的健康の悪化に関与していることを示し，特に過眠症では最も頻度が高い睡眠時無呼吸症候群は精神症状や性格変化（うつ・気力減退・易怒性等）を生じやすく，その治療はそれらの症状の改善に効果がある。睡眠や生活習慣に対し予防的な保健指導も大切である。

このような一次予防が機能しても，体調を崩す人々が出るのが避けられないであろうが，初期対応が円滑になりやすい。

(2) 二次予防

二次予防のタイミングは，ストレス反応が高じ，メンタルヘルス不調および関連する兆候が出た段階である。職業人生の重点管理点で，ストレッサーの存在と心理的負担の状況の把握，身体状況の確認をストレスチェックや健康診断時に行う（長谷ら，2008）。たとえば，20歳代は新入社員の職場不適応，30歳代は過重労働に伴って生じた消耗性抑うつ状態・軽症うつ，40～50歳代は配置転換・昇進・出向・転籍等に伴う職務内容や役割変化にうまく対応できずメンタルヘルス不調が発見される事例が多い。

初期のサインとして，自分で気づく変化（表Ⅱ-6-5）と周囲が気づく変化（表Ⅱ-6-6）がある。特に，働く人々の様子が日頃と明らかに異なる場合，迅速に産業保健スタッフに相談することが望ましい。精神科専門医への受診または心の専門家との面談を設定し，職場の環境調整の必要性を確認する。最近，精神医療で発症から治療開始までの期間（精神病未治療期 Duration of Untreated Psychosis; DUP）が短いほど再発が少ない等の転帰が良いと考えられており（小林，2009；西田，2007），早期対応は個人の回復を早め，組織の生産性を高め，自

表Ⅱ-6-5　自分で気づく変化
・食欲と性欲の低下
・興味や関心の喪失
・睡眠障害
・集中力・注意力の低下
・全身倦怠感
・自責の念と無価値感
・将来に対して悲観的
・自傷や自殺の観念
・心気症（頭痛・腹痛・胸痛・めまい・吐気・下痢・動悸）
・心身症（消化性潰瘍・高血圧・不整脈・蕁麻疹・脱毛・月経困難）

表Ⅱ-6-6　周囲が気づく変化
・以前に比べて元気がない，居眠り
・仕事の能率の低下，ミスの増加
・欠勤・遅刻・早退の増加
・周囲との折り合いが悪くなる
・他人の言動を異常に気にする
・アルコール依存，インターネット依存，異性トラブル，ギャンブル，家出，暴力行為

殺予防にも有効であろう。

(3) 三次予防

　三次予防において中心となるのは，職場へ再適応するためのリハビリテーションと職場復帰，再発・再燃の防止である。まず，精神科専門医との連携を強化し，病状の情報交換を円滑に行えるようにする。病状が回復傾向になれば，職場復帰を本人が希望する→主治医の意見→産業医の意見→復職判定→復職後の支援という一連のプロセスを意識し，ルールを策定する。復職判定は，精神状態の評価と業務遂行能力の評価の両面で行う。職務遂行能力の評価については，通常勤務時間の作業が可能であることが基本であり，睡眠覚醒リズム・注意力と集中力を確認するためにリワークトレーニングを実施すること望ましい（指原・須田，2009）。復帰後の支援は深夜勤務・超過勤務の制限等を含む就業制限とし，作業環境を整え，徐々に作業を増加させる。厚生労働省より発表された「心の健康問題で長期休業した労働者の職場復帰支援の手引き」が参考になる。

　しかし，一次予防から三次予防を誰が主体となり行うかについては，企業の業種・規模・労務の構成・所在地の特性・産業保健スタッフの陣容・安全衛生管理組織・企業文化等にて異なる。3つの予防と4つのケアとの組み合わせたメンタルヘルスケア体制の例を表Ⅱ-6-7にまとめた（JR東海健康管理センター，2008）。それぞれの施策は，順次整備されてきて完全なものではなく，PDCAサイクルの中で継続的な維持・改善を図る努力を継続する。体制が機能しているかどうかは，個人，産業保健スタッフ，地域医療機関等の当事者や医療職だけではなく，管理監督者，人事労務担当者，衛生管理者等が如何にケアに関与しているかが，計器となる。

　対応する精神疾患として，適応障害・抑うつ神経症・強迫神経症・うつ病（うつ状態）・不安障害・双極性障害・統合失調症・アルコール依存症が多い。心理的ストレスにより誘発される不安障害は，パニック障害，社交不安障害，転換性障害（ヒステリー），解離性障害，恐怖症，急性ストレス障害，心的外傷後ストレス障害，摂食障害等の総称である。

　一方，自律神経失調症・心身症・心因反応等の診断も散見され，職場における精神的健康のゆらぎを，病気としての精神障害としてのみとらえることは不適当な場合もある。職場復帰の支援を行う際，精神症状を，社会性の発達・職場の人事管理と業務管理的環境・精神疾患の相互関係から見直し，心の専門家が適切に心理社会的介入を行うことで，相談者の納得が得られやすい。

表Ⅱ-6-7　「誰が」「どのタイミングで」「どのように」アプローチするかの具体例　(JR東海健康管理センター，2008)

	一次予防 予防と健康増進	二次予防 早期発見と治療	三次予防 職場復帰支援
セルフケア	本人・家族への社内報掲載とテキスト配布 安全衛生委員会・研修センター等での講話・研修による教育と啓発 朝礼・体操	健康診断時のストレスチェック配布 ハイリスク者へのストレスチェック 人事異動者メンタルヘルス対策 新入社員メンタルヘルス対策	リワークプログラム 睡眠日誌
ラインによるケア	管理者教育（産業医・保健師・社外講師） テキスト配布 職場巡視時の相談，職場環境調整 過重労働対策，生活習慣と睡眠の業務研究	管理者からのコンサルテーション 就業区分の実施	就業開始後復帰支援
産業保健スタッフによるケア	健康診断時の問診（産業医の問診） 職場巡視対応（50人以上の職場は産業医巡視・全職員に保健師が巡視），職場環境調整，作業条件の整備 メンタルヘルスプロジェクトチーム（産業医・保健師・心理士・事務） 睡眠障害対策 生活習慣病対策（特定保健指導を含む） 女性の就労支援に関する体制づくり	個別相談対応 （医療機関への紹介，面接・心理療法） 就業区分の意見，ストレスチェック調査研究 相談窓口（インターネットとイントラネット） 健診項目の充実	復職判定委員会 心理調査研究 （Presenteeism対応等）
事業外によるケア	外部精神科医との連携 ストレスチェック制度；EAP	精神科・睡眠専門医療期間との連携 健保組合等の相談窓口	リハビリ可能機関との連携

また，医学は特定のパターンの異常行動を病気とみなすため，生理的危険因子や精神病理が明確でない広汎性発達障害・学習障害・注意欠陥多動性障害・不安性人格障害等に対する援助と支援を，精神科以外の産業医と保健師が主体で行うことは困難である。心の専門家は，心理査定，心理面接，心理検査によるメンタルヘルス測定や職業性ストレス調査票等の質問紙調査で職場メンタルヘルスに関わる様々な問題を取り扱い，集団間や対人関係の中での緊張状態，仕事の質や量への不適応，時に怒りや喪失の感情，目的や意味への問い等の問題に対し固有の対処様式を作り出す。たとえば，上記障害等への対応以外にもPresenteeismや自殺への対応がある。

(4) Presenteeismと自殺への対応

出勤はできているものの，メンタルヘルス不調等の健康問題により労働能力が低下することがあり，Presenteeismと呼ばれるようになった。Presenteeismは欠勤を意味するAbsenteeismからの造語である。エヴァンズ（Evans, 2004）とバートン（Burton et al., 2004）は，具体的に，1．職務が遂行できない時間，2．仕事の質の低下，3．仕事の量の低下，4．対人関係の不十分さ，5．好ましくない職場文化，を含むと定義づけられている。Presenteeismを評価する方法として米国では，様々な質問用紙が開発され，その信頼性と妥当性が報告されている。

ある自記式質問用紙調査で，「アレルギー」・「腰痛や首の不調」・「慢性頭痛」・「眼疾患」等

とともに「うつ病・不安又は情緒不安定」は仕事の生産性に大きな影響を与えていることが示された（和田ら，2007）。同様に米国における研究でも，「うつ病・不安又は情緒不安定」は「アレルギー」・「関節痛」・「心臓病」・「慢性頭痛」などと共に同様な結果が得られている（Burton et al., 2004; Lerner et al., 2001）。このような場合，精神科医療（疾患の診断と治療）と心理臨床（適応状況の把握と心理査定・心理面接・心理的援助）の連携が大切で，産業医の立場から検討すべき課題の一つである。

また，自殺対策は本来国レベルで考えるべき大きな問題であるが，企業においても部分的であっても取り組みを行うことが望まれている（田中，2008）。自殺者の90％以上が何らかの精神障害を有する状態にあったと判明しており，自殺防止についても，3つの予防，一次予防（プリベンション）・二次予防（インターベンション）・三次予防（ポストベンション）が対策となる。一次・二次予防については，4つのケアをより積極的に行うことで成立する。しかし，三次予防についてはだれが行うべきか位置づけをされていない。産業保健スタッフはもとより，特に心の専門家による心理社会的介入がここでも有用であると考えられる。

◉産業医から見た心の専門家の役割

「心の時代」と言われる現代の社会的要請を受け，メンタルヘルスケアのネットワーク化に対する心の専門家への期待と注目は目ざましい。しかし，現在まで国家資格ではなかったために，心の専門家（心理職）の位置づけが曖昧で，組織体系に組み込みにくい事情があった。そのため，産業・労働領域における心の専門家の役割は現在でも発展途上であり，包括的な役割がまとめられた文献は乏しい。よって，まず心の専門家がどのような目的で，どのような活動を行っていくのかを含め，対人援助職としてどのような可能性があるのかを産業医の視点から事例を通して概観する。

精神症状のある人と面接する際に産業医は，たとえ産業現場であっても，医学的に認知症・てんかん・感染症・血管障害・腫瘍等の脳神経疾患，ホルモン異常（甲状腺機能・低血糖），栄養障害，睡眠時無呼吸症候群を含む睡眠障害，場合によっては遺伝性疾患等の身体疾患が潜んでいる可能性を検討する。産業現場での症状出現と臨床現場での診断にタイムラグが生じ，産業医と職場の判断と対応が後手となった1例をあげる。産業現場では不安症状と集中力の欠如，臨床現場では再発性のヒステリー発作，30歳女性，まず就業制限と職場の環境調整（仕事量と質の軽減）にて対応，産業医は生育歴・既往歴・発症以前の人格と職務能力等からなぜそのような状態になったのか違和感があった。心の専門家による心理査定の結果，内科的な検索が必要と考え家族に伝えたところ，家族もそのように判断し既に総合病院を受診していた。数日後最終診断は，インスリノーマだった。心の専門家の判断と情報から産業医の病状への理解が深まり，休業する必要性や治療方針または職場環境の調整等について本人や管理監督者に正しく伝えられる事例は多い。

そして，産業医学的見地からでは対応が困難だったが，心の専門家のお蔭で対応が円滑になった事例には事欠かない。入社時は優秀，文系の大学院卒業の28歳男性，徐々に仕事ができないという評価になっていた。管理監督者が産業医に相談をしたときにはすでに数年が経っており，上司の出張予定も間違えるレベル，やる気がないと判断され異動を繰り返していた。当時の上司は産業医の面談を指示したが頑なに断っていた。よって，たまたま直近にあった定期健康診断で産業医が5分間面接したが，異常性がはっきりしなかった。その後心の専門家が同行

し30分の面談，話の内容にちぐはぐな点を認めたため心理査定を実施し，「大学時代に一人暮しをしていたが，アパートの隣の部屋から盗み聞きをされている，監視されていると感じた」エピソードがあった。病院受診を指示，保健師同伴で大学病院を受診し，統合失調症の診断となった。家族は気づいていなかった。学生時代は軽症であり，職場にて異常性が顕在化をした症例である。主治医から，「統合失調症の診断だが，会社をやめさせられることはないか」という連絡が病状説明とともにあったが，「現時点であり得ない。産業医学的な見地に基づき，主治医の意見に沿った配慮を行

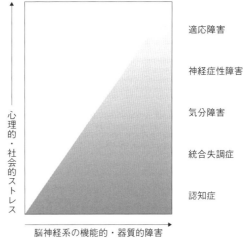

図Ⅱ-6-4　精神疾患の成因論的模式図

う」と返答した。3ヶ月の休業の後，就業上の配慮（超過勤務の禁止，作業可能な業務を整える等）にて職場復帰となった。

　統合失調症は生物学的要因（脳の機能的・器質的障害）が発症に大きな影響を与え，必ず精神科専門医と連携する。一方，適応障害は心理社会的な要因がその発症に大きく関与しており（脳の機能的・器質的障害は軽い），職場のストレス状況を正確に把握し，早期の対応が必要となるので，まず心の専門家に相談することは合理的である。個を深く理解することを基盤に，心にストレスや葛藤を抱えている人の悩みを解決し，心に傷を抱えながら生きている人を援助したりすることに必要な理論と方法を研究し実践してきたからである。ただ，適応障害の診断基準に「他の精神疾患の診断基準を満たしていない，そしてすでに存在している精神疾患の単なる悪化ではない」という項目があり，初期の対応として精神科の受診と心の専門家の心理面接を同時に行うという二段構えが実際的である。症状は多様で，環境と個体要因の相互作用は複雑で，理路整然と解決できることはほとんどないので，心の専門家がその矛盾と混乱を生き生きと伝えてくれることが，実際の対応にプラスの要素になる。

　各種の精神疾患を成因論の観点から模式化すると図Ⅱ-6-4のようになると考えられる（江畑，2004）。

　以下に，気分障害・神経性障害・アスペルガー症候群の事例に対する心の専門家の関与を紹介する。

（1）気分障害

　以前の診断基準DSM-Ⅳでは，うつ病と双極性障害が気分障害という1つのカテゴリーに含まれていたが，最新の診断基準であるDSM-5では，別のカテゴリーになった。しかし，職場においては，双極性障害（特にⅡ型障害）もうつ状態・うつ病として対応されている事例がある。心の専門家が，抗うつ薬を服用していないときに軽躁状態があったこと，職場でややミスが多くなり口論となった場面があったなどのエピソードを心理面接で本人と病前の状況を知っている同僚から聞き出した。産業医が主治医と相談し，うつ病から双極性障害の治療に変更され，症状が改善した。

職場のメンタルヘルス不調例はうつ病圏が多く，職場環境への反応や価値観の揺らぎに伴って不適応を呈することがある。そういった事例には産業医としても主治医としても，「疾病の治療者」という立場を取っているだけでは支援することが困難となる。産業医が，人事労務担当者に配置転換を促すか，本人にストレス対処法を会得させるかしかない場面があった。本人は疾病による病状から視野狭窄になっており，精神科受診に対する偏見や産業医は会社側の人という思い込みがあった。しかし，心理面接を実施し精神科の受診を受け入れた。その後，休復職の導入，職場環境の調整も円滑になった。

　若い人々の中には典型的なメランコリー親和型，あるいは執着気質の人に発症する典型的な内因性うつ病とは異なった経過を示す「現代型うつ病」など多様化したうつ病で，治療や職場管理が困難な場合がある。産業医・保健師の介入と主治医の治療等でうつ病は寛解に向かい，対人関係の問題はほぼ背景化したが，再発を繰り返し治療が複雑化した。治療者との関係性に注目した力動精神医学的な非薬物的治療が有効な場合があると心の専門家からの助言を受け，カウンセリングのあるクリニックを紹介して安定化した。

(2) 神経性障害

　ある早朝，管理監督者から「20代社員の一人が，急に体に震えが生じ出勤できない状況」という連絡があった。心の専門家とも相談し，まずは精神科クリニック受診とし，心理的なストレスによって誘発されるパニック発作と診断された。その後，二度目の発作が出現し，主治医から内服が効果的である旨説明を受けたが，拒否し症状が遷延した。主治医は困惑，心の専門家が心理面接を実施，「仕事をする上では服薬を要する」と説明した。本人は服薬を決断し，症状は消失したので職場環境の調整を行い復職した。

(3) 本人は困っていないが職場が困って相談を受けた事例

　仕事は業務内容によっては大変できる，しかし本人は会議のとき相手の話を聴こうとしない，他の部署と口論になる，仕事の生産性が低下傾向，会議に出たくない，どのようにすればいいかと上司から相談があった。産業医としてメンタルヘルス不調であることはわかる，生物学的な要因より心理社会的な要因をまず検討すべきと判断した。心の専門家が心理査定を行い，生育歴は自分の思いどおりにならないときは物を投げていた，癇癪を起こしていた，見合いをすると3回目で断られる，アスペルガー症候群と見たて，対人関係を保つための対処方法として心理教育を継続した。徐々に事例性が改善し，病院受診はしなかった。その後，係長に昇進，理解がある管理監督者にも恵まれたようだった。仕事の能力がある場合は，職場もトラブルが生じる理由を理解した方が受け入れやすいと考えられた。

　職業生活機能という点に注目した場合，心身機能の障害があったとしても，個人の心理や社会の在り方に関して様々な工夫や介入をすることで，職業生活の機能障害の内容や程度は改善される。

●職場におけるメンタルヘルスケアにかかわる社会状況の変化

　人口構成の変化として，2005年に日本の人口がピークに達し，2030年まで，0-64歳は年間100万人減少，65-75歳はほぼ横ばい，後期高齢者は50万人平均で増加する等今後の数十年はかっての人類が経験したことがない少子高齢社会が進展する。すなわち，人口の減少ととも

に高齢化率は約20％から約30％に増加する。

　また、労働人口の構成因子としても、高齢者・女性・外国人が増加、アルバイト・パート・派遣・請負など非正規で働く不安定就労者が、1989年に817万人だったが2014年に1,962万人まで増加した（働く人々で3人に1人以上）。働く人々が企業の中で立場や業務が変化することに適応できないこともありうるし、家族として親の介護で身体的・精神的に負荷が増加し、職場のメンタルヘルスに影響を与える可能性もある。さらに、企業にとって働く人々を海外へ派遣することは日常的となっており、海外赴任時における安全（テロリズム等）や健康（生活の不適応、感染症等）面で配慮を要する。

　厚生労働省によると、ハローワークを通じ2014年度に就職した精神障害のある人はのべ34,538人で、前年度に比べて17.5％増加、年々、急激に伸びている。障害者雇用促進法では、一定規模の企業に法定雇用率以上の障害者の雇用を義務づけており、2006年度からは精神障害者も対象になった[1]。2018年度からは精神障害者の数を考慮した新たな法定雇用率を定めることで、雇用機運が高まっている[2]。精神疾患を患った後、十分回復せず急に働き始めると、メンタルヘルス不調の再発が懸念される。そのようなとき一定期間利用できるのが、社会復帰を目的とした通過型の精神科デイケア・障害者就労支援法に基づく就労移行支援事業所・地域障害者職業センターであることも知っておくことが望ましい。

　今後、働く人々のメンタルヘルスケアを行っていくにあたり、少子高齢社会の進行・産業のグローバリゼーションの進展・非正規で働く人々の増加・精神障害者の法定雇用率の伸長等に対応するために、産業保健は新たな視点にてメンタルヘルスケア体制を検討すべきである。

●おわりに

　我が国では、企業のメンタルヘルスケアの確保は事業者の責務とし、労働安全衛生法等の一連の法規が定められ、健康管理・作業環境や作業条件の整備、労働衛生教育について言及されている。5管理・4つのケア・3つの予防等で網羅されるメンタルヘルスケアのネットワークは、産業現場で医学的・心理学的見地を企業活動と有機的に作用させることで、職場ストレスの軽減と安全で健康な職場環境を実現し、すべての働く人々の健康度を促進することを目標とする。ただし、メンタルヘルスケアや福利厚生などの人事に関連する事業は、長期的な企業の成長性に深くかかわるため、信頼性と安定性が問われ、心の専門家が他者との信頼関係を結ぶ基本姿勢が不可欠となる。メンタルヘルスケア体制を構築することが、企業のインフラストラクチャーとして一足飛びに最適な環境を提供することができるとは考えられないが、継続してメインテナンスを行う意思が、成長のための礎である。

　働く人々は自分たちの健康のこと、予防や治療、について専門家に注意深く聞いてほしいと考えている。精神的に苦しんでいることを前提に面談することも多く、産業保健スタッフは話を聞いて、受け止め、複雑な問題を理解し、物語を纏めることが必要になる。心の専門家は、心理社会的な介入の際、働く人々の側の日常的コンテクストにおける問題理解（生育歴、エピソード、相手の主観的な話とその受容、相手の人格と考え方の理解）と医療側の専門的な問題

---

1) 2005年7月：障害者雇用促進法改正　精神障害者を法定雇用率に算定等。
2) 障害者の法定雇用率；現在は知的、身体障害者の数を基に決められており、従業員50人以上の企業は2.0％の障害者を雇う義務がある。精神障害者の場合、統合失調症、うつ、そううつ病、てんかん、発達障害等で長期に生活に制約があり、精神障害者福祉手帳を持つ人が対象になる。

理解の調整と合意形成を行う。対象者が，自らが抱えている心理社会的な問題を自覚し，その問題となっている現実に直面しているからである。そして，自身で問題を解決する意義を見出し，問題解決に取り組む意欲を持つように指導・伴走する。

　すなわち，心の専門家の役割は，組織と個人のストレスに対するレジリエンスをもたらすこと，職場がストレスを力に変える努力を支援することなどであり，これらの点を組織的に行える場が産業・労働領域である。かつ，この領域で医療と心理臨床が活動する産業保健分野は，実学である。産業保健に携わる際に，理論とともに作業現場で学習と研鑽を積む必要があり，各々の課題に向き合い考察を深めなければならない。それに応ずるためには，臨床的なエビデンスだけでなく産業現場での実践を通したエビデンス，法律論も交えた広範囲な学際的な情報が必要とされる。

　医療・心理臨床は，医学・心理学を基盤にシステムとして自律的に発展し，事実に基づきながらその正しさを形成する。一方，企業は設立の規範に基づき，政治・法律・経済・文化・技術・思想・顧客の創造・コミュニケーションの連鎖等の様々な社会因子を検討しながら，その正しさを形成すると言われている。メンタルヘルスケアを将来も進化させるためには，医学的な実情と正しい組織規範の相互観察と理解が鍵であり，今後の医学・心理学の進歩や企業環境の変化に対応することが必須である。歴史的に，産業医と看護職の職務は，産業・労働領域で拡大してきた。このことは，心の専門家も同様と考えられる。

引用文献

Burton, W. N., Pransky, G., Conti, D. J., Chen, C. Y., & Edington, D. W. (2004). The association of medical conditions and presenteeism. *Journal of Occupational and Environmental Medicine*, **46**, S38–S45.

江畑敬介 (2004). 社会精神医学的視点から　こころの科学, **114**, 49–52.

Evans, C. J. (2004). Health and work productivity assessment: State of the art or state of flux? *Journal of Occupational and Environmental Medicine*, **46**, S3–S11.

長谷陽子・堀　広子・中安いくよ・松下裕子・稲垣通子・海野愛子・西ヶ谷江里・西島千晴・遠田和彦・指原俊介 (2008). 職場ストレス軽減のための取り組み—職業性ストレス簡易調査票を活用した支援について—　産業衛生学雑誌, **50**, 111–119.

JR東海健康管理センター　メンタルヘルスプロジェクトチーム (2008). JR東海の健康管理対策—健康管理部門の立場から—　産業精神保健, **16** (4), 278–282.

亀田高志 (2009). 人事担当者，管理職のためのメンタルヘルス入門　東洋経済新報社

小林聡幸 (2009). 精神病未治療期間 (DUP) の短縮と転帰の改善　岡崎祐士・武田雅俊 (編)　新世紀の精神科治療10　慢性化防止の治療的働きかけ　中山書店　pp.206–226.

Lerner, D., Amick, B. C. 3rd, Rogers, W. H., Malspeis, S., Bungay, K., & Cynn, D. (2001). The Work Limitations Questionnaire. *Medical Care*, **39**, 72–85.

三宅美樹 (2014). 働く人のメンタルヘルス　加藤容子・小倉祥子・三宅美樹　わたしのキャリア・デザイン—社会・組織・個人　ナカニシヤ出版　pp.136–176.

西田淳志 (2007). 早期精神障害への支援と治療—その根拠と目的　こころの科学, **133**, 13–19.

指原俊介・須田　治 (2009). リワークトレーニングプログラムによる復職支援の現状と課題　中村　純 (責任編集)　専門医のための精神科臨床リュミエール18　職場復帰のノウハウとスキル　中山書店　pp.168–180.

田中克俊 (2008). 働く人のメンタルヘルス　上島国利 (編)　働く人のうつ病　中山書店　pp.3–14.

和田耕治・森山美緒・奈良井理恵・田原裕之・鹿熊律子・佐藤敏彦・相澤好治 (2007). 関東地区の事業場における慢性疾患による仕事の生産性への影響　産業衛生学雑誌, **49**, 103–109.

III 産業心理臨床の実践事例

　ここでは，産業領域の心理臨床における現代の様々なトピックについて，現時点における先進的なアプローチの事例を提供することにより，就業経験のない学生にはなかなかイメージしにくい，産業領域における「心の専門家」の具体的な活動を伝え，目標とすべきモデルを明確化することを意図した。近年のキャリア教育の流れから，就職後の支援だけでなく，就職前の児童，生徒，学生の支援をも含めた。

1 組織内キャリア発達を支援する

大倉勇一

●はじめに

　キャリアとは，過去から現在に至る経歴と現在から未来に向けた展望とによって構成された生涯にわたる個性的かつ連続的な職業の過程であり，個人の意志と責任によって主体的に形成されていくものである。シャイン（Schein, 1978）はそれを，個人には年齢に応じた発達段階があり，それぞれの段階で求められる課題等を概念化した組織内キャリア発達段階説を唱えた。若林（2006）はそれを以下のとおりにまとめている。

　①成長・空想・探索（21歳くらいまで）職業興味を形成して希望職業に就くための学歴や資格を獲得する，②仕事世界参入（16歳から25歳くらいまで）期待と現実のギャップによるリアリティショックを調整して職業人としての基礎的訓練を受ける，③初期キャリア（30歳くらいまで）有能な部下として実力をつけて将来の役割の基礎を作る，④中期キャリア（25歳から45歳くらいまで）中堅社員として高い専門性と責任を担う，⑤中期キャリア危機（35歳から45歳くらいまで）かつて描いた夢や野心と比較して現実や将来の可能性を再評価する，⑥（a）非リーダーとしての後期キャリア（40歳から定年まで）専門や経験を深めて職場の年長者として影響力を発揮する，⑥（b）リーダーとしての後期キャリア（40歳から定年まで）高い責任と権限を持ち重要な問題の解決に向けてエネルギーを投入する，⑦下降と離脱（40歳から定年まで）定年退職に向けて後進に仕事を譲るとともに退職後のプランを準備する，⑧引退，の8段階である。

　キャリア発達段階説では，現在の段階における課題が達成できていれば次の段階への移行が円滑となるが，未達成となれば現在の段階だけでなく次の段階でも危機を起こすとされる。このような危機を成長のきっかけに変えられる人もいるが，負担となる人もいて，負担が長く続けばメンタル不調へと移行する場合もあるため，発達課題を適切に対処することが重要となってくる。対処の一つとして金井（2002）は，次の発達段階を見通した準備やイメージが助けになるとしており，企業で働く心の専門家の主な業務である研修会と個人面接（カウンセリング，コンサルテーション，復職コーディネートなど）は，その一助となるであろう。たとえば，キャリア移行期の社員を対象とした研修会にキャリア発達の知見を入れれば，この先に起こるであろうキャリア発達課題への準備を促せるし，キャリアについて相談できるカウンセリングを設ければ，それぞれの方法で課題対処できるような個別の援助も可能となろう。ここからは，シャインの組織内キャリア発達の視点を取り入れた研修会や面接について，筆者が実際に取り組んでいることの一部を紹介したいと思う。

●新入社員向けメンタルヘルス研修会での例

　新入社員や昇進者などキャリア移行期に相当する社員を対象としたメンタルヘルス研修会はいくつかあるが，ここで紹介する新入社員向けのメンタルヘルス研修会は，全体の半分をキャリア発達のプログラムとするほど力を入れている。それは組織内キャリアのスタート時でもあり，ここでのキャリア発達課題の達成・未達成が後のキャリア発達や会社生活を大きく左右すると考えているからである。主催者である人材開発部と協議した結果，典型的なキャリア発達課題の解説をしながら，当社の若年社員の傾向をさりげなく盛り込んでいくこととなった。

(1) 仕事世界参入期の課題―リアリティショックと組織社会化―

　研修会は自分のこととして関心を向けてもらえるかが鍵であるため，掴みとなる冒頭では，新入社員が今まさに体験している課題，リアリティショックを扱うこととしている。就職前から抱く夢や理想と，働いて知った現実とのギャップから生じる衝撃がリアリティショックであるが，多かれ少なかれ誰もが経験することとされるため，筆者は受講者に問い掛けるようにしている。似たような体験を皆で共有しながら進めると，それだけでカタルシスとなる人も出てくる。より不安が高まったという人に向けては，大半の人が3年もあれば自然と収まるとされることを紹介して安心させて，積極的に努力したい人に向けては，現実の能力を向上させる，理想を実現可能なレベルに下げる，年齢が近いキャリアモデルを見つけて観察する，専門家に相談する，などの方法を紹介していく。

　新入社員が直面しているもう一つの課題が組織社会化である。学生のような振る舞いから脱却して，企業の文化や規範を習得していくことを組織社会化と言うが，人によっては文化や規範を抑圧的で堅苦しいものとして抵抗感を抱くこともあるだろう。だからと言って避けられるものではないのが文化と規範である。研修会では規範の代表である社員就業規則をあげて，ここから抱くイメージを尋ねていく。「型にはめられる」「従順にさせられる」というようなネガティブな意見が出やすいため，それも間違ってはいないと受け入れる。そこから視点の切り替えを促して，最終的には社員就業規則を守れば企業が社員の身分を保証し，その保証によって社員が安心して働けるというポジティブな意味の発見へとつなげていく。

(2) 当社若年社員の特徴―過剰な自信―

　若年社員に関与した人たちの意見によれば，近年の傾向は「変に堂々として，若手らしくない」というものである。さらに分析すると，自信がありすぎることが原因の一つと考えられた。実際，自信が強すぎて業務停滞を素直に報告できないまま不適切な行動をとるケースもあり，過剰な自信に気づくことは緊急のテーマである。とはいえ「自信はあったほうがいい」という意見も多く，内容には工夫が必要となる。そこで筆者は，記憶の曖昧さを用いた遊びを通して解説している。研修会の前に，万人が想像しやすく絵に描きやすい素材（有名な動物，キャラクターなど）を一つ選び，その画像を準備しておく。研修会では，選んだ素材の姿をまず頭に浮かべてもらい，その姿に自信があるかを尋ねる。多くの人が自信ありと挙手したところで，白紙を配布して実際に絵を描いてもらう（特徴を言葉で書くのも可能とする）。描き終えたところで実際の画像を見せると大騒ぎとなる。完璧に描いている人はほぼおらず，大半の人がどこか間違っているからである。そこから記憶の曖昧さを簡単に解説して，自信を持つことは大切だが，自分の考えがすべて正しいとは限らないという姿勢の大切さを説いていく。このよう

な遊びをとおすほうが抵抗も少なく，また長時間の研修会ではリラックスや意欲持続の効果も期待できる。

(3) 初期キャリアの課題─有能な部下になること─

新入社員は仕事世界参入期であり，同時に初期キャリアでもある。初期キャリアの課題は有能な部下になることだが，それには2つの要素が必要と考えている。1つは「指示された仕事を指示されたとおりにやる能力」，もう1つは「上司や先輩から適切な援助を引き出せる態度」である。近年の若年社員は優秀だが，それらが少しだけ欠けている印象があるのだ。それゆえ，このパートは指導的な雰囲気で進めている。「能力」については，少しでも早く職場の役に立ちたい前向きな気持ちを評価しつつも，指示を超えた自己主張を盛り込むあまりに不完全・期限切れとなれば職場に迷惑を掛けること，指示どおりの成果を安定して出し続けることが新入社員の役割であること，を説いていく。一方の「態度」については，困ったときには「教えてください」と素直に言えることの大切さ，教えてもらう回数が多いほどお互いに親近感が沸きやすいこと，親近感が増していけば次また困ったときに援助が得やすいこと，を説いていく。人材開発部と協議したうえで，筆者はこれらを"可愛げ"と称しており，可愛げある部下になることが有能な部下になる第一歩，と締めくくってキャリア発達のプログラムを終えている。

以上が新入社員向けのメンタルヘルス研修会での実例であるが，この研修会に限らず重要となってくるのは，対象者に対して企業が求めるキャリア像と課題と，対象者に関する実際の傾向の理解ではなかろうか。著名な研究によって導き出された理論や方法をいくら説いたとしても，受講者の実態に添っていなければ伝わりにくいものとなってしまう。ひとりでも多くの受講者に，1つでも多くの気づきを得てもらうためにも，普段から世代，職位，部門など集団ごとの傾向を理解するような努力が心の専門家には必要となろう。

●カウンセリングでキャリア発達を個別に援助した事例

キャリア発達を解説することでキャリア移行期に属する集団に対して気づきや構えの形成を促すための援助が研修会の役割であるならば，今まさにキャリア発達課題と対峙している社員とともに対処を考えていく個別の援助がカウンセリングの役割である。ここからはカウンセリングで実際に行われた援助を紹介しながら，その意義を考えていきたい。なお，事例については個人が特定されないように加工をしている。

(1) 中期キャリア危機を越えて，非リーダーとしての後期キャリアを迎えた事例

メンタルヘルス不調で休職をして3年前に復職したAさんは30代後半の主任である。好不調を繰り返しながらも何とか業務をこなしてきたが，最近になって同期の一部が管理職へと昇進したことを知り，これまでにない不安と焦燥を感じ始めていた。睡眠が浅くなることで昼間の眠気が強く，集中力が低下し始めたところで小さなミスをしてしまった。復職時に利用したカウンセリングの存在を思い出しての自発的な来談であった。抑うつ状態が疑われたため，継続的に通院している心療内科に治療は任せて，主治医の許可を得たうえでカウンセリングを行うこととした。

昇進していく同期に対して劣等感を抱いているAさんだが，実際に自分が昇進したときのことを想像すると，脂汗を流している姿が浮かぶほど不安でもあった。年齢的に昇進しなければ

ならない，周りの期待に応えなければならないと語る姿は，義務感に支配されているように見えた。一方で，Aさんの性格，思考，行動から査定をしていくと，新奇場面，並行作業，対人交渉が不得意という特徴が見えてきて，管理職に求められる幅広いマネージメント能力との間には乖離があることが推測された。心身状態が安定した頃を見計らって少しずつ特徴をフィードバックしていくと，否認と合理化が入り乱れた語りとなったが，それら一つひとつを拾っては，時おり要約して返していくと，次第に「そういえば……」と思い当たる節を語るようになっていった。

そんな中で転機となったのは，Aさんが「車を良くすることだけ考えていられたらいいのに……」とポツリと語ったときであった。筆者が『車が好きなんですね。すごく伝わってきましたよ』という素朴な感想を述べると，「そうなんですよ」と返してきたAさんは，堰を切ったように子どもの頃から自動車が大好きだったこと，自動車について学べる大学を目指して猛勉強したこと，自動車のサークルや研究に明け暮れた学生生活，そして夢だった自動車会社に就職したこと，今の仕事は専門性を生かせていること，この先に作ってみたい自動車のこと，それらが数回にわたり語られていった。

そこから展開して，自身の特徴と求められる管理職の役割についての現実検討が始まり，「管理職にならなくても好きな仕事はできている。管理職になれば臨機応変に動き回らなければいけないことばかり。そういうのは苦手だし，得意分野でコツコツ仕事しながら後輩を育てていく方が自分らしい。会社にはそういう人材も必要だと思う」という考えにいたった。

キャリア発達段階では，Aさんは中期キャリアにあたる。主任に求められる役割と重なる現在の発達課題は，高い専門性を生かして自身の仕事を主体的にこなしつつ，同時に後輩の指導もしていくという二重の役割となるが，それは十分に果たしている。次の段階となるリーダーとしての後期キャリア，つまり管理職を目指すならば，今以上の多重役割と，マネージメント能力が強く求められていくこととなるが，査定した特徴からは獲得が困難と思われた。Aさんも自覚するにいたり，能力の限界を受け入れて，非リーダーとしての後期キャリアを迎える過程は無理のないものだった。その後しばらくして，繰り返していた不調も収まっていった。

ここで少しキャリア発達を聴く工夫も紹介しておく。筆者は特別な技法を用いてはいないが，4つの点を心掛けている。①夢・教育歴・所属歴・職務歴を丁寧に，②既知の情報に囚われず，③語られる物語を観客のごとく味わい，④感じたことを率直に言語化して返す，である。このような素朴なやり取りがクライエントの意欲を促進して，さらに多くのエピソードや感情が語られ，気づきを生み，新たな意味づけが加えられていくと考えている。この工夫を初めて意識したことで思い出されるのが次の事例である。

(2) リーダーとしての後期キャリアから，下降と離脱を意識し始めた事例

無理な要求を繰り返す配下社員の対応についてコンサルテーションを求めてきたBさんは50代の管理職である。詳しく話を聴くと，押されるままに妥協を繰り返してきた管理職の姿があった。妥協が前例となってしまい，押せばまた通ると学習する配下社員との構造を心理学的に解説したうえで，職場ルールから逸脱する前例は一切作らない対応を提案した。温和なBさんは要求のたびに妥協しそうになったが，その気持ちに寄り添いながらも妥協しないように励ます援助を続けた。その結果，3ヶ月もすると配下社員の要求は概ね消失していったため，コンサルテーションは終結することとなった。その話の中で「このまま私の話を聞いてもらえ

ませんか？」との希望があり，Ｂさん自身のカウンセリングがスタートした。

　定年まで数年だったＢさんは，慣れ親しんだ前の職場で会社生活を終えるものだと思っていたところに，現在の職場への異動が言いわたされた。異動はしたものの複雑な思いが交錯する中で，配下社員の無理な要求にも出会った。対応は苦労の連続だったため，他のことを考える暇もなく過ごせていたが，問題が落ち着くと複雑な思いが再び沸き上がったのだった。今回の異動を不合理ととらえているＢさんは，回を重ねるごとに静かな怒りを表出し始めていた。理解できない感情ではなかったが，どこかしっくりこなくて，その感情を扱うことに筆者はためらっていた。

　その気持ちを率直に伝えたところＢさんも同じ気持ちだったことがわかり，納得のうえで話題を変更することとなった。話したいことがすぐには浮かばないというＢさんに対して，『以前のカウンセリングで名称があがっていたＢさん担当の大ヒット商品について教えてほしい』と筆者からリクエストした。すると，大ヒット商品から始まって，今日まで担当してきた商品の数々を入社当時から振り返る語りとなっていった。そこには当時の世情，当社の状況，商品の概要，自身の生活，思いや考えなど様々な伏線が交錯した，小説さながらの物語があった。この間に筆者がしたことは，一人の観客のごとく物語に聴き入り，悲喜こもごもの場面をともに喜びともに悲しみ，知らないことを素直に質問して，時おり逸れる話題をつなげていく，というものであった。気がつけば怒りはすっかり消え失せて「私は誰かにこういうことを話したかったんです」と語る顔には喜びが満ちていた。

　十数回にわたった物語がひととおり終わると，本当の夢は他の産業だったこと，挫折のように感じた当社への入社，意外にも自動車が面白くてのめり込んでいったこと，など初心に帰るような語りとなり，過去にも想定外の人事異動は何度もあったこと，はじめは悩むが指名を光栄に思うようにしたこと，努力をして自身の成長につなげてきたこと，と展開していった。「考えてみたら，私の経験は私の頭の中にしかないことに気づきました。それらを文書で残すために，会社が私に白羽の矢を立てたのだと思います。自分の足跡が残せるとは，なんて幸せなことだろう」と語るにいたった。

　リーダーとしての後期キャリアにあたるＢさんは，高い専門性とマネージメント能力を兼ね備えた管理職であるが，無理な要求を繰り返す配下社員には従来のやり方が通用せず，むしろ問題を悪化させていた。コンサルテーションを機に，これまでとは異なるやり方で問題解決できたのは，能力の向上でありキャリア発達と言えるだろう。また自身のカウンセリングでは，引退を見据えて，蓄積された知見を後進に引き継いでいくという，後期キャリアの大きな課題を気づくこともできた。このような柔軟性がＢさんであり，数年後「これからも目の前に現れる出来事を存分に楽しんでいきます」とらしく語って定年退職を迎えられた。

　以上２つの事例を紹介したが，どちらも自分だけのキャリア物語を紡いだことで，発達段階の危機やメンタルヘルス不調から脱したことがわかる。企業の人材開発システムの多くは，求める典型的なキャリア像や課題を示して，社員がそれに適応する努力を促していく方法を取っている。しかし，能力はあるものの歩みが遅い社員，典型とは異なる能力を持っている社員，能力が足りない社員など，現在のシステムでは抱えきれない社員がいるのも実情である。そうした社員にも自分らしいキャリア発達はあり，そのことに気づく機会こそが今後重要となっていくだろう。企業がそのように規定する以上は，可能な限りシステムに収めていくしかないが，その中にも自分らしさが残せるキャリア発達を個別に援助できることが，企業内にカウンセリ

ングがある意義なのではなかろうか。

●おわりに

　ここまで企業で働く心の専門家が行うキャリア発達支援について，実例を交えながら紹介してきた。その中で少しずつふれてはきたが，個人のキャリア発達に影響を与える要因の一つとしての企業を理解する必要性を改めて取り上げて，この章を終えることとしたい。

　企業には固有の歴史，風土，経営方針，業績，組織機構，企業内制度，人材開発，教育体系，雇用動向，人員構成，商品など，様々な事情があるが，どれも個人のキャリア発達に影響を与える背景要因となりうる。たとえば企業の雇用動向と人員構成で考えてみると，好業績が続いて大量採用が行われれば，ある特定の世代の人数が多分となり，業績悪化が続いて採用見合わせや人員整理が行われれば，ある特定の世代の人数が不足することがある。人数が多分の世代では，キャリア発達課題を達成していてもポストに空きがなく昇進できなかったり，人数不足となる世代では，発達課題が未達成であってもポストが空いているために望まない昇進を強いられることも出てくる。実際に筆者は，望まない昇進となった社員が含まれる昇進者研修会に臨んだことがあるが，会の途中でそれが判明したため，内容を改変しながら進めた苦労を覚えている。

　上記は一つの例であるが，企業で働く心の専門家には，普段から企業の事情に関心を向けて，それらが社員個人に与える影響を検討していくことを勧めたい。企業固有のキャリア発達の在り方が明確にできれば，それらを念頭に置いた研修会やカウンセリングを通して，理論だけでは語れない，よりその人らしい，かつその企業らしいキャリア発達の援助につながると考えるからである。

引用文献
金井篤子（2002）．キャリア発達と節目ストレス　*Finansurance,* 40，4-14.
Schein, E. H.（1978）．*Carrer dynamics.* Reading, MA: Addison-Wesley.（シャイン, E. H.（著）二村敏子・三善勝代（訳）（1991）．キャリア・ダイナミクス　白桃書房）
若林　満（2006）．（追悼・再録論文）組織内キャリア発達とその環境　経営行動科学, 19，77-108.

2 うつと自殺の予防

山口智子

●はじめに

近年，働く人々の「うつ」「過労自殺」が社会問題となっている。厚生労働省の患者調査によれば，気分障害患者数は1996年には43.3万人であったが，2008年には104.1万人と著しく増加している。また，休職は約7割が精神疾患を理由とした休職であり，労災の申請や認定も精神疾患によるものが増加している。この背景には，うつに関する診断基準の変更やうつに対する人々の認識の変化だけでなく，バブル経済の崩壊，リーマンショック，国際競争の激化，情報化，企業における組織再編，成果主義の導入など経済状況や職場環境の変化も影響している。このような状況の中，産業領域における実践として，うつと自殺の予防は重要なテーマである。

なお，心の専門家が行う産業領域の実践では，健康管理室など事業場内スタッフか病院やEAPなど事業場外スタッフかという立場の違い，勤務形態（常勤職か非常勤職），所属部門（健康管理室，人事，労働組合など）によって期待される役割や実践は異なる。ここでは，筆者が行った企業内の心理相談室（非常勤）の実践を紹介したい。なお，事例は大幅な修正を行っている。

●抑うつ症状と心理面接

従来，職場のメンタルヘルス問題が注目された当初は，メランコリー親和型の病前性格「責任感が強く，まじめで完全癖のある人」のうつや過労自殺への対応が急務であり，「(仕事を)頑張れ」と安易に叱咤激励すると自殺の危険性が高まるため，「激励禁忌」とされた。しかし，近年，メランコリー親和型とは様相の異なる，現代型うつ，未熟型うつ，ディスチミア親和型うつなどが報告されている（春日，2012）。春日（2012）は従来型とは異なるタイプの特徴として，薬剤が効きにくく，病前性格がメランコリー親和型ではなく，精神症状に微妙なずれがあり，他責的・他罰的，仕事から逃避できると趣味などを楽しむ余裕を見せる，長期化しやすい，ときにうつであることがアイデンティティとなってしまうことをあげている。

(1) 従来型のうつと考えられる事例A（男性，40代前半，営業職）

主訴：集中できず，思うように仕事が進まない。やる気が起きない。

Aは自発的に相談室に来談し，沈んだ表情で「やる気が起きない」と語った。Aの仕事内容や心身の状況を尋ねると，技術営業職のAは，朝7時に出社し，取引先や現場に出向き，深夜に取引先用の資料を作成している。筆者はAの抑うつ感が強いため，クリニック受診を勧めた。

筆者と主治医は休職を勧めたが，Aは「昇進にかかわる大切なとき」と言い，結局，薬物治療と深夜残業などを控える生活改善で経過を見ることになった。しかし，筆者が過重労働による心筋梗塞などの危険性や抑うつが改善しないことを説明しても，Aは月80時間を超える残業を続けた。残業を申告しないAは「考えてみてください。残業せずに1,000万円の結果を出す人と毎日4時間の残業をする人がいたら，どっちが評価されますか？」と繰り返し，成果や昇進にこだわった。筆者が，あるとき，ボクシングを例に「いいパンチを打つためには，3分頑張り，1分休憩」と言うと，Aは休養・休息の必要性を理解し，その後は休息を意識的にとるようになった。そしてうつ症状も徐々に改善した。その頃，妻に遅い帰宅を責められて気持ちが休まらないことも話せるようになり，筆者は主治医からも妻に病状を説明してもらうように勧めた。その後，尊敬する先輩から「出張先で喫茶店に立ち寄ることが出張の楽しみ」と聞いたAは，これまでを「まじめに仕事し昇進を目指す」「人に迷惑をかけない」「いつも肩に力が入った」生活・人生であったことを振り返った。その頃から，資料作りの時間を限り，出張の楽しみを探し，趣味の時間を作り，義父母に育児の協力を求めるようになった。その後，Aは課長に昇進した。

　この事例では，①抑うつ症状のアセスメント（うつ病の可能性，強迫傾向，長時間勤務），②医療機関の受診，③うつや過重労働のリスクの心理教育，④生活改善の助言，⑤家族など環境調整，⑤価値観や生き方の見直しを行った。完璧主義で助言を好まないAにとって，筆者の勧めた「休養」は出世競争からの離脱宣言であり，遅い帰宅を批判する妻の言動とも重なった。ボクシングというメタファーは，昇進への挑戦，他社との戦いであり，その緊迫感はAの心情と重なり，筆者とAがボクシングのイメージを共有することで，面接は展開した。また，Aは，この経験を通して，仕事に対する新たな取り組み方，より柔軟なものの見方や生き方を身につけた。これらの変化は再発を予防するうえで重要である。このように，職場におけるうつは，その人の仕事の位置づけや生き方を見直す「きっかけ」になる可能性がある。その場合は，職場の状況やキャリアの節目に注意しながら，来談者の仕事に対する想いを丁寧に聴き，どのように働くかだけでなく人生を再構築する過程に同伴することが求められる。

(2) 従来とは異なるタイプのうつと考えられる事例B（女性，20代後半，顧客サービス部門）

　主訴：不眠，めまいが続き，落ち込む。

　Bは大学卒業後，商品の修理を担当する部門に配属された。数年後，社員や派遣社員の退職が続き，Bは通常業務に加え，クレーム対応や新人の指導も担当することになり，残業が増えた。その後，Bは不眠やめまいが続き，抑うつ感が強くなり，クリニックを受診し，数ヶ月，休職した。復職後，職場ではクレーム対応や残業はしないよう配慮されている。健康管理室から紹介されて相談室に来談したBは，不調の原因を上司の配慮のなさであると批判を繰り返した。また，上司の仕事ぶりにも批判的であり，所属長からは上司に協力的でないことを指摘された。また，趣味の予定が入るとすぐに休暇を取るBは「わがまま」「怠け」と職場で否定的な評価をされた。筆者は，上司と面談し，症状は「怠け」ではないこと，過度の配慮はしないほうがよいこと，できたことを評価することを確認した。Bとの面接では，商品知識が豊富でよい対応ができていることを評価しつつ，上司を批判するのではなく，困っていることを具体的に相談すると問題が解決しやすいことなどを伝えた。Bは不満を熱心に語るが，Bの行動や態度を話題にすると大きな欠伸をするなど，なかなか課題には向き合えなかった。しかし，上

司との関係が改善し，職場で肯定的評価が増えると，上司への批判もなくなり，クレーム対応や残業もできるようになった。「寿退社が夢，仕事はそれまで」と言っていたBは，子育てをしながら仕事の評価も高い女性のことを話題にするようになり，B自身の働き方やキャリアを考えるようになった。

この事例では，①抑うつ症状のアセスメント（中程度の抑うつ，他罰的，上司との関係の悪化）②できたことへの肯定的評価，③上司との面談など環境調整，④周囲に誤解されやすい言動や行動の修正とアサーション，⑤将来像の話し合いを行った。Bは，業務遂行能力の自信や「不調は上司の責任，配慮は当然」という特権意識を持っており，上司の見守りや配慮を過剰に期待し，それが満たされないことに怒りを感じた。Bの過剰な期待の背景には，幼少期から母と祖母の躾をめぐる口論にさらされ，家族の顔色を窺いながら育ったことも関連していた。このような状況での過度の業務軽減は「疾病利得」につながり，長期的には仕事での成長の機会を奪い，職場で孤立する可能性がある。アサーションなど社会的スキルの向上や将来像を考えるという成長促進が有効であり，ときに「頑張り」を後押しすることも必要である。

(3)「働く人」の抑うつ症状のアセスメントと介入のポイント

抑うつ症状のアセスメントでは，①身体疾患によるうつの可能性や抑うつ症状の重症度から医療機関への紹介が必要であるかどうか，②自殺の危険性，③抑うつ症状に影響する個人要因と環境要因の関連を考え，④有効な介入を判断することである。個人要因には，遺伝や体質，知能，性格特性やパーソナリティの問題，認知特性などがあり，環境要因には，仕事の質・量，職場の対人関係，企業体質，家族や友人のサポートなどがある。特に，③では，ⅰ職場内の問題点，ⅱライフサイクルや家族の問題点，ⅲ性格特性やパーソナリティなどの内的問題点，ⅳ精神病理現象の問題点を整理することが，問題の発生メカニズムの理解に役立つ（乾，2011）。

介入について，精神科医である堀（2014）は，脳，パーソナリティ，環境のどこに介入するのかを整理し，脳のコンディションの問題がある場合には，休養と薬物療法を最優先させる重要性を指摘している。また，パーソナリティの問題がある場合，環境調整や薬物治療を続けることが来談者の自立性を損なう危険性があること，パーソナリティの問題に直面化することは難しいことを指摘し，パーソナリティの問題をアサーションがうまくできるようになるなどスキルの獲得に置き換える工夫を紹介している。

●自殺の予防

(1) 自殺予防の十か条と自殺に影響するライフイベント

厚生労働省（2010）は，職場の自殺予防として，①うつ病の症状に気をつける，②原因不明の身体の不調が長引く，③酒量が増す，④安全や健康が保てない，⑤仕事の負担が急に増える，大きな失敗をする，職を失う，⑥職場や家庭でサポートが得られない，⑦本人にとって価値あるものを失う，⑧重症の身体の病気にかかる，⑨自殺を口にする，⑩自殺未遂に及ぶというサインを数多く認めるときは，自殺の危険が迫っているとして，早期の受診が必要と指摘している。また，家族に自殺者がいること，双極性障害に対する抗うつ薬の投与も自殺の危険性を高める。

自殺に影響する職場のライフイベントは，①新しいプロジェクト・システム変更・事務所の

合併や難易度の高い業務などで仕事量と時間外労働時間が増加した場合，②昇格して業務量が増えて業務のノルマをこなせなかった場合，③仕事の失敗により大きな損失を出して職場で孤立した場合，④時期尚早の復職，⑤休職期間満了による退職，リストラ，失業などである。

(2) 自殺企図への対応―事例C（40代後半の男性，営業職，課長）―

主訴：会社にいられない。会社をやめようと思う。

Cは大学卒業後，部品の営業を担当し，数年前に課長になった。1年前に，現在の職場に異動になり単身赴任中である。新しい職場では業績が上がらず，不眠がちとなった。10日前に，多大な損失を出したことが明らかになり，それ以来，Cは眠れず，食欲がない。さらに，3日前，部下の前で責任を問われ，部下もCを避けるように感じていることが話された。

Cは経過を話した後で，「もう会社にいられない。会社をやめようと思う。家族にも申し訳ない。自分がいては，会社や家族に迷惑をかけてしまう」と小さな声で繰り返した。筆者は，自殺の危険性があると考えて，＜自分がいては，会社や家族に迷惑をかけてしまう……消えてしまいたいような気持ちですか？＞と尋ねた。Cは「はい。実は，一昨日も昨日も線路のそばで，2時間，どうしようかと立っていました」と語り，家族の写真を見て，電車への飛込みを思いとどまり，自宅に戻ったことを話した。筆者はつらい気持ちを受け止めながら，自殺を思いとどまったことを認め，自殺は残された家族が非常につらい気持ちになることを伝え，今後も消えてしまいたい程のつらさを感じることはあるかもしれないが，自殺の実行はしないことを約束してもらった。筆者は危機介入が必要と考え，産業医と連携を取ることを提案し，Cも承諾した。産業医から上司に連絡するだけでなく，筆者も上司に面談を申し入れ，心理相談室の勤務日とは別の日程で面談を行い，状況の大変さや事後対応を十分に聴いてから，Cには自殺の危険性があること，自殺は本人，上司，会社にとって取り返しのつかない重大事，回避すべきものであると伝え，厳しい責任追及や感情的な叱責をしないように配慮を求めた。自殺についてCと話し合うことで，上司や産業医との迅速な連携を図り，家族や主治医とも連携し，自殺を回避することができた。

(3) 職場における自殺予防のポイント―相談室の設置・心理面接・連携―

職場における自殺予防のポイントは①心理教育，相談室の設置，広報ができていたこと，②心理面接で自殺について積極的に確認すること，③関係者との迅速な連携である。Cが自発的に相談室に来談できたのは，心理相談室の存在を知っていたからである。心理教育，利用しやすい心理相談室の設置と広報が自殺の予防に果たす役割は大きい。

心理面接で，「死にたい」という発言がないときには，自殺を話題にすると自殺の危険性を高めると考えて，話題にすることを躊躇するかもしれない。しかし，心の専門家として，ことばにならない想いを受け止めて，①自殺の可能性を感じたときはきちんと話題にすること，②自殺をした場合の問題（残された家族の心理など）を話し合い，説明すること，③自殺を実行しない約束をすること，④次回の面接日を予約すること，⑤主治医や産業医をはじめとした健康管理スタッフと連携すること，⑥家族と連携すること，⑦どうしても自殺したくなったときの対応や行動化を抑えるのに役立つ事柄を確認することが重要である。なお，自殺のリスクのアセスメントや面接時の具体的な応答については，平井（2004）や高橋（2014）などが参考になる。

●おわりに

　今回，過重負担からうつになった事例を取り上げたが，職場のうつには実に様々なものがある。どのような原因や経過であっても，抑うつから仕事に支障が生じ，それが職場で明らかになることは働く人の自己愛を大きく傷つける。医療機関の受診や社内相談室の利用も抵抗を感じる場合もある。心の専門家としては，自己愛の傷つきや抵抗を受けとめながらも，過度の依存や退行を避けて適度な距離を保ち，来談者がどう働き，どう生きるのかと向き合うことを支援する姿勢が求められる。

引用文献
平井孝男（2004）．うつ病の治療ポイント―長期化の予防と対策　創元社
堀　有伸（2014）．働く人びとのこころの問題―うつ・適応障害・ストレス疾患　山口智子（編）　働く人びとのこころとケア　遠見書房　pp.78-88.
乾　吉佑（2011）．働く人と組織のための心の支援―メンタルヘルス・カウンセリングの実際　遠見書房
春日武彦（2012）．現代の「うつ」とは何か？―「うつ」が主訴となる時代　臨床心理学，12（4），464-468.
厚生労働省（2010）．職場における自殺の予防と対応改訂第5版（http://www.mhlw.go.jp/new-info/kobetu/roudou/gyousei/anzen/dl/101004-4.pdf　2015年11月29日）
高橋祥友（2009）．セラピストのための自殺予防ガイド　金剛出版
高橋祥友（2014）．自殺の危険第3版―臨床的評価と危機介入　金剛出版

3 職場復帰支援

藪本啓子

●はじめに

　かつて「メンタルヘルス不調」を有する者の職場復帰とは，主に統合失調症，てんかんのような社会的な偏見を持たれやすく，発症前に比べて業務遂行能力の低下や安全面への配慮が大きな問題となる例で多く議論されてきた。しかし近年，気分障害や適応障害の病像を持つ労働者が年々増加し，企業も円滑な職場復帰支援の体制を整備しなければならない時代となっている。

　5年おきに実施されている「労働者健康状況調査」の2012年の結果によると，過去1年間にメンタルヘルス不調により連続1ヶ月以上休業，又は退職した労働者がいる事業所の割合は300人以上の従業員規模になると急増しており，1,000人以上の大企業では，実に92.8％にのぼっている。メンタルヘルス不調に伴う病気休業においては休業者数の増加だけでなく休業期間の長さも問題となっており，田中ら（2008）の調査によると，精神疾患による1回あたりの平均休業期間は5.8ヶ月にも及んでいるという。また，メンタルヘルス不調は再燃や再発を繰り返すといった特徴があり，再休職率の高さも問題となっている。

●休職・復職とは何か

　社員と企業の間には労働契約（社員が企業に対して労働力を提供し賃金を得る）が結ばれているため，社員側の都合（私傷病含む）で労働契約が提供できなくなった場合，直ちに破棄され解雇となってしまう。そこで社員保護の観点から，いきなり解雇にはせず労働力の回復を待つ必要性があり，治療に専念できる休みを与えることが「休職」である。「休職」は解雇猶予期間という見方もでき，休職制度はあくまでも社員保護の観点から設けられている。

　この休職制度を利用し，決められた期間内に職場へ復帰することが「復職」である。産業医の立場から斉藤（2014）は，「復職可とは，働けること，すなわち雇用契約の履行が可能ということ」であるとし，「復職を考える大前提は，職場は仕事をするところという常識。復職可能とは働けること，つまりは給料分の仕事をしなければならないこと」と述べている。

　職場復帰支援制度も時代の流れと共に見直されてきた。10年程前は復職者への配慮を重視し，半日勤務や短時間勤務制度を導入していた企業も多く見られたが，「見切り発進」で復職させた結果，短期間で再休職となるケースがあり，期待する程の効果を上げることが難しかった。これまで様々な職場復帰支援が検討されてきたにもかかわらず，再休職者が減らない現状に対し，高尾・井家（2010）は，「これまで職場で行われてきたメンタルヘルス対応は"不完

全労務提供"の受領を前提としてきたために，特別な配慮が必要となり，職場における通常の労務管理の範囲から逸脱したものにならざるを得なかった。"職場は働く場所"であるという大原則に他ならない」と述べ，完全な労務遂行ができない状態で復職させることの危険性を指摘している。最近の傾向としては1日8時間の業務遂行が可能なレベルで復職させる企業が増えており，回復に十分な休業期間を取り，確実なスタートを切ることが結果として再休職者の低減につながるのではないかと言われている。

●職場復帰支援制度の実際

厚生労働省は，メンタルヘルス不調により休業した労働者に対する職場復帰を促進するため，平成16年10月に事業場向けマニュアルとして「こころの健康問題により休業した労働者の職場復帰支援の手引き」を公表し，平成21年3月にその改訂版が公表された。以下，職場復帰支援の5つのステップに沿って支援活動の進め方を示す。なお，休業期から復職までの本人の回復過程をイメージしたものが（図Ⅲ-3-1）である。

(1) 第1ステップ

労働者から管理監督者に主治医による休職診断書が提出され，休業が始まる時期である。こ

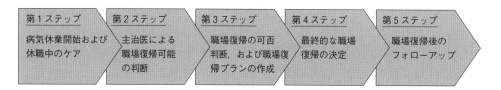

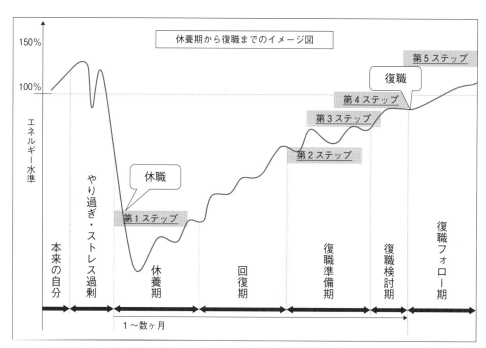

図Ⅲ-3-1　職場復帰支援の5つのステップに沿った休業期から復職までのイメージ図
（厚生労働省，心の健康問題により休業した労働者の復職支援の手引きを一部引用，改変）

表Ⅲ-3-1　休職初期に必要な情報提供

医療側	治療への理解（現状と今後の見通し） 自立支援医療（精神通院）制度の案内 家族面談の実施（必要に応じて）
企業側	休業できる最長期間の提示 当社の復職手続きのながれ（リーフレット等） 当社の復職基準（復職を認める要件） 高額医療費（健保），傷病見舞金制度の案内 今後の診断書や，書類の受け渡し方法

の時期は労働者が病気休業期間中に安心して療養に専念できるよう，本人や家族に情報提供されるとよい結果を得ることができる事項がいくつかある（表Ⅲ-3-1）。また企業側の配慮としては，休業の最長期間などを本人に伝えるなど，本人が安心して休養に専念できるよう環境を整えることが必要である。企業側として注意しないといけないことは，本人のためにと考えて，善意で行っているかもしれないが，休養期間に入ったのにもかかわらず，職場からの度重なる業務の問い合わせなどで状態を悪化させてしまうことである。したがってこの時期でのポイントは，早く本人を仕事の責任感や罪悪感から解放させ，本来の意味での休養が取れるよう配慮することである。不用意に職場から刺激しない方が望ましく，特に職場の人間関係が要因となっている場合は対応（連絡の取り方など）に留意が必要である。

本人の症状が軽快してきたら，一日の生活リズム表を記入してもらうと，回復の効率を促すこともある。毎日の起床時間，食事，日中の活動内容，入浴，就寝時刻などを継続的に記録してもらうことで，本人自身が生活の過程に隠れている問題点を振り返ったり，改善の方向を持つことができたりと後の復職判定の客観的な情報となる。

(2) 第2ステップ

休業中の労働者から事業者に対して職場復帰の意思が伝えられ，主治医による職場復帰可能の判断がされる時期である。主治医による診断は，日常生活における病状の回復程度によって職場復帰を判断することが多く，職場が求める就労基準に満たないことがしばしばある。心の専門家は，予め主治医に対して職場で必要とされる業務遂行能力（8時間労働に耐えうる体力気力が回復しているか，夜勤勤務が可能かなど）に関する情報を提供し，労働者の状況がその基準を満たしているかどうかを主治医の意見として提出してもらうようにすることで，再発のリスクを減少させ，企業側の配慮をより一層促すことになる。なお，主治医には復職可否を決定する権限はなく，復職の可否判定および就業上の配慮に関する判断は，産業医の判断や意見を参考に，最終的には人事労務管理部門が決める。したがって，この時期に主治医が「復職可能」としても，その後の産業医判断で復職不可になることもありうる。本人も主治医が最終判断者と誤解していることもあるため注意が必要である。

(3) 第3ステップ

職場復帰の可否の判断および職場復帰支援プランの作成の時期である。最終的な職場復帰決定の手続きの前に必要な情報収集と評価を行う時期で，職場復帰支援では中心となるところでもある。産業医は主治医からの意見書をもとに労働者に，①どのようなことが仕事に強く影響し，②現在，どの程度回復しており，③今後，同じような状況が起きたときにはどのような対

表Ⅲ-3-2　復職判定にあたり産業保健スタッフが確認しておく事柄

主治医の意見	治療経過と復職にあたっての留意点 症状などの安定度, 通院状況（頻度）, 服薬状況
症状の回復度	体力, 気力, 集中力は戻っているか 気分の波は安定しているか（日内変動はないか）
生活リズム	起床・就寝時間, 食生活, 入浴は規則正しいか 会社生活に見合った生活リズムを送れているか
睡眠状況	睡眠時間が確保できているか 昼間の眠気はないか, 昼寝をしていないか
日中の過ごし方	自宅にこもっておらず, 日中は適度の外出をしているか 復職のための体力づくりを行っているか
発症となった要因	要因を知り, その問題が克服できているか 今後の対策を考えているか
復職への意欲	勤労意欲があるか 元職場で働けるか
今後のサポート	困ったときに相談できる人（家族, 上司, 同僚）はいるか

処方法が見つかっているか，などを本人の口から具体的に答えてもらえるよう促すと，労働者が抱える問題点と，職場に潜在する問題点が明確になることが多い。なお，この段階で心の専門家が本人に確認しておくとよい項目を表Ⅲ-3-2に示す。

本人との面談で，これらの項目に1つでも心配なことがあれば具体例をあげて聞き，対処の可能性や見通しについて確認し，後日改めて心の専門家との面談を定例的に設定することが，復職可能かを確実に判断できることになる。安易に復職を決めることや，復職しながら改善していくという考えは労働者本人にとっても，職場にとっても好ましくない。この時点では，主治医（復職可能と判断）と産業医（復職不可と判断）の見解が一致しないことがある。この場合，産業医が再度主治医へ復職判定に関するお伺い書（意見書）を求めることもあるが，就労水準に見合っているかどうかを見極めるために「リハビリ出勤」「試し出勤」「慣らし業務」などを取り入れて，最終的な復職判定のための精度をあげている企業もある。職場復帰支援手引きによると，休業期間中に行うものを「試し出勤等」とし，①模擬出勤，②通勤訓練，③試し出勤の3つに分類している。この制度，いわば職場内リハビリプログラムを設けることになる，の導入に当たっては，この間の処遇や災害が生じた場合の保険，人事労務上の位置づけについてあらかじめ労使間で十分に検討し，一定のルールを定めておく必要がある。また，制度の運用にあたっては主治医からの了解を得たうえで，治療の妨げにならないことが大前提である。

精神疾患による休業者の職場復帰先は，原則元職場が良いとされている。その理由として，慣れた職場環境の方が本人にとってストレスが少ないこと，また，受け入れ職場も本人のことをよく知っているので，温かく迎えやすいという利点がある。本人が元職場に抵抗を示し，職場異動を願う場合があるが，その際は復職面談で具体的に何が問題なのか（業務量，業務内容，対人関係，勤務体制等）をよく話し合い，徐々に負荷を上げていく配慮が職場の支援として必要である。しかし，①元職場の人間関係やハラスメント（セクハラ，パワハラなど）が要因となった場合，②業務内容が症状再燃に直結していると主治医が認めている場合，③後遺症などで元職場では業務遂行が難しい場合（例：営業担当者が車の運転ができなくなった等），は配置転換をしたうえで職場復帰をした方が，より早く職場に適応できていくこともある。しかし，

配置転換には慎重を要すべきである。「復職する際に職場異動を希望すれば叶う」という前例を作ってしまうと，労働者にメンタルヘルスの問題が疾病利得として扱われてしまう危険性があることを，産業医や人事担当者や上司はしっかりと考慮しておかねばならない。もしこのような事態になれば，企業にとって大きな損失になるであろう。

(4) 第4ステップ

職場復帰の可否について労働者の状態を最終確認し，就業上の配慮等に関する意見書が作成され，人事労務管理部門による最終的な職場復帰の決定がされる段階である。就業上の配慮する項目を必ず書面にし，本人と職場管理者に内容を確認させ署名を得ておくことが大切である（表Ⅲ-3-3）。また，復職がゴールではなく，「スタート」であることを改めて伝え，自己判断で通院や服薬を止めることを禁じ，今後の心の専門家によるフォローアップ面談を行うことについても周知させておくことが必須事項である。

しばらく職場を離れていた労働者にとって，復職直前，直後は不安やプレッシャーを感じるものである。職場の受け入れ態勢としては，自然な対応，声かけなど温かく迎える雰囲気づくりをして，「気軽に相談するように」と伝える。また，本人のためにと考えて，仕事量の軽減を行うことは，本人が周囲に気を遣い，復職した意味を見出せなくなるために，就労時間に見合った業務を与えることが，働く「仲間意識」を高め，職場適応を促進する効果が期待できる。また，休業期間に迷惑をかけた，他の仲間に負担をかけた等々の自責の念を減らし，他の仲間の信頼を取り戻そうと，猛烈に頑張ろうとする人もいるが，その場合は「焦りは禁物，すぐに以前と同じ自分に戻る必要はなく，むしろ，以前とは考え方ややり方を変えてストレスに強くなることを目指してほしい」などと伝えることが，メンタル疾患の再発予防にもつながる。

(5) 第5ステップ

職場復帰後の経過観察とフォローアップを実施する期間である。管理監督者による観察と，事業場内心の専門家による定期的な面談を行い，就業上の配慮の見直しを行う。復職フォロー面談で確認する項目を検討してみよう（表Ⅲ-3-4）。

心の専門家は，当該労働者の病状の確認やストレス状況を確認し，必要に応じて復職後のプランの見直しや提言を行うと同時に，本人の直属上司にも定期的に面談を行い，本人の認識と職場での見解のズレがないかどうかを確認する必要がある。その際，復職直後から即戦力になろうとして，「早く残業をやらせて欲しい」と本人が申し出た場合は，すべてのケースではないが，場合によっては「残業は労働者の権利ではなく，企業の業務上の指示で行わせる（つま

表Ⅲ-3-3 業務上配慮する項目（例）

・就業制限なし
・残業禁止
・残業時間制限（○○時間/日）or（○○時間／月）以内
・休日出勤禁止
・夜勤禁止
・出張禁止（単独：可/不可）（国内：可／不可）（海外：可／不可）
・フレックス禁止
・裁量労働禁止
・自動車運転，危険作業禁止（通勤：可／不可）

表Ⅲ-3-4　復職フォロー面談で確認する項目

本人へ	・受診の継続，主治医の指示通りに服薬ができている ・生活リズムの乱れはなく，規則正しい毎日が送れている ・家族や職場の人と挨拶ができている ・安全に通勤できている ・復職時に決められた就業制限を遵守できている ・休憩や気分転換が適度に取れている ・再発防止として自分自身が改善しようと試みたことが実践できている ・与えられた業務は適度にこなせている ・職場での悩み事は早めに相談できている
管理職へ	・遅刻早退，突発休などの勤怠の乱れがない ・職場での挨拶，声かけに応じている ・上司からの指示，命令の内容が理解できている ・復職時に決めた必要な業務をこなせてる ・焦らず無理をしない自制心を持って過ごせている

り上司が残業に値する業務量と判断した場合に命じる）ものである」ということを本人に認識させることが必要である。また，症状の再燃を防ぐために，特に下記の三点に留意が必要である。

1）業務負荷を軽減し過ぎない　復職後3ヶ月は通常業務の8割くらいの業務量で様子を見ることが望ましいが，長期にわたって負荷の軽い作業を続けさせると，本人は疎外感や焦りを感じ始め，やりがいを失い，意欲の低下につながることがある。

2）出勤時間を一定にする　復職直後は，朝の出勤時間を可能な限り，他社員と同じく一定にする必要がある。メンタル疾患は朝方に調子が悪化しやすいという特徴があるため，フレックスタイムを自由に使用させると，生活リズムを崩しやすく，再燃の兆候を見逃すこともある。朝の遅刻が目立つ場合は職場で判断せず，早めに心の専門家との面談を設定し，体調の確認を行うことが望ましい。

3）職場のサポート状況を確認する　上司が会議などでいつも席にいない，出張が多くて不在がちということもある。本人が困っているとき，誰に相談したらよいか戸惑わないよう，上司の代行を担える担当者を決めておくことが，復職者が心身ともに安定し，働く意欲を向上させることになる。

●医療と企業の連携について

　これまでの職場復帰支援制度の流れの中には，どのステップにも欠かさず「主治医の意見を伺いながら」という言葉が登場してきた。確かに労働者の復職にとって，医療と企業が連携を図りながら進めていくことは必要ではあるが，現実には容易ではない。
　多くの主治医は，患者の働いている職場の状況（仕事内容，仕事の量的負担，職場風土など）を把握できないので，主治医にとっての「復職可能」とは，日常生活を送ることができるようになれば働けるであろう，と考えていることが多く，「もとの仕事ができるレベルまで回復した」と判断することは難しい。また，主治医は，診察時の患者からの情報を頼りに診ているため，

たとえば患者が「上司からのパワハラが原因で調子が悪くなった」と訴えれば，主治医は患者の再発を懸念し，「職場を変えたほうがいい」と判断することもある。

特に，企業側が主治医との情報交換を求めるのは，復職可否判定の時期である。主治医が復職可能と判断した段階で，企業側は主治医に対し「復職に関する情報提供書（お伺い状等）」という書面で，本人の休職にいたった経緯から回復過程，復職可能となる根拠などを求めることが多いが，医療側は本人保護の観点から，情報開示に関しては慎重であり，企業側の欲しい情報や詳細を得られないこともある。

このように限られた情報の中でもとの仕事ができる状態か否かを判断することは，企業側の産業医にとっても容易ではない。また，最終的な判断をする人事関係者が，本人の病前適応（たとえば労務問題が多発している場合など）を把握している場合，医師の復職判断に抵抗を示すこともある。

復職判定で重要なことは，「労働者が元の職場で働けるレベルに回復しており，復職後も継続的な労働力を提供できる状態」にあるかどうかであり，この状態こそが，企業は安心して受け入れることができ，本人も気負いなく組織の一員として受け入れられるのである。そのためには，復職判定に関する企業側の見立てと医療側の見立てが，ある程度一致していることが望ましく，医療と企業が「本人の復職支援」という同じ目的の中で情報交換をすることが有効であろう。

このような課題に対し，本人の同意の下，医療と企業が本人の復職支援という同じ目的の中で「今，それぞれの立場から何を伝えておくべきか」という情報交換をする場を定期的に設け，休職中から，復職，復職後のフォローを一貫して支援している機関が少数ある（小瀬木ら，2015）。医療側からは休職者の体調面，回復レベル，復職に向けての課題の取り組み状況，企業側からは時期を見て復職後の職場の受け入れ状況などを事前に情報交換している。こうした連携により，復職する本人も安心することができ，受け入れる側も，今後本人に対してどんなサポートをしたらよいのかを把握でき，結果的に復職成功率（＝復職後の就業継続率）につながっている。

●職場復帰支援に関するQ＆A

Q1：休職期間中の本人との連絡のとり方の注意点は
A：休職期間中は，本人がしっかりと休養が取れるよう配慮することが必要であり，不用意に職場から刺激はしないことが望ましい。特に，職場の上司や同僚が，業務の引き継ぎや仕事内容について連絡を取り合うのは慎重に行うべきである。休職中の社員に対して，定期的に面談（上司の家庭訪問も含む）している会社があるが，その場合は主治医に確認するとよいだろう。（休業中の産業医面談にて症状が増悪したケースもある）

Q2：復職直後の本人にはどのように接すればよいか
A：復職者に対しては就業上の配慮（残業や軽減業務など）がなされていることも多いため，過剰な遠慮や心配はしなくてもよい。逆に腫れ物に触るような対応はかえって本人を傷つけることもある。他の従業員と同じように接し，「特別扱い」しないことを周知しておく必要がある。ただし，通院への配慮（継続できるような業務上の配慮）は徹底しておくことが望ましい。

Q3：休職と復職を何度も繰り返す社員に対してどう扱えばいいか

A：うつ病は再発を繰り返すほど，次の再発が起こりやすくなる。そういう意味でも初回の職場復帰は慎重な判断が必要である。ただし，反復性うつ病，双極性障害のように，周期的に抑うつエピソードが繰り返され，休職にいたることが予測される場合は，不調のサインが見られたら早めに休職を勧め，安定した状態が確認できたら，職場の受け入れ態勢を調整し，職場復帰を勧めるべきである。いずれにしても主治医の医学的判断を前提とする。

●まとめ

職場復帰支援を行ううえでの必須条件について，廣（2011）は，①取り組みに関わる専門職としての心の専門家（産業医，保健師，看護師，心理職）の知識や技術，②その活動を支える職場復帰支援システム，③それが機能するための基盤となるメンタルヘルスに関して理解のある職場風土の3つをあげている。この中で特に③は職場復帰支援を円滑に進めていくのに大切な視点であると述べている。メンタルヘルス不調は誰にでも生ずる可能性のあるものとして，自然に取り組まれ，他の健康障害と比べて過度の配慮や特別扱いが行われないよう，基本的な知識が事業場に浸透していることが大切である。

職場復帰支援（三次予防）は一次予防，二次予防に比べて緊急性や対応の必要性が高いため，企業においては，メンタルヘルスの取り組みの中では優先順位が高くなりがちである。しかし，本来は職場で不調者が出ないことが大切であり，職場風土作り（一次予防）にも力を入れなければならない。日頃から挨拶が飛び交い，風通しの良い職場では，不調者が出た場合も早期発見，対応（二次予防）がスムーズに行われ，結果的に職場復帰支援も円滑に進みやすくなるものである。そして，二次，三次予防を確実に行うことによって関係者との信頼関係が生まれ，職場風土作り（一次予防）のキーパーソンが育つことに還元される。

昨今，休業にいたった背景に，職場の人間関係での問題をあげる人が多くなっており，配置転換が最終的な解決手段になってしまうことを防ぐためにも，今後の職場復帰支援における質の向上には，一次予防の強化が欠かせないと筆者は感じている。

引用文献

廣　尚典（2011）．How to産業保健③メンタルヘルスどう進める？職場復帰支援の実務　財団法人産業医学振興財団

厚生労働省　中央労働災害防止協会（2009）．改訂　心の健康問題により休業した労働者の職場復帰支援の手引き

小瀬木尚美・米村高穂・木倉由紀子・黒野和将・吉野　要・飯島徳哲（2015）．医療と企業の連携による復職支援「企業外来」8年間の復職率，再休職率の検討　産業精神保健，23（3），212.

斉藤政彦（2014）．メンタルヘルス不調者の職場復帰とは―産業医としての立場を中心に　産業保健（IMH）研究所，5，3.

高尾総司・井家克彦（2010）．考察「しごとと健康」5．不完全労務提供の取り扱い　健康管理，40-41.

田中克俊・鎌田直樹（2008）．職場復帰支援に関する職域のニーズ調査研究　こころの健康科学研究事業　リワークプログラムを中心とするうつ病の早期発見から職場復帰に至る包括的治療に関する研究（主任研究者：秋山　剛）総括・分担研究報告書　pp.99-118.

牛田光昭（2011）．トヨタ関連部品健康保険組合　セルフリワークプログラム

4 心理教育

三宅美樹

　産業領域における心理教育の実施機会は，心身ともに健康に働いている管理監督者を含むすべての労働者を対象とした，メンタルヘルスに関する教育研修・情報提供がそれにあたる。厚生労働省は「労働者の心の健康の保持増進のための指針[1]（以下，メンタルヘルス指針）」（2006）において，事業者が積極的に取り組むべくメンタルヘルスケアの具体的進め方の一つとして，「メンタルヘルスケアを推進するための教育研修・情報提供」を公示している。

●メンタルヘルスケアを推進するための教育研修・情報提供

　メンタルヘルス指針によると，労働者にはセルフケアを，そして，管理監督者にはラインによるケアを促進するために，教育研修・情報提供に以下の内容を取り入れるよう指示している。

(1) 労働者への教育研修・情報提供
　①メンタルヘルスケアに関する事業場の方針
　②ストレスおよびメンタルヘルスケアに関する基礎知識
　③セルフケアの重要性および心の健康問題に対する正しい態度
　④ストレスへの気づき方
　⑤ストレスの予防，軽減および対処方法
　⑥自発的な相談の有用性
　⑦事業場内の相談先および事業場外資源に関する情報

(2) 管理監督者への教育研修・情報提供
　上記の①～⑦を含める。
　⑧職場でメンタルヘルスケアを行う意義
　⑨管理監督者の役割および心の健康問題に対する正しい態度
　⑩職場環境等の評価および改善の方法
　⑪労働者からの相談対応（話の聴き方，情報提供および助言の方法等）
　⑫心の健康問題により休業した者の職場復帰への支援の方法
　⑬事業場内産業保健スタッフ等との連携およびこれを通じた事業場外資源との連携の方法

---

[1] 本指針は，労働安全衛生法の規定に基づき，事業場において事業者が講ずるように努めるべき労働者の心の健康の保持増進のための措置（以下，メンタルヘルスケア）が，適切かつ有効に実施されるよう，メンタルヘルスケアの原則的な実施方法について定めているものである。

⑭セルフケアの方法
⑮健康情報を含む労働者の個人情報の保護等

(3) 教育研修・情報提供の開催について

　教育研修・情報提供の開催には，(ア) 事業場内産業保健スタッフ等[2]) が企画立案から準備や講師まで担って事業場内施設で開催する，(イ) 事業場内施設に社外の専門講師を招いて行う，(ウ) 事業場外資源が実施する教育研修に参加する，などがある（表Ⅲ-4-1）。
　望ましい開催は，当該事業場の実状や内情を理解・把握している事業場内産業保健スタッフ等が，それぞれの立場と役割から講師を担い，メンタルヘルス指針に則ったうえで，従業員のメンタルヘルスの状況に応じた心理教育（表Ⅲ-4-1⑯）を盛り込んだ教育研修・情報提供として行うことである。心理教育について，宮崎（2013）は「健常者がwell-beingになるために，心理学で培ってきた知識・技術を教えること」と述べている。

表Ⅲ-4-1　メンタルヘルスに関する教育研修・情報提供の概要（厚生労働省，2006をもとに筆者が作成）

開催場所	事業場内施設		事業場外施設
講師	事業場内の産業保健スタッフ等	事業場外資源の専門家	
プログラム	(ア) ①～⑮・⑯	(イ) ①～⑮	(ウ) ②～⑥・⑧～⑬

●階層別メンタルヘルス教育研修の実践例

　ある企業で行われている階層別メンタルヘルス教育研修を紹介する（図Ⅲ-4-1）。この企業では，従業員のメンタルヘルス支援活動に従事する産業保健スタッフが，全員臨床心理士であることから，メンタルヘルス教育研修の講師も臨床心理士が担っている。階層別に教育研修を行う理由は，1つにメンタルヘルス指針に，一般労働者と管理監督者ではプログラムが異なると明示されていること。もう1つは，組織内キャリア発達に段階があり，それぞれの発達段階には課題があること（金井，2007）が指摘されているためである。キャリア発達の段階に応じた教育を展開することによって，課題と向き合う機会を作っている。それが，メンタルヘルス不調の予防につながっていると考えている。つまり，心理教育を実施することは公衆衛生の一環であり，一次予防活動である。

(1) 階層別メンタルヘルス教育研修とプログラム

　一般社員（新入社員）と職制（現場における初級監督者・係長級や課長級の中間管理監督者・部長級の上級管理者）に分け，4階層別の教育研修を実施している。
　上級管理者は，当該企業のメンタルヘルス支援活動に対する考え方や方向性，今後の展開に影響を持つ立場にいるため，外部専門機関の精神科医や心の専門家等を講師とする講演会を設けている。そして，国や社会のメンタルヘルスの現状や動向など最新情報を，上級管理者に提供する機会と位置づけている。

---

2) 業場内産業保健スタッフ等とは，心の健康づくり計画の実施にあたり中心的な役割を担い，産業医，衛生管理者，保健師，心理職，精神科医の他，人事労務スタッフが兼任している場合もある（メンタルヘルス指針，2006）。

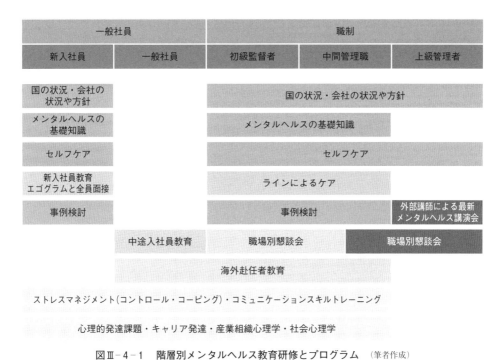

図Ⅲ-4-1　階層別メンタルヘルス教育研修とプログラム　（筆者作成）

(2) 企業におけるメンタルヘルス不調の階層別架空事例から

　階層別メンタルヘルス教育研修のプログラムには，それぞれの階層に見られがちなメンタルヘルス不調に陥る架空事例を提供することで，メンタルヘルス不調の予防につないでいる。その方法として，以下の事例を示しながら，それらに必要な心理学・組織内キャリア発達段階の専門的知識の【内容】を説明している。

1）新入社員
●現場作業者　工業高卒
　高校時代に学業が優秀であっても，仕事（作業）の成果につながらないことがある。昼夜交代勤務の場合，まったく同じ作業をしている反対直の同期社員の仕事ぶりが窺われることにより，自らその違いを知ることになる。職場の上司や先輩達は，新入社員が作業に慣れるまでに時間がかかることや，慣れていく過程には個人差があることもわかっている。しかし，当該者は，作業手順の覚えが悪かったり作業が遅かったりすることで，自らを卑下して追い込んでしまうことがある。自分で自分が情けなく，誰にも相談できず一人で抱え込んでしまいがちである。そのうち徐々に気持ちが減入っていき，出勤を渋るようになり，遅刻や突発休業をするようになる。
　【内容】リアリティショック，組織社会化，ソーシャル・サポートについて説明し，社内の相談窓口を紹介。

●技術者　大卒
　技術職として入社した社員が，開発部門に配属されて，あるプロジェクトを先輩社員ととも

に任された。当初は先輩を見習っていたが，そのうち，業務遂行に対する考え方や取り組み方に違和感を持つようになった。しかし，コミュニケーションを取ることが不得手で，上司や先輩に自分の考えや思いを伝えることができず，そのまま業務を続けているうちに，不満な気持ちが業務態度に出るようになった。先輩からその悪さを指摘されたことで，ますます先輩との仕事が嫌になり，気分が滅入ることから遅刻や早退をするようになった。

【内容】職場の人間関係，対人葛藤，アサーション

2）管理監督者

●現場作業の管理監督者　30代後半

　工業高卒で入社以来長年，作業者として従事してきたが，昇格したことによりデスクワークが中心の監督者になった。主な業務は，部下に指示して計画どおりの生産性を維持することと，上長への業務報告資料の作成である。したがって，一日の前半は現場を見回るが，後半はデスクワークになる。パソコン操作や要領を得た資料の作成が苦手な当該者にとって，職制業務は苦痛でしかなかった。作業も自ら行うことには慣れているが，部下に指示することが不得手で，計画から実績をあげることに苦心していた。

　しばらくして，生産性の未達と資料の完成度の低さに，上長から注意されたり叱責されたりするようになった。昇格したときは嬉しかったが，今は昇格しなければよかったと後悔するようになる。しかし，家族にも誰にも弱みを吐くことができず，徐々に寝つきが悪くなっていき，睡眠不足から出社も辛くなっていった。

【内容】組織内キャリア発達の段階と課題について（加藤，2014）

●デスクワークの主任　30代前半　男性

　同期入社の中で一早く，部下を持たない「主任」という職制に昇格した。業務内容は昇格前と大きな変化はないが，それまで上司に確認しながら遂行していた業務を，今後は後輩と一緒に自分が主となって遂行することになった。上司ではないが先輩として後輩の育成も任されるし，何より業務に対する責任も伴った。しかし，後輩と一緒に仕事をすることと後輩育成の関連がよくわからないまま，アウトプットを優先して単独業務に没頭してしまいがちだった。しばらくして，後輩がメンタルヘルス不調で休業に入ったことにより，当該者はショックを受けるとともに，自分の何が悪かったのかがわからず混乱した。

【内容】組織内キャリア発達の段階と課題について，職場のコミュニケーション

(3) 管理監督者対象メンタルヘルス教育研修の実践例

　表Ⅲ-4-1の（ア）について，ある企業が行っている管理監督者を対象とした「メンタルヘルス研修会"こころの健康"教育」を紹介する。

●概要

受講対象者：新任係長級社員，1回につき15名程度

　※講師が全受講者の顔と名前を覚えたり，4〜5名ずつのグループになったときに対応できる人数

受講時期：昇格した年

※初めて部下を持つ立場になり，マネジメントが始まる
時間：7時間（9時から17時）
　　※表Ⅲ-4-1（ア）を実施するために，最低必要な時間
場所：企業が持つ教育研修施設
　　※受講者が業務から離れて教育研修に集中するため，職場から遠く離れている施設で実施
講師：企業内産業保健スタッフの臨床心理士2名ずつが交代で担う

●プログラム
 9：00　開催職場の職制による「こころの健康研修会」開会の辞
　　　　　　メンタルヘルスケアに関する会社の方針を開催職場の職制より説明
　　※職制からの説明によって，会社側のメンタルヘルスに対する取り組み姿勢が受講者に伝わりやすく，動機づけが高まる
　　　説明　・厚生労働省の調査結果から国のメンタルヘルスの状況
　　　　　　・会社のメンタルヘルスの現状（精神疾患による診断欠勤者数，相談室利用者数等）
　　　講義　・職場でメンタルヘルスケアを行う意義について
　　　　　　・セルフケアの重要性とこころの健康問題に対する正しい態度
　　　　　　・ストレスとメンタルヘルスケアに関する基礎知識
　　　　　　・ストレスへの気づき方
　　　　　　・ストレスの予防，軽減およびストレスへの対処の方法
　　　　　　・自発的な相談の有用性
　　※（休憩）約80分間の座学の後に，10分間の休憩を入れる
　　　　　　集中力確保のため，座学は60〜80分間まで
10：30　受講者による自己紹介
　　※自己紹介は受講者全員が輪になって行うので，休憩中に各自で椅子を移動しておく
11：00　講義　・管理監督者の役割とこころの健康問題に対する正しい態度
　　　　　　　・管理監督者としてのセルフケアの方法
　　　　　　　・職場環境等の評価及び改善の方法
　　　　　　　・部下からの相談対応（話の聴き方，情報提供および助言の方法等）
12：00-13：00　昼休憩
13：00　説明・こころの健康問題により休業した部下の職場復帰への支援の方法
　　　　　　・健康情報を含む従業員の個人情報の保護等
　　　　　　・企業内産業保健スタッフ（臨床心理士），および事業場外資源との連携の方法
　　　　情報提供・企業内の相談先および事業場外資源に関する情報を伝える
　（休憩）5分間
　　※次のプログラムに入る切り替えのためにトイレ休憩程度を入れる
14：00　グループワーク　・架空事例からセルフケアとラインによるケアを学ぶ。
　　※4，5人ずつのグループに分ける。上司が健康でなければ，部下へのラインによるケアはできない。上記（2）のような事例を通して，メンタルヘルス不調に陥る要因を考えてもらうことによって，セルフケアとメンタルヘルス不調に陥った部下に対する上司としての対応方法を学ぶ。

15：30　講義とグループワーク　ワーク・ライフ・バランス，組織と組織感情，ワーク・エンゲイジメント，レジリエンス，等

※職場活性化や組織としてメンタルヘルス不調の予防につながる取り組みについて講義した後，ワークシートを用いて，受講者が望む職場や働き方について考える。記入後は受講者間で共有し，参考にし合う時間を持つ。

17：00　質疑応答，アンケート記入，閉会の辞

　本来は心身ともに健康な労働者が，それを保持増進することに重きが置かれる教育研修が望ましい。しかしながら，実際はメンタルヘルス不調者への支援や復職支援関連の内容が多くなったこともあった。すると，受講者である管理監督者の中には，職制としての大変さばかりが強調されると感じる人もおり，「管理監督者にではなく，一般従業員にもっとセルフケア教育をしてほしい」「従業員のストレス耐性を上げる教育をしてほしい」と言う声が上がっていた。そこで，教育研修の内容を見直し，上司として働く意欲があがった，あるいは自分自身の生活全般に対して明るい気持ちになれた，など前向きな気持ちを持って教育が終われるよう，プログラムを考案している。

　この企業の特徴は，内部事情を知る社員である臨床心理士がメンタルヘルスケア活動全般に関わっていることである。日々の業務からみえる当該企業のメンタルヘルスの状態をアセスメントして課題を見出し，メンタルヘルス教育研修の中でそれらを題材として活かした心理教育を展開している。

(4) 産業領域における心理教育

　精神疾患による休業者や退職者の増加等から（厚生労働省，2012），産業領域において心理教育（窪田，2015）の必要性や重要性は拡大していると思われる。メンタルヘルス対策のスタートは，二次・三次予防だったが，近年はそれら予防とストレスチェック制度を含んだ一次予防を両輪とする施策が望まれ推進されていることから，心理教育のさらなる充実が求められている。

引用文献

金井篤子（2007）．キャリア発達　山口裕幸・金井篤子（編）　よくわかる産業・組織心理学　ミネルヴァ書房　pp.76-97．

加藤容子（2014）．女性のキャリア　加藤容子・小倉祥子・三宅美樹（著）　わたしのキャリア・デザイン　ナカニシヤ出版　pp.85-113．

厚生労働省（2006）．労働者の心の健康の保持増進のための指針

厚生労働省（2012）．平成24年労働者健康状況調査

窪田由紀（2015）．危機への心理的支援―危機介入から心理的支援へ　金井篤子・永田雅子（編）　心の専門家養成講座②　臨床心理学実践の基礎その2　ナカニシヤ出版　pp.75-90．

宮崎圭子（2013）．サイコエデュケーションとは　宮崎圭子（著）　サイコエデュケーションの理論と実際　遠見書房　p.18．

5

危機介入

藪本啓子

●産業領域で必要とされる危機介入

　私たちは日常生活においてストレスを感じる出来事が起きたとしても，何らかの問題解決方法でその場を乗り越えている。しかし危機状況を招く可能性のある出来事[1]が突然起き，それが個人あるいは集団にとって想像を越えるものであった場合，これまでとってきた問題解決の方法では乗り越えられず，心身の安全を守れないこともある。このような状況に対し介入を行うことは，事態を現状より悪化させないための予防的な意味を持っており，心の専門家が担う重要な役目でもある。

　臨床心理士が日々の活動の中で，クライエント（職員，患者）が危機的な状況に陥り，病院や企業内の現場では緊急に介入を要する場面（たとえば大量服薬や自殺をほのめかすなどで入院を勧めるなど）に遭遇することがある。この場合，誰のために危機介入をするのかといえば「クライエント」であり，何のために介入するのかと言えば，「クライエントの命を守ること」や「クライエントの家族を安心させること」でもある。しかし産業領域における危機介入の在り方について考えた場合，個人のケアを目的とした介入だけではうまくいかないことが多く，その個人を取り巻く組織全体を視野に入れた介入が求められる。具体的に言えば，職場の従業員が労働災害で負傷したり，自殺をしたりした場合，その従業員が，つい先ほどまで組織の一員として一緒に働いていた以上，周囲の人が動揺しないはずがない。個人に起きた出来事が，個人やその家族に影響を及ぼすにとどまらず，職場の人の健康上の問題に発展することや，生産性や士気の低下などにつながることもある。したがって，万が一職場で危機的状況が起きた場合，臨床心理士は心の専門家として，直ちに危機介入の必要性を産業保健スタッフとともに検討し，行動に移せるように，日頃からリスクマネジメントの一環として常に臨戦体制を整えておく必要がある。

　この章では，産業領域において危機介入が必要とされる2事例を取り上げ，臨床心理士が「こころの専門家」という専門性を活かしながら，組織に対しては「誰に，何の目的で，何をするのか」という具体的なコンサルテーションをもとに，「自分の足」で現場に向い，行動できるよう，考察を加えていく。なお，以下の事例については，本人のプライバシー保護のため，本人が特定できないように配慮してある。

1）①ライフイベント（受験，転職，失業，離婚，出産等），②様々な暴力（いじめ，恐喝，虐待，DV，殺人，テロ，自殺等），③喪失体験（身近な人との死別）その他，自然災害，大規模事件，事故等がある。

●事例Ⅰ：職場で労働災害が起き，被災者救助に関わった社員に危機介入を行ったケース

(1) 災害が起きるまで

　Aは製造現場で勤続年数25年のベテラン技能職社員。その日の出勤時，妻と些細なことで口論となり，職場でもイライラした状態で作業を開始した。いつもは苦にならない安全装置を取り付けるのが面倒になり，「まあ大丈夫だろう」と作業を開始した。隣にいた入社2年目のB社員がAの不安全行動に気がつき，ちらちらとAのほうを見ていた。Aに迷いが生じたのだろうか，横を向いたその瞬間，プレス機がAの右肘の真上から直撃した。Bがすぐに駆け寄ってきたが，そのときすでにAの肘から大量の血が流れ，骨が露出する程の傷を負っていた。BはAのプレス機を持ちあげて挟まれている腕を引っ張り出したがうまくいかず，大声を上げて周囲に助けを求めた。しかし工場内は広く，鳴り響く機械音に救助の声がかき消され，一命は取り留めたものの，Aの救助は難航し，救急車が来るまでに30分も要してしまった。

(2) 災害後の職場の様子

　Aが救急車で運ばれた後，現場関係者と工場内の安全管理担当者によって現場検証が行われた。Bは救助活動を終えた直後で気分が動揺しているにもかかわらず，Aの被災までの状況を再現させられた。その晩，Bは眠りにつくことができず，「明日から自分はあの機械を動かせるだろうか」と強い不安が押し寄せてきた。翌朝，機械の前に立ったが足がすくみ，手の震えが止まらなかった。災害1週間後，Bは「Aの腕に障害が残った」ということを他の従業員から聞き，「自分の救助が遅かったからだ」と自分を責め，出勤時に頭痛や吐き気を催すようになり，出社することができなくなってしまった。出社してこなくなったBを心配した上司は，Bに電話をしたが，「体調が悪いので少し休ませて欲しい」と言うだけだった。Bの上司は健康管理センターの臨床心理士のもとへ「被災したのはAであるが，今は元気に出社している。しかしBが出勤してこなくなり，どう接して良いのかわからない」と相談された。

(3) どう見立て，どう介入したか

　臨床心理士は上司に，Bの「救済者」としての心的負担が大きくのしかかっている可能性について説明し，Bとの面接を依頼した。Bは臨床心理士との面接の中で，「自分の責任（スムーズな救助ができなかったこと）でAに障害が残ってしまったこと，今は機械を見るだけでも手が震えてしまうこと，仕事を辞めたい気持ちがあること」などを打ち明けた。面接を通して，Bが初めての災害現場を目の当たりにしたショックは大きく，自分の職場は常に危険と隣り合わせだったということに直面し，現実には向き合えない程の恐怖と不安が出現していたことが理解できた。臨床心理士は「急性ストレス障害（ASD）」の可能性も否定できないことから，メンタルクリニック受診を勧め，休養を取るよう促した。

(4) その後の経過

　Bは病院を受診し，薬物療法と心理療法を開始した。3ヶ月後には不眠などの症状も改善し，仕事に戻れるほどに回復した。職場復帰面談では臨床心理士の見立てのもと，産業医が人事部に「復職後は別の機械作業に従事したほうが良い」ことを提案した。人事部は上司と話し合い，復職後は別の機械作業に配置転換することが決まった。その後Bは会社を辞めることなく，新

たな気持ちで仕事に取り組むことができた。復職後は毎月一回，臨床心理士による復職後フォロー面接が行われた。Bは新しい機械作業にも慣れ，以前の職場の前を通り過ぎても不安や緊張が見られないことが確認された。また，自分が精一杯救助したことで被災者の一命を取り留めることができたのだと，これまで抱えていた自責の念から解放された。復職してから半年後が過ぎ，臨床心理士によるフォロー面接を終えた。

(5) 考　察

この事例は被災者の周辺で働いていた人に対して「二次災害」を防ぐことが主たる目的となった介入事例である。臨床心理士が行った企業内連携を示す（図Ⅲ-5-1）。

今回負傷したAは怪我の回復後，元職場で問題なく復帰できていたが，救助にあたっていたBは想像以上に心的影響が大きかった。その背景には，①安全装置を付けるように，と気づいてもAに言わなかったことへの後悔，②救助に時間を要し，対応が不十分だったと感じてしまった自責の念，③入社2年目で現場経験が浅く，初めての災害現場を目の当たりにしたことによるショックが大きかった，などがあげられよう。

労災が起きたとき，ついつい被災者のケアに目を向けがちであるが，救助に当たった人や現場を見ていた人など，組織にも影響を及ぼすことを，臨床心理士は現場で働く人たち（特に管理者）に向けて心理教育等を行う必要がある。今回介入が行われなかったら，職場上司はBの症状に目を向けられず，Bは退職したかもしれない。救助のために頑張ってくれた社員が退職すれば，「従業員を大切にしない会社」という印象を持つかもしれないし，相互援助，支え合いの精神が失われる可能性もある。つまりは，会社への不信感につながる可能性もある。臨床心理士の役目としては，負傷した人の心身の健康を確認しケアすることが第1ではあるが，同時に負傷者の周辺にも目を向け，現場に出向いて確認し，必要に応じて産業医，人事総務，職

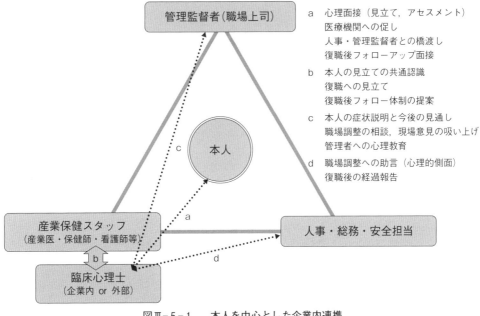

図Ⅲ-5-1　本人を中心とした企業内連携
（森崎，2011を引用，一部改変）

場上司との連携を取りながら，二次災害が起きぬようコーディネートの中心となって，働く人たち同士の「橋渡し」をすることが大切なのである。

●事例Ⅱ：職場の同僚が自殺をし，グループへの介入を行ったケース
(1) 自殺が起きるまで

　Cは高校卒業後，生まれ育った田舎を離れ，D県の企業（製造業）に就職し，会社の独身寮で生活を始めた。Cには地元の中学時代から付き合っていた彼女がおり，遠距離で交際を続けていた。入社して3年が経過し仕事にも慣れた頃，彼女が重い病気になったと知らされた。仕事の合間に連絡を取ったり，休日は田舎に帰り見舞いに行ったりしたが，彼女は数ヶ月後に亡くなってしまった。彼女の葬儀が終わりCは1週間後に職場へ戻ってきたが，何もやる気が起きず，仕事中も涙することがあった。Cは寮に住む親友Eに「彼女が死んでから何もやる気が起きなくなった」「いっそのこと死んでしまいたい」と漏らしていた。ちょうどその頃，上司から班長への昇格試験を勧められ，Cは「辞退したい」と断ったが，上司から「気持ちを切り替えて頑張れ」と励まされ，Cは職場に対して申し訳ない気持ちが増大した。同僚からも「一緒に班長試験を受けて頑張ろうよ」と声をかけられたが「今の自分には荷が重い」とCからは気のない返事が返ってきた。ある晩遅くに外出しようとしたCを見かけた寮の友人Eが声をかけると，「近くのコンビニへ行く」と言ったので，Eは気にも留めなかった。しかし，Cはその数時間後，電車に飛び込み命を絶った。

(2) 自殺が起きた後の職場の様子

　翌日のニュースと朝刊でCの自殺が取り上げられてしまい，職場では事実を隠す余地がなかった。Cの死を知った職場の同僚は動揺し，「何かできることはなかったのか」「自分が励ましたことで彼を追いつめてしまったのだろうか」「上司がプレッシャーをかけたのが良くなかったのではなかろうか」と自責感，無力感，憤りが湧いた。寮ではCの相談に乗っていたEが，「自分の言葉が引き金になってしまったのではないか」「コンビニに行くと言ったとき，引き止めればよかった」と強く責任を感じ，数日間寝込んでしまった。職場上司から，「Cのことで同世代の若い社員が動揺している。今の雰囲気では通常業務を遂行させられない。今後どう声をかけたらいいのかわからない」と健康管理センターに連絡が入った。産業医の指示で，Cを取り巻く関係者に対して，自殺の事後対応（ポストベンション）[2] 実施についての話し合いがもたれた。

(3) 産業保健スタッフはどう考えどう介入したか

　ポストベンションの主なながれ（例）を示す（図Ⅲ-5-2）。なお，この事例では企業内臨床心理士の動きを示しているが，外部臨床心理士（EAP等）においても，企業内の人事，総

---

[2] これまで一緒に働いていた人の自殺が突然生じると，遺された人々に様々な心理的反応が出現することがある。特に故人と親しい同僚や，前日に故人とかかわっていた人などは，自分の言動を責めたり，故人の異変に気付けなかったことを悔いたりする。比較的短期間で立ち直ることができる人もいれば，そうでない人もいる。表面上は比較的気丈に振る舞っていた人が，しばらくしてうつ病，不安障害，ASD（急性ストレス障害），PTSD（心的外傷後ストレス障害）などを発症し，精神科治療が必要になる人も決して少なくない。自殺が起きても，時が過ぎるのを待つだけでは心の回復には不十分な場合もあり，遺された人に対して適切なケアを行うことをポストベンション（postvention）という。

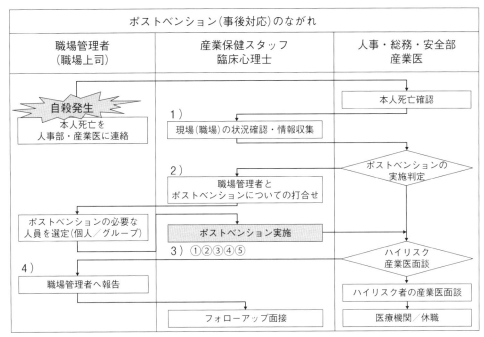

図Ⅲ-5-2　組織に対して行うポストベンションのながれ（例）

務部，産業保健スタッフと連携を取りながら職場へ介入していくことは可能であると考えられる。

1）ポストベンションの必要性の確認　職場上司から人事・総務部に本人死亡（自殺）の情報が入ったので，産業医の指示のもと臨床心理士は職場へ出向き，職場上司に状況確認を行った。同時に職場上司へポストベンションについての説明をし，この職場でポストベンションを行うか否か，その必要性について職場の考えや意見を確認した。職場上司は「故人の葬儀が終わった後，表向きは通常業務に戻ったが，何となく皆元気がなく，中には思いつめているメンバーもいるように感じる。かといってこの話を出しにくく，自分も部下に対して気を遣っている」と話された。臨床心理士は職場上司の情報からポストベンションの必要性を感じ，産業医，人事部に説明した。また，職場上司も実施に同意し，グループでのポストベンションを行うこととなった。本人と親しくしていた寮の友人Eに対しては部署が違うので，別日程を設けて個別の介入をすることとなった。

2）事前準備　職場上司とポストベンション実施日，グループのメンバー構成について打ち合わせを行った。開始時間は業務が少し落ち着く午後4時から終業時間までの1時間半とし，場所は医務室を使用することになった。若いメンバーと，中堅メンバーとは故人に対するかかわりや想いが違うことを想定し，別日程で行うことにした。また，ポストベンション実施後に万が一ハイリスク者がいた場合は，産業医面談の実施や必要に応じて医療機関への受診勧奨もあるなど，その後のフォローアップについて理解を得た。

3）グループでのポストベンション（実施方法）　産業保健スタッフ2名（進行役として

臨床心理士，記録係として医務室の看護師）で行った。

①グループで話し合う必要性とポストベンションについての説明，理解　はじめに産業保健スタッフから自己紹介をし，多忙な中，参加してくれたことを労い，本日集まってもらった目的，ここでの約束事（全員が安心して話ができるよう他の人の意見を非難，否定しない，ここでの話はこの部屋を出てから外部へ話さない）を伝えた。その際，参加者が「この場で色々聞かれ，何か探りを入れられるのではないか」と不安を持たれることのないように，あくまでも目的は「遺された人の心のケアであり，この場が事情聴取や犯人捜しではない」ことをしっかりと理解してもらうことが大切である。

②事実確認の統一　次に事実確認の統一を行った。自殺の経緯については，人によって認識が違っていたり，聞いた人の主観が加わっていたりすることがある。ここでは自殺の経緯について，会社が今の段階で把握している「事実ベース」を伝え，メンバー間で共通認識を持つことが大事である。進行役は，個人の考えや推測のように主観的にならず，淡々と事実を伝えることが大切である。

③心理的・身体的影響についての確認事項　次に参加者の現在の心身状態の確認を行った。同じ職場のメンバーとはいえ個人差があるため，誰が強く影響を受けているかを把握しておく必要がある。方法としては，全員に目を閉じてもらい，自殺が起こった後の心理的影響についての質問事項（図Ⅲ-5-3）を進行役が読み上げ，該当すると思われた質問に対しては，膝の上で軽く挙手をしてもらう。最後の質問が終わったら「ご協力ありがとうございました」と感謝の意を伝えることが大切である。記録係は，誰がどの項目に挙手をしたのかを記録する。この方法は他者の目を気にすることもなく本音が出やすいことと，ハイリスク者の選定がスムーズであり，その後のフォローに役に立つ。

④メンバー同士の自由な意見交換　次にメンバー同士の自由な意見交換を行った。今回の自殺は，故人のプライベートの問題がきっかけとなったことから，個人的に相談を受けていた

自殺が起こった後の「心理的影響」についての質問事項　教示：（目を閉じて下さい。該当する事柄があれば挙手をお願いします）							
質問事項　　　　　　　　　　　　　　　参加者	Aさん	Bさん	Cさん	Dさん	Eさん	Fさん	Gさん
①故人の自殺は自分にも責任がある気がし，罪の意識を感じる							
②同じ立場になったら自分も自殺するかもしれないと思う							
③そのことが起きる前と比べて仕事への意欲が湧かない							
④そのことが起きる前と比べて体調がすぐれない（不眠，食欲低下等）							
⑤今の職場で勤務を続けることに自信が持てなくなった							
⑥自分も自殺をしたいと考えることがある							
⑦今回の自殺に関して，以下の人にイライラを感じる a 自分／b 個人／c 会社（職場）／d 上司／e 同僚							
⑧現在の職場の雰囲気はどれに近いか（自分の主観的判断） 1）特に変わらない 2）何となくぎくしゃくしている 3）また何か起きそうな雰囲気がある 4）仲間を信じられない雰囲気がある 5）一丸となって悲しみを乗り越えようとしている							

図Ⅲ-5-3　自殺が起こった後の心理的影響についての質問事項

参加者が,「自分はCが落ち込んでいたので,遊びや飲み会に誘ってしまった。Cの気持ちをわかってあげられず後悔している」と開示した。その意見に対し他の参加者は「自分もその立場だったら同じように励ましていたと思う」と共感し,そこまで責任を感じる必要はないことを皆で分かち合った。また,Cが落ち込んでいるのに昇格試験を勧めた上司に一部非難が上がっていたが,他方,管理者としての業務であるために仕方がなかったのでは,という意見も上がり,上司を一方的に責めるのも良くないのでは,という意見に落ち着いた。最終的には,「プライベートのことは当人にしかわからない苦しみがある。しかしいつもと違う様子に気づいたら,まずは声をかけよう」という仲間意識が生まれた。

⑤**今後について,フォロー体制について**　最後に臨床心理士から,「今後個人的に相談したいことがあればいつでも連絡して欲しい」と伝え,会社の産業保健スタッフやメンタルヘルス体制についても紹介した。今後は,フォローが必要な人は個別に対応する,場合によっては産業医面談を勧めることを伝え,グループによるポストベンションは終了した。

4) **職場管理者へ報告**　職場管理者に対してポストベンション実施報告を行った。心配が予測されるメンバーを伝え,しばらくは様子を見て頂き,就業上に支障が出ることがあればすぐに臨床心理士へ連絡するようお願いした。また,1ヶ月後に臨床心理士が職場の状況,経過を確認することを伝え,すべての活動を終了した。

(5)　**考　察**

ポストベンションの本来の目的は「遺された人たちへの影響を可能な限り少なくする」ためのケアであるが,自殺が起きたからといってポストベンションをしなければならない,とポストベンション実施そのものが目的になってしまってはならない。このため職場で自殺者が発生した場合,臨床心理士はまず職場に出向いて管理職から現状をヒアリングし,ポストベンションを実施するか否かの判断,実施時期,介入方法など,その場の状況から「職場を見立てる力」が非常に重要となってくる。但し,控えたほうが良い場合もある。具体例としては,病気で長年休職中の社員が病気を苦にして自殺を図った場合である。家族はそっとしておいて欲しいと願うことが多く,職場でのポストベンションは控えることが望ましい。

実施の時期に関しては,「早すぎず遅すぎず」である。葬儀,遺族への対応などを終えた頃,おおよそ亡くなって2週間程が実施の目安であろう。あまり遅すぎると,「せっかく忘れかけていたのに今更思い出させるようなことをしないで欲しい」という現場からの抵抗に遭うことがある。

介入方法については,個別対応,グループ対応があり,それぞれメリット,デメリットがある(表Ⅲ-5-1)。特に故人と関わりが深かった者に対しては個別での対応が望ましく,出来事によって職場全体が活性を失い,メンバー同士が一丸となって気持ちを共感することが望ましい場合はグループ対応が良いだろう。なおグループのメンバーの構成は,職場を良く知っている管理職との事前打ち合わせが重要で,この段階で,年齢や職制を考慮し決めていくと,不必要な気遣いや遠慮が減少し,より一層効率的な発言,本音の吐露などがスムーズになり,自分への気づきや他者への配慮などがうまれ,グループ内のまとまりが向上する。

表Ⅲ-5-1　介入方法によっての考え方

	メリット	デメリット
個別対応	・時間をかけた丁寧な対応ができる ・不調の場合は即,その場で医療機関への受診勧奨ができる ・他の人には言いにくい気持ちを吐き出すことができる	・対象者がたくさんいた場合,フォローに時間がかかる ・他の人がどのような発言をしたのかがわからず不安になる ・職場のメンバーとの気持ちの共有ができない
グループ対応	・同じタイミングで気持ちの共有ができる 　(他の人がどんな気持ちでいるのかがわかる) ・みんなで乗り切ろうという一体感が生まれる ・不調者がいた場合,一度に把握できる 　(職場全体としての早期対応ができる)	・影響度の大きい人には耐えがたい場合もある ・職場に不信感があると,何も話せない ・グループ内に力関係があると本音を出しにくい ・自分だけが違った意見があっても,少数意見が埋もれやすい

●まとめ

　職場で危機的な状況が起こっても,日々の業務は「待ったなし」であり,どんなに悲しい,あるいは苦しい出来事が起きても,誰かが仕事を回していかなければならない現実がある。特に自殺は,最も人間の尊厳を失うことであり,個々人の思いや受け止め方も違うために,職場では易々と口外しにくい。また,この話題を出すこと自体不謹慎に思ってしまう人もいる。しかし組織で働くメンバーが命を絶ったのにもかかわらず,あえて触れることもなく時間が解決してくれることに期待し過ぎると,「こんなときでも仕事優先か」という職場に対する不信感が生じたり,組織の活性を失う可能性もある。もちろん危機状況が起きないに越したことはないが,このような機会を「今一度職場の在り方やメンタルヘルス教育について考えるきっかけ」として,健康で安全な職場づくりを心がけることが望まれる。

引用文献
独立行政法人　労働者健康福祉機構（2005）．職場における災害時のこころのケアマニュアル
森崎美奈子（2011）．産業ソーシャルワーク論　なごや産業心理臨床専門研究会　2011年度長期研修会資料
高橋祥友・福間　詳（2004）．自殺のポストベンション　医学書院

6

職場のハラスメント

内田恵理子

●ハラスメントとは

　セクシュアルハラスメント（「セクハラ」と略されて社会に認知された）という言葉がアメリカから日本に入ってきたのは1989年頃（この年の流行語大賞）だが，それによって，働く女性たちは，これまで感じてきた，何とも説明しにくい不快感や違和感を表現する言葉を得た。「このもやっとした，いやな感じはセクハラというのだ」と知ったことで，自分たちの辞書に新たな言葉が加わり，そのいやな感じを説明するために言葉を尽くす必要がなくなったのである。いくら説明してもわかってもらえない状況を，その一言で表現できるのは，画期的なことであり，1990年代を通して社会に定着していった。そして，1997年の改正男女雇用機会均等法で女性従業員に対する職場のセクシュアルハラスメントが禁止され，さらに，2006年の改正で男性従業員も保護の対象となり，性別に関係なく適用されることになったのである。

　セクシュアルハラスメントの概念が社会に定着すると，性的要素のないハラスメントも同じように扱う必要があるという考えから，パワーハラスメント（パワハラ）という言葉が認知された。職場の中で力を持つもの（上司等）が力の弱い者（部下等）に対し，そのパワーを武器に人格や尊厳を傷つける行為を指す。パワーハラスメントは，セクシュアルハラスメントのように法律の後ろ盾がないため，職場の対応には難しさがある。セクシュアルハラスメントには性的要素という特徴があって判断しやすいのに対し，パワーハラスメントは，通常の業務指導の範囲との線引きが難しく，判断に迷う場合が少なくない。話すこと自体が恥ずかしい，相談してわかってもらえるのか不安，などの理由で相談しにくいセクシュアルハラスメントに対して，該当するのかよくわからない（該当することに気づいていない場合も含む）ので相談しにくいのがパワーハラスメントである。いずれの場合も，相談に来る前に，一人で悩み苦しむ期間があり，もう限界だと感じて，やっとの思いでドアをたたく人がほとんどだという事実を知っておく必要がある。そのような人たちへの相談対応の場合，相談したことでさらに傷を深めること（セカンドハラスメント）だけは避けなくてはならない。どのような内容であっても，傷ついた体験や苦しい思いを理解し，寄り添う姿勢で，丁寧に対応することが大切である。

　心理職が職場のハラスメントの相談を受ける場合，一般的には2種類の立場がある。一つは社内に設けられたハラスメント相談窓口の相談員で，被害者と面談して，状況を把握し，会社が問題を解決する過程で調整役を担う。もう一つは社内の健康管理室や外部相談機関のカウンセラーで，被害者を心理的に支えて心身の回復と問題解決を支援する。それでは，事例をもとに，それぞれの立場の相談対応を具体的に解説する。

●社内のハラスメント相談窓口の相談員の対応

相談者の同意のもとに,相談内容は窓口の責任者に報告されて,解決のために必要なアクション(行為者や周囲へのヒアリングなど)が取られるが,窓口構成員の中で誰がどの役割を担当するかは,ケースバイケースであろう。相談を受けた相談員がヒアリングを行うこともあれば,別なスタッフが行うこともある。行為者の地位が高い場合などは,対等な立場でやりとりできる人材を選ぶ。相談員の役割は,問題解決のために状況を把握することなので,心理的な回復を目指すことに傾き過ぎないように気をつける必要がある。カウンセリングにおいて,問題を解決するのはクライアント自身であるが,社内の相談窓口の場合は,問題を解決するのは会社である。従って,相談員は,会社が雇用管理上の問題を解決するプロセスがスムーズに進むように,調整役を担う。カウンセラーの立場との違いをしっかり踏まえておきたい。

事例 A

Aさん(27歳 女性)は,今年度から念願の営業職になったが,指導役の先輩Bさん(30歳 男性)との間でハラスメントの問題が起きて,社内の相談窓口を訪ねた。相談員からは以下の説明があった。①相談内容はどこにも開示されないので,安心して欲しい。②あなたの同意があれば,調査をして,関係者からヒアリングをする。③会社は,調査とヒアリングの内容を検討して,ハラスメントに該当するか否かを判定し,該当する場合は必要な措置を講ずる。④以上のプロセスは,あなたの気持ちと意向を確認しながら進められる。

Aさんの発言

「4月から,Bさんについて顧客回りを始めました。Bさんは営業経験が長く,顧客の信用も厚いので,色々吸収したくて,できる限り行動をともにしました。7月に大きな契約がとれたとき,『祝杯をあげよう』とBさんに誘われて,二人で飲みに行きました。お酒が入ると,Bさんは,普段はなかなか聞くことのできない顧客の心を掴むこつを話してくれ,仕事に役に立つと感じたので,別れ際に,『とても勉強になりました。また誘って下さい』と言いました。それからは頻繁に誘われるようになり,用事があると断っても,いつならいいのかとしつこく訊かれて困っています。Bさんは個人的な関係になりたがっているようですが,私はそんな気持はありません。先日,Bさんに同行する仕事の予定があり,会社を休んでしまいました。気まずい関係になると仕事がやりにくいし,どうしたらよいか悩んでいます」

1)相談員が確認すべき事項 話を丁寧に聞きながら各項目を確認するが,質問攻めにしないように気をつける。
　①行為者は誰か?
　②問題の行為は,いつ,どこで,どのように行われたか?
　③相談者はどのように感じたか?
　④相談者はどのように対応したか?
　⑤誰かに相談したか?

2)相談対応のポイント 上記の事実確認を進めるにあたり,注意すべきポイントを以下にあげる。

①辛い思いを受容して共感する：双方から話を聞かないと事実判定はできないが，事の真相は別として，辛い思いをしていることは間違いないので，その気持ちを受け止める。
　→「せっかく念願の営業職になったのに，思いもかけないことが起きてショックを受けたでしょうね」「毎朝，行きたくない気持ちと闘いながら出勤するのは辛いですよね」
②信頼関係を作る：相談員を信頼して正直に話してもらわないと事実認定ができないので，相談者の気持ちを理解しようと努める。
　→「契約がとれたお祝いなら仕事上の懇親として通常あることですし，Ｂさんと飲みに行ったことは問題ではありません。勉強になると思ったあなたが，また誘って下さいと言ったことも，職場の同僚同士の会話として理解できます」
③体調を確認する：自分ではストレス状態にあることに気づいていないことが多いので，「眠れていますか？」「食事は美味しく食べていますか？」「体調で気になることはありませんか？」など，具体的な質問形式で確認するとよい。ストレス症状がある場合は社内の健康管理室につなぐ。社内に健康管理室がない場合は，外部の専門医を受診させる。いずれの場合も，冷静な判断ができる状態に回復した時点で，問題解決に入る。
④エンパワーメント：問題解決の過程で，行為者の発言が相談者の発言と食い違うなどでストレスを受けることも想定されるため，勇気を持って取り組む意識を持ってもらう。
　→「あなたは，相談に来たことで解決の一歩を踏み出しました。デリケートな問題で，話しにくい内容もあると思いますが，せっかく勇気を出して相談にいらしたのですから，一緒に解決しましょう。放置すれば，他にもいやな思いをする社員がでるかもしれないので，職場風土を変える必要があります。あなたに不利益が生じることのないよう細心の注意を払うので，ぜひ協力して下さい」
⑤セカンドハラスメントを防ぐ：行為者のヒアリングをするまでは，相談者の発言が事実であるかどうかわからないが，あくまで相談者を信じる態度で対応する。「相手の言い分を聞いてみないと事実はわからない」と，相談員が中立性を強調し過ぎたり，「はっきり断らなかったから，相手は勘違いしたかもしれない」と，行為者を擁護したりすると，相談者の気持ちを傷つけるので，慎重に言葉を選ぶ必要がある。

　3）行為者からのヒアリングのポイント　　Ａさんの同意のもとで，相談員はＢさんからヒアリングをすることになった。
①加害者扱いはせずに，協力を求める：事実が明らかになるまでは加害者であるかどうかわからないので，会社の調査に協力を求める姿勢で話を聞く。
　→「Ａさんからこのようなご相談があり，事実かどうか調査中です。お忙しい中恐縮ですが，いくつか確認したいので，よろしくお願い致します」
②相手の言い分を聞く：悪意はなく，軽率な意識や認識不足が招いたケースが多いため，相談に持ち込まれたことに対する戸惑いや今後の展開への不安があると思われ，そのような気持ちを受け止める。
　→「突然のことで驚かれるのも無理はありません。Ａさんはきっぱりと拒否をしたわけではないので，あなたは，断られたと思わなかったのかもしれませんね」「あなたに悪意がないことはよくわかりました。私たちは，事実に基づいて中立な立場で判断します」
③公正に事実を把握する：行為者は協力的でない場合が多いが，被害者と行為者のどちらかに

肩入れすることなく，客観的に事実を聞き取るように努める。
→「Aさんがまた誘って下さいと言ったので，あなたは，歓迎されていると思って何度も誘ったとおっしゃいましたが，2回目に誘ったとき，Aさんはどのような反応でしたか？　その時のAさんの言葉を思い出して下さい」

　4）その後の経過　　Aさんの申し立てとBさんのヒアリングの内容は社内のハラスメント判定委員会に提出された。通常，判定委員会は経営陣，部門長，労働組合などで構成される。そこで審議された結果，Bさんの行為はセクシュアルハラスメントとみなされ，Aさんと同じ職場で働くことは適切ではないと判断されて，Bさんは他部署に異動することになった。Aさんは安心して働くことができるようになったが，自分が申し立てた結果，Bさんのキャリアに傷をつけたのではないかという罪悪感が消えず，後味の悪い思いをしている。また，同じ会社にいる以上，今後，Bさんと顔を合わせることがないとは言えないので，それを思うと気が重い。一方，Bさんは，好意を抱いたAさんにアプローチするという個人的な行為が，異動という事態を招いたことにどうしても納得がいかない。多少強引過ぎたことは認めるが，独身者が社内で恋愛をしてはいけないのかという疑問が解けないままである。このように，セクシュアルハラスメントは，たとえ解決しても，当事者たちに深刻な傷を残す場合が多く，出来事が起きる以前の状態には戻らないところがやっかいである。そのことを鑑み，相談員は，問題解決の過程で，心理職として，被害者と行為者の双方に心理教育を行う必要がある。たとえば，被害者に対しては2）で記したような共感的理解やエンパワーメントを通して罪悪感を払しょくする。一方，行為者に対しては，セクシュアルハラスメントへの理解を促し，職場の人間関係の中では誰しも「ノー」が言いにくいことや，明確な承諾でない限りは拒否の意味もあるなどを伝えて，コミュニケーション力の向上を図る。円満な解決はあり得ないのがセクシュアルハラスメントの特徴なので，会社は，日頃から従業員の意識啓発に努め，未然防止のための教育を実施すべきであり，その担い手は相談員である。相談窓口で待つのではなく，積極的に職場に出向いて啓蒙活動を展開するなどして，顔の見える相談員になることを心がけたい。

●社内の健康管理室のカウンセラーの対応

　カウンセラーの場合は，クライアントのゴールがどこにあるかを把握して，そのゴールに向かって支援する。会社の相談窓口に解決を求めるのか，あるいは，自力で解決したいのかなど，複数ある選択肢の中で，クライアントのストレスの度合いや問題解決能力に従って，到達可能なゴールを設定するのである。

事例C

　Cさん（35歳　男性）は前上司から，管理職を目指すように言われて指導を受けていたが，3ヶ月前に前上司が異動すると，新上司のD課長から厳しい指摘をされるようになった。連日の叱責に参ってしまい，不眠が続き，食欲も落ち，頭痛やめまいがひどいので，健康管理室のカウンセラーを訪ねた。

Cさんの発言

「D課長は私のやることをすべて否定します。皆の前でこてんぱんに言われることもありますし，会議室に呼び出されて長時間説教されることもあります。『こんなレベルで，本当に前の上司から管理職を目指せと言われたのか？』『一体どうすれば君を管理職にできるのか，途方に暮れる』などの言葉が繰り返され，私は黙って聞くだけです。前の上司には評価されていたので，それなりに自信もありましたが，最近は，自分は能力がないのかもしれないと思うようになりました。D課長は，管理職にするための指導だと言いますが，今は，管理職としてやっていく自信もなく，目指したい気持ちも薄れてきました。よく眠れないので体がだるく，食欲もありません。毎朝，今日は何を言われるかと思うと，会社のゲートを入るときに胸が苦しくなります」

1）カウンセラーの対応のポイント

①辛い気持ちを受容して共感する。：心理的支援の基本的態度である。
→「前の上司から認められていたのに，全てを否定されるのは辛いでしょうね」「毎日極度の緊張が続いて，気持ちが疲れきってしまいますね」

②信頼関係を構築する。：①同様，基本的態度である。
→「前の上司が管理職への挑戦を勧めたのですから，適性はあるはずです」「上司が変わったことであなたの能力が変わるはずはありません」

③体調を確認する：ストレスケアはカウンセラーの役割なので，ストレス症状がある場合はそのケアを優先する。症状が深刻な場合は，専門医を受診させる。
→「眠れない日が続くと，思考力や体力が落ちてくるので心配です。専門医を受診すれば改善するので，まずきちんと眠れるようにしましょう。体調が回復すれば，問題を解決するための気力が出てきますから，それから一緒に解決に取り組みましょう」

④罪悪感や自責の念のケア：被害者特有の心理として，自分の言動が問題を誘発したと思い込む傾向がある。その気持ちが問題解決の妨げにならないように，「あなたは悪くない」というメッセージを，繰り返し伝える必要がある。
→「あなたは，自分の力不足なので厳しい指導はしかたないとおっしゃいますが，仮に力不足であったとしても，通常の指導の域を超えた言動はハラスメントにあたります」
「D課長は，期待しているから厳しくするのだと言うそうですが，どのような理由があろうと，人格を傷つけることは正当化されないのですよ」

⑤問題解決への道筋をつける：職場内の力関係や利害関係が絡む問題を，自力で解決するのは困難なので，社内に相談窓口があれば，そちらにつなぐ。
→「お話の内容はハラスメントに該当すると思われるので，会社の相談窓口に相談してはいかがですか？ 公正に判断して，行為者への注意勧告や必要な措置を講じてくれますし，相談したことであなたに不利益が生じることは絶対にありません」

⑥社内相談窓口への相談を望まない場合：法律の規制がないだけに，窓口に相談するのをためらうことも多いので，その場合は，上位上司や信頼できる人物に相談することを勧め，健康管理室で心理的なサポートを継続する。
→「一人で悩んでいると気持ちが疲れてくるので，部長に相談されてはいかがでしょうか？ 他にも信頼できる方がいれば，相談するほうがよいと思います」「連日の緊張で疲労が溜

まっているので，仕事は早めに切り上げて，休息の時間を十分とって下さい」
「仕事が終わったら会社のことは考えないようにして，脳を休めましょう。リラクゼーションや呼吸法も緊張をゆるめるには有効です」

2）その後の経過

　カウンセラーの勧めでメンタルクリニックを受診したCさんに，主治医から1ヶ月休業の診断書が出た。Cさんの同意を得たうえで，カウンセラーが産業医に経緯を報告すると，Cさんの同僚2名が，産業医の下に，D課長の言動が厳しいと相談に来ていることが判明した。複数の部下が困っているので，産業医は，Cさんと同僚2名の同意を得て，D課長の上司のE部長に相談内容を伝えて，部署としての解決を求めた。E部長がD課長に事実を確認すると，D課長は，「Cさんは自分の意見を言わないので，そんなことでは管理職になってもうまくいかないと思い，上司として焦っていた。しかし，体調を崩す程に参っているとは思わなかった。なんとしてでも管理職にしなければという思いが行き過ぎてしまった」と説明した。E部長は，その指導がパワーハラスメントにあたることを伝えて，D課長に反省を促した。部署で検討した結果，D課長は部下なしでプロジェクトの専任とし，別の課長がCさんのグループを管理することになった。そのことを知ったCさんは，順調に回復して1ヶ月後には復職したが，管理職へのチャレンジは少し先にしたいと申し出たため，現在は本来の業務に専念している。Cさんが復職する際に，E部長は，自分の管理が行き届かずにCさんが休業にいたったことに対して謝罪し，D課長が反省していることを伝えると，Cさんは，「熱心な指導が行き過ぎたということなら，反省していただければそれでいいです」と言うので，この件は終結した。

　企業の中には様々なリソースがあり，心理職はそれらを活用して問題解決を図ることができるので，日頃から連携体制を構築して，チームで活動することを心がけたい。組織の特性を十分に理解したうえで，専門家としての知識と経験をもとに，連携できる人々と協働することで，産業領域で働く心理職としての真価が発揮できるのである。

7 職場における連携

緒方一子

●はじめに

　心の専門家が産業心理臨床領域で行うメンタルヘルス対策は研修などによる予防,早期発見・早期対応,メンタルヘルス不全者への対応,復職者へのサポートなどである。心の専門家が事業所内でこれらメンタルヘルス対策をスムーズに講じるためには関係部署と連携を取り情報の共有化を図ることが必要である。森崎(2006)は健康管理部門,人事・労務,職場の三位一体(図Ⅲ-7-1)で連携することが基本だと述べている。

　心の専門家が連携を行わなければならない対象は健康管理部門(産業保健スタッフなど),人事・労務,職場の管理職,労働組合,家族,外部の医療機関などがあげられるが本章では企業内の対象者に限定して連携について述べることにする(図Ⅲ-7-2)。

●健康管理部門との連携

　心の専門家が必ず連携をしなければならない対象は健康管理部門である。しかし各事業所の事情により健康管理体制は異なるために連携についても一定ではない。大規模事業所で健康管理部門に常勤産業医が複数と精神科専門医(心療内科医),産業看護師,産業保健師が配置され,さらにカウンセリングルームが設置され心の専門家が常勤している場合などは従業員の健康管理については身体的問題と精神的問題について分担され,それぞれ専門家が担当している場合が多い。身体的問題について産業医を中心として産業看護師と産業保健師が担当し,精神的な問題については精神科専門医(心療内科医)が担当する。職場の人間関係や仕事への適応などの問題がある場合には心の専門家がカウンセリングを行う。つまり事業所内の各専門家がその

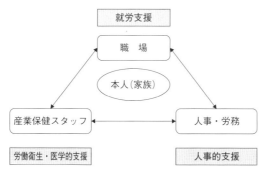

図Ⅲ-7-1　関係部門の連携　三位一体のシステム (森崎, 2002)

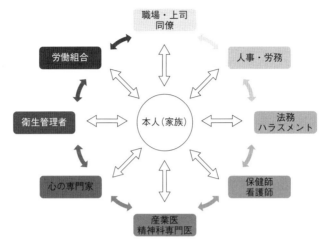

図Ⅲ-7-2　企業内での連携

専門性を発揮して連携を取り合っている。

　一方，小規模事業場では産業医が非常勤で，産業看護師あるいは産業保健師が1～2名常勤している場合が多く，心の専門家においては月に1回程度の非常勤契約を行っている場合が一般的である。このような場合においては常勤の産業看護師，産業保健師が従業員の心身両面の健康問題の対応をすることになるのでその負担は大きく，非常勤の心の専門家との連携は不可欠であり，対応の難しい事例については意見を求められることも多い。いずれのパターンであっても心の専門家との連携を要する問題は少なくない。

　心の専門家と健康管理部門が連携を必要とする理由の1つは「3つの予防と4つのケア」が職場メンタルヘルス問題を考えるうえで重要であるとされているからである。たとえば第一次予防はメンタルヘルス不調者を出さないための職場環境づくりのことであり長時間残業をさせない風通しの良い人間関係作りや管理職・新入社員を対象としたメンタルヘルス研修などがあげられる。これら一次予防は心の専門家が得意としている分野であり日頃の臨床経験を踏まえて担当するので臨場感がある。心の専門家は研修終了後にアンケートを実施し，その結果について産業医，精神科専門医（心療内科医）など健康管理部門にフィードバックし，メンタルヘルス対策に活用できるように改善点などを提示し連携を図る。

　次に二次予防においての連携では長時間残業者面接や健康診断でのストレステストの得点が高い従業員について健康管理部門から心の専門家にカウンセリングの要請がある。カウンセリングの結果については健康管理部門に該当従業員の了解を得た範囲において情報を提供し共有化を図る。三次予防はメンタルヘルス不調から回復した従業員を再発させないための対策である。

　これに関しては復職支援の手引き（厚生労働省，2009）を参考に復職制度を設けている事業所も多く休職者が円滑に仕事に復帰して適応できるように「試し出勤」「慣らし勤務」など段階的に復職できるように配慮することになっている。「試し出勤」は正式復職前に1ヶ月程度模擬出勤・通勤訓練など復職の準備をすることである。一方，「慣らし勤務」は正式復職が決定した後に1ヶ月～一定期間継続して出勤することができるのか健康管理部門の産業医，精神科専門医（心療内科医）や産業保健師が面接を繰り返し，復職が失敗しないようにサポートをすることである。心の専門家は復職後の心理的不安などについてカウンセリングを行うことを担当する。カウンセリングを通じて復職が時期尚早である場合などについては健康管理部門

に対して意見を述べるなど連携を図る。

次に心の専門家から健康管理部門に連携を求める場合もある。たとえばメンタルヘルス不全に陥っている場合であっても企業内の精神科専門医（心療内科医）の診察を受けるというのはハードルが高すぎる場合があり心の専門家のカウンセリングを希望することがある。心の専門家の対応で改善が可能な場合もあれば重篤な精神疾患を発症している場合もある。後者の場合には該当従業員がカウンセリングを受けたことを内緒にして欲しいと希望をしても，現状況では事故やミスにつながることを説明して理解を得たうえで事業所に産業医や精神科専門医（心療内科医）が在住している場合には協力を求め連携を図る。自傷他害の可能性のある場合，特に自殺が疑われる場合については該当従業員の了解が得られなくても産業医，精神科専門医（心療内科医）へ状況を説明して適切な対応を図ってもらうように対応をする。

一方，健康管理部門に精神科専門医（心療内科医）がいない場合には外部医療機関での受診を勧めることになるが，この場合は紹介状を持参したほうがスムーズに診察が進む場合があるので心の専門家はカウンセリングにおいての見立て，症状，仕事に関することなどを産業医に情報提供をして健康診断の結果に基づく身体的な問題の有無も含めて紹介状を書いてもらうように連携することが必要となる。

(1) 連携事例1：心の専門家と産業医との連携（心の専門家→精神科専門医）

従業員Aさんが1週間程度の休暇を繰り返しているため職場の上司がカウンセリングルームの心の専門家に相談をした。その後Aさんは上司に伴われてカウンセリングルームを訪れた。主訴は職場の人間関係と仕事への不適応であった。症状は不眠，早朝覚醒，胃痛，頭痛，会社に行くのが嫌，仕事に集中できないなどを訴えていたのでカウンセリングと並行して健康管理部門の精神科専門医の診察を受けるようにアドバイスをすると，はじめは躊躇していたが，カウンセリングも平行して受けられることを伝えると素直に受診を承諾した。精神科専門医からは抑うつ状態であるが仕事を休業するほどでもないというので服薬と心の専門家のカウンセリングを平行して行うことにした。

(2) 連携事例2：心の専門家と保健師との連携（産業保健師→心の専門家）

従業員Bさんは高血圧と喫煙問題のため保健指導を受けていたが一向に改善がされないので産業保健師が事情を聞くと昇進後の心理的なプレッシャーと年上の部下との人間関係で悩んでいるということが明らかとなった。そこで産業保健師はカウンセリングが必要と判断しBさんの了解を得て心の専門家にカウンセリングを依頼した。本事例については産業保健師の保健指導と心の専門家のカウンセリング（自律訓練と呼吸法）によって連携を取り通常に勤務を継続している。

●事業所内における主要領域との連携

心の専門家が行う事業所内での連携については予防の段階，メンタル不調者に気づく段階から休職，復職まで各部署と行う必要がある。

(1) 人事・労務

従業員の適材適所の人事配置は難しく特に，昇進昇格，人事異動特に地方への単身赴任など

でメンタルヘルス不全をきたした場合は，復職時に元職場への復職が原則ではあるが場合によっては職場環境の整備をしなければならない。つまり何処へ復職させるのか該当者は当然であるが心の専門家も人事・労務部門への意見を述べるなど十分な連携が必要となる。復職場所だけではなく，復職のタイミングが早い場合には再発の可能性が高く休職，復職を繰り返し不幸なことになるので心の専門家は人事・労務と相談をして見極めることが求められる。

復職に関しては試し出勤について給与が支払われずに出勤している「みなし出勤」が長期化するとトラブルに発展するので心の専門家はその点においても人事・労務と連携を取り合いながら組織への影響等についても配慮が必要である。

(2) 法　　務

従業員の健康に関する法律としては労働基準法から独立した労働安全衛生法があげられる。メンタルヘルスケアはこの中での対策の一環として位置づけられている。また，従業員が業務に起因する心の健康問題を訴えた場合，雇用者は民法の不法行為責任・使用責任および債務不履行による損害賠償責任に加えて，労働基準法に基づく労災保険の労災補償責任が認められる場合がある（川島，2010）。2014年度に仕事が原因でうつ病や自殺に追い込まれ労災申請を行った件数は1,456件でそのうち認定件数は493件であり，自殺においては213件のうち99件が認定されている。さらに，メンタルヘルスの問題は法令遵守の観点からも必要不可欠な取り組みとなっている。たとえば労働安全衛生法が2006年に改正され長時間労働による時間外・休日労働を行った場合，従業員に対する医師の面接を要するようになった。2015年12月からは従業員が50名以上の企業に対してストレスチェックの実施が義務付けられた。

これらの働く人に関する法律を踏まえて心の専門家が法務関係部署との連携を取らなければならないケースとしては次のようなことが考えられる。第1に職場復帰制度（プログラム）を作成する際には心の専門家の意見も十分に反映してもらえるように法務関係部署と連携をする。第2にメンタルヘルス不全に陥った従業員の復職，退職，解雇などについてトラブルにならないように就業規則や雇用契約の内容の確認を法務関係部署と連携しながら行う。第3に厚生労働省が2013年にパワハラの定義をしたことにより組織的にパワハラの予防・解決に向けた取り組みについて心の専門家は研修など通じて法務関係者と連携を行う。

(3) 労働組合

心の専門家が組合員（従業員）のメンタルヘルス対策を講じる役割のある組合役員と連携することは決して珍しくなくなっている。

組合役員は，常日頃から多くの職場巡回を利用して組合員（従業員）と出会う機会が多いため仲間の変化に気づきやすい立場にある。また組合役員は組合員（従業員）からは頼りになる存在だと思われているので様々な相談が寄せられる。しかしメンタルヘルスの専門家ではないので専門的な知識が必要と判断した場合には心の専門家が組合役員からの情報提供を受けて該当従業員のカウンセリングを担当する。

心の専門家が労働組合と連携する問題は生活・よろず相談の範疇に含まれるが働く人をトータルで支援する際には大きい意味がある。

たとえば相談事例の一つに多重債務問題がある。最高裁集計によると2014年度の自己破産件数は約7万3千件となっており2003年の約25万件からすると激減しているが依然として高

水準で推移をしている。債務整理にはかなりのエネルギーが必要であり「借金うつ」に陥りメンタルヘルス不全となり心の専門家への連携の依頼がされることも稀ではない。しかしカウンセリングだけで借金問題が解決されることは稀である。心の専門家は労働組合の貸付制度などの情報についても普段から収集しておくことも重要である。

(4) 職場の上司との連携

　メンタルヘルスの連携において職場の上司は重要な役割を担っている。部下がメンタルヘルス不全に陥っている場合などは仕事を通じて「いつもと様子が違う，その人らしさが失われている」など変化に気づくことが多い。しかしどのように対応していいのかわからず心の専門家にカウンセリングの依頼が寄せられることが稀ではない。

　心の専門家のカウンセリングの結果，休業が必要となった場合においては健康管理室の産業保健師，産業看護師，精神科専門医（心療内科医）との連携が必要になる。さらに職場復職においても職場と健康管理室，カウンセリングルームとの連携が必要である。これらの場合においては一方的に連携するのではなく，職場と専門家が報告，連絡，相談を相互に行うことが効果的な連携だと言える。

(5) その他の組織との連携

　健康保険組合，グループ企業，キャリア支援室（相談室），独身・家族住宅の管理人，OB会，県人会，同窓会，サークルなど各種関連組織になにげない様々な情報が存在する。特にOB会は現職の人の心身の健康問題なども把握していることがある。常に心の専門家はこれらの組織の担当者と良好な人間関係を築き連携を取るようにすることが望ましい。

●連携におけるポイント

(1) 専門職同士の尊重

　産業領域では産業医を中心として多くの専門家が存在し資格制度も充実してきた。様々な専門家がチームを作り各専門分野での専門性を発揮しお互いを認め合うことが重要である。各専門領域における期待されている役割を遂行し権限のない分野での越権行為を働かないことである。特に心の専門家は熱心がゆえに守備範囲を超えてしまうことがあるかもしれないので注意が必要である。また，他の専門職について安易に批判はしないことである。専門家同士が相互の人間関係に配慮することは該当者に迷惑をかけないことでもある。そこで必要なことは産業医が中心ではあるが，いずれかの専門家がコーディネイトして該当者をサポートするのか明確にすることが必要である。チームのリーダーといってもいいかもしれないがそのような存在が専門家同士の尊重につながる。

(2) 専門家同士が切磋琢磨する

　専門領域が違う産業保健の専門家同士がカンファレンスや事例検討あるいはスーパービジョンを通じてお互いの専門性を理解し能力を高める必要がある。チームで扱っているケースについてカンファレンスや事例検討を通して共有することができる。異なる専門家の意見を聞いたり，議論することによって最終的には該当者の利益につながることになる。同じ職場でスーパービジョンを受けることについて異論があるかもしれないがスーパーバイザーの機能を果たせる

人が少ないという観点から同じ職場でスーパービジョンが受けられるのであれば専門領域以外の専門家からスーパービジョンを受けると成長につながる。

(3) 連携方法をシミュレーションする

専門職は様々なシミュレーションをして連携方法を探る。シミュレーションで1番重要なことはリスクアセスメントである。専門家同士の連携は該当者の有益のために行うのであってそれが逆のパターンにならないような配慮が必要である。特に職場との連携にあたっては個人情報が守られない場合があるので誰れと何を連携するのか十分に検討する必要がある。

(4) 連携する場合のマナー

同じ事業所の専門家同士でのリファーであっても最低限のルールを守る必要がある。たとえば心の専門家から産業医や心療内科医にリファーし連携する場合であっても，それまでの経緯についての情報や心理検査を実施していればその結果について整理や心理的アセスメントについても丁寧に伝える必要がある。産業医や心療内科医と離れた場所で勤務している場合などでは紹介状も添えるとより専門家同士の信頼関係が構築でき次の連携につながる。

●個人情報と連携

労働安全衛生法に基づく健診内容は，同法第66条第6項に基づき事業者に記録保存の義務があるので，事業者はその内容を見ることができると解釈されている。一方，健康情報のプライバシー保護は，刑法第134条，精神保健福祉法第53条，安衛法第104条や健康保険組合事業運営基準などに定められている。かなり判断が難しくケースバイケースであるが該当者の有益のためにという理由であれば専門家同士で守秘義務を履行し正しい情報を共有することも重要である。近年最も注意をしなければならないことは専門家同士によるメールやLINE®などによる個人情報の管理である。

引用文献

中央労働災害防止協会（2010）．心の健康　詳説　職場復帰支援の手引き　中央労働災害防止協会
川崎舞子・高山由貴・向江　亮・大上真礼・高岡佑壮・下山晴彦（2014）．産業領域のメンタルヘルスケアにおける他職種との連携に向けて（1）　臨床心理ネットwww.clin.or.jp　p.93.
川島一雄（2010）．労働法Q&Aメンタルヘルスと使用者責任および職場復帰の法的留意点について　人事管理REPORT，48（8），53-64.
厚生労働省　中央労働災害防止協会（2010）．心の健康づくり事例集　中央労働防止協会
森崎美奈子（2002）．企業カウンセラーには何が求められるか　渡邊　忠・渡辺三枝子・安藤一重（編）　現代のエスプリ別冊　産業カウンセリングの実践的な展開　至文堂　p.73.
永田頌史（2011）．メンタルヘルス対策に関するスタッフ等の役割とチームワーク　永田頌史（監修）　廣　尚典・真船浩介（編）　チームで取り組む職場のメンタルヘルス　pp.90-96.
中尾　忍（2006）．関係者との連携（リエゾン）CPI研究会・島田　修・中尾　忍・森下高治（編）　産業心理臨床入門　ナカニシヤ出版　pp.41-46.
日本産業カウンセリング学会（2001）．産業カウンセリングハンドブック　日本産業カウンセリング学会
日本産業保健学会（2007）．産業精神保健マニュアル　中山書店
司法統計（2014）．自己破産件数統計　裁判所
下山晴彦・中島義文・妙木浩之・高橋美保（2015）．連携のための専門性（team building）臨床心理学，15（3），329-330.

8

外部EAPの活用

大庭さよ

●EAP (Employee Assistance Program) とは

(1) EAPの定義

　EAPは米国にてアルコール問題を抱えた従業員への支援プログラムとしてスタートし1990年後半以降日本においても展開され、1998年には職能団体である国際EAP協会の日本支部である日本EAP協会が設立された。日本EAP協会のホームページにおいては、EAPは次の2点を援助するために作られた職場を基盤としたプログラムである、と定義されている。

　①職場組織が生産性に関連する問題を提議する。

　②社員であるクライアントが健康、結婚、家族、家計、アルコール、ドラッグ、法律、情緒、ストレス等の仕事上のパフォーマンスに影響を与えうる個人的問題を見つけ、解決する。

　EAPは各国においてそれぞれ異なった展開をしており、日本においては産業医[1]を中心に据えた産業保健体制がとられているため、日本のEAPはメンタルヘルス対策における事業場外資源によるケア[2]としての位置づけられることが通常である。

(2) 外部EAP機関が提供するサービス

　EAPは、事業場内で提供される場合と事業場外で提供される場合があるが、事業場外で提供される場合を外部EAPと呼び、事業場外資源によるケアとして位置づけられる。事業場外資源によるケアは「労働者の心の健康の保持増進のための指針」において、「メンタルヘルスケアを行う上では、事業場が抱える問題や求めるサービスに応じて、メンタルヘルスケアに関し専門的な知識を有する各種の事業場外資源の支援を活用することが有効である。また、労働

---

[1] 労働安全衛生法第13条第一項において、「事業者は、政令で定める規模の事業場ごとに、厚生労働省令で定めるところにより、医師のうちから産業医を選任し、その者に労働者の健康管理その他の厚生労働省令で定める事項）を行わせなければならない」と定めており、従業員50名以上の事業場においては、労働者の健康管理の責任を担う医師である産業医の選任を義務付けている。

[2] 厚生労働省「労働者の心の健康の保持増進のための指針」(2006)では、4つのメンタルヘルスケア、①セルフケア、②ラインによるケア、③事業場内産業保健スタッフ等によるケア、④事業場外資源によるケアを定めている。事業場外資源の活用にあたっては、これに依存することにより事業者がメンタルヘルスケアの推進について主体性を失わないよう留意すべきである。このため、事業者は、メンタルヘルスケアに関する専門的な知識、情報等が必要な場合は、事業場内産業保健スタッフ等が窓口となって、適切な事業場外資源から必要な情報提供や助言を受けるなど円滑な連携を図るよう努めるものとする。また、必要に応じて労働者を速やかに事業場外の医療機関および地域保健機関に紹介するためのネットワークを日頃から形成しておくものとする。

特に、小規模事業場においては、必要に応じて地域産業保健センター等の事業場外資源を活用することが有効である。

者が相談内容等を事業場に知られることを望まないような場合にも，事業場外資源を活用することが効果的である」と述べられている。

では，外部EAP機関はどのようなサービスを提供しているのであろうか。2011年に株式会社シード・プランニングが日本EAP協会と共同で行った「EAP相談機関の活動実情調査」では，外部EAP機関が提供しているサービスを次のようにあげている。

①産業保健体制構築
　産業保健体制コンサルテーション[3]，職場環境の改善，組織の風土づくり，産業医紹介・業務委託，人材育成，コンサルテーション[3]
②一次予防（こころの健康の保持・増進）
　ストレスチェック，組織診断，セルフケアツール，教育コンテンツ，研修
③二次予防（早期発見，早期治療）
　対面カウンセリング，電話カウンセリング，Web・メールカウンセリング
④三次予防（再発予防，職場復帰支援）
　休職支援，復職支援，復職プログラム，リワーク，惨事のストレスケア

これらのサービスは，カウンセラー（臨床心理士，精神保健福祉士，産業カウンセラーなど）と医師（精神科医）によって提供されている。

●外部EAPの活用の実際

外部EAPが事業場外資源としてどのようにメンタルヘルス対策に活用されているのか，外部EAP機関により提供されるサービスを概観したうえで，筆者が勤務する外部EAP機関であるMPSセンターでの実際の事例を紹介したい。

(1) 外部EAP機関により提供されるサービス

事業場は外部EAP機関とプログラム提供に関する契約を結ぶが，事業場のニーズによって，提供するプログラムの構成は異なる。主たる事業場のニーズは大きく次の4つである。
①対応に苦慮している事例があるので相談したい
②従業員が相談できる窓口を外部に開設したい
③従業員向けの教育研修を実施したい
④ストレスチェックを実施したい

事業場のニーズに基づき，事業場の特徴（事業場内産業保健スタッフ体制や事業形態）を考慮し提供されるサービスがプログラムされ提案される。通常1年間の年間契約であり，プログラムの評価および見直しがなされ，次年度の契約を締結していくことになる。提供される主たるサービスは以下である。

　　1) ケースコンサルテーション　「対応に苦慮している事例があるので相談したい」とい

---

3) 産業保健体制コンサルテーション：社内の担当者が産業医，看護職，カウンセラーなどから構成される産業保健体制を構築していくための支援を提供する。その際には，当該企業の実情をふまえ，他企業での知見を参考にしていくことになる。
　コンサルテーション：ケースコンサルテーションと呼ばれることもあり，社内の産業保健スタッフなど（産業医，看護職，人事スタッフなど）がメンタルヘルス関連ケースへの対応に苦慮した場合に，その対応に必要な支援を提供する。

う場合には，事業場内産業保健スタッフが事例に対応するためのアドバイス提供が緊急のニーズである。そのため，事業場内産業保健スタッフを対象に医師やカウンセラーによるケースコンサルテーションが提供される。ただし，単発でのケースコンサルテーションは，事業場の特徴や制度に精通していないため一般的なものにならざるを得ない。また，これまでの対応の不適切さから修復不可能になっている事例も少なくない。そこで，平常時から事業場内産業保健スタッフが専門家（医師，カウンセラー）に相談できるプログラムを提供することとなる。メール，電話にてメンタルヘルス事例の対応について随時相談を受けつける。相談が寄せられる事例とは次のようなものである。

①メンタルヘルス疾患が疑われる従業員への対応
②職場で問題行動（度重なる対人トラブル・ミス・クレームなど）を起こす従業員への対応
③メンタルヘルス疾患により休職中の従業員への対応
④職場復帰後の従業員への対応
⑤事故等の発生時のメンタルヘルスに関する対応

また，専門医による判断が必要な下記のような場合には，事業場産業医に代わり社外指定医として意見を出すこともある。

①メンタルヘルス不調者の状態確認および必要な配慮・措置
②職場での問題行動を起こす従業員のメンタルヘルス不調の有無の確認及び必要な配慮・措置
③復職判定時，復職の可否・経過観察の要否・就業制限の要否・周囲への配慮・予測されるリスク等についての意見

2）相談窓口開設（メール相談，電話相談）　従業員の相談窓口を外部に設置したい，という場合には，事業場内の相談窓口となる産業保健スタッフが不在もしくは不十分な場合と事業場内産業保健スタッフによる社内相談窓口がすでにあるもののプライベートな相談や家族からの相談を受けることができる窓口を外部に開設したい，という場合がある。メール相談の場合は，事業場ごとにメールアドレスを開設し従業員およびその家族からの相談を受け付ける。寄せられた相談に対して，カウンセラー（臨床心理士，精神保健福祉士など）が受付から1営業日以内に返信する。電話相談は，従業員やその家族が開設されたフリーダイヤルに電話をかけるとカウンセラーがその場で相談にのる。メール相談，電話相談ともに匿名での相談が可能であるため，相談に対して抵抗感のある相談者にとっても敷居が低いと考えられる。

　メール相談，電話相談ともに寄せられた相談をアセスメントし，自傷のリスクがあると判断された場合には，本人に了解を得る努力をし，相談担当カウンセラーから事業場担当カウンセラーに連携が取られる。本人の了解が得られない場合であっても，本人の安全確保が守秘義務より優先される。また，アセスメントの結果，すでに就労に影響が出ていたり，職場環境の調整が必要と思われる事例の場合には事業場内での事例化が必要と判断され，本人の了解を得たうえで事業場内産業保健スタッフと連携する。相談者の状態に治療が必要と思われる場合には，医療機関の情報提供を行う。また，継続的な相談を希望する場合には，メール相談による相談を継続，もしくは対面によるカウンセリングにつなげる。対面によるカウンセリングを一定回数までを事業場が負担する契約を結ぶ場合もある。メール相談，電話相談の相談フローは図Ⅲ-8-1に示すとおりである。

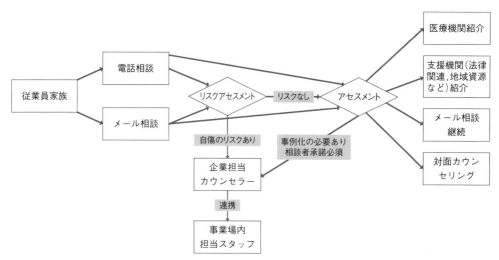

図Ⅲ-8-1　EAPにおけるメール相談，電話相談の流れ

　メール相談，電話相談の利用件数および相談傾向は個人情報の保護に留意されながら一定期間ごとに報告書にまとめられ，事業場に報告される。報告内容は，メンタルヘルス対策に反映されることとなる。

　3）メンタルヘルス教育研修　　メンタルヘルス教育研修はメンタルヘルス対策の一次予防，二次予防の要であり，事業場内産業保健スタッフ等で実施している事業場も多い。事業場内産業保健スタッフが教育研修を実施するメリットとしては，教育研修の実施から事業場内産業保健スタッフへの相談につながりやすい点があげられる。一方，事業場内産業保健スタッフのスキル，リソースに依存する，コンテンツに限界がある，などのデメリットがある。このようなデメリットを避けるため，もしくは研修を実施できる事業場内産業保健スタッフが不在の場合，外部EAPに次のような研修が依頼される。

　①ラインケア研修　　経営層，管理職，新任管理職を対象に実施され，組織におけるメンタルヘルス対策の必要性と意義，管理監督者の役割と対応法を学ぶことを目的とした教育研修である。経営層のメンタルヘルスに対する理解を向上させることは，トップダウンでメンタルヘルス対策を推進していくうえで重要である。また，管理職によるラインケアは，部下のメンタルヘルス不調に早期に気づき，早期に介入するために重要なだけでなく，職場環境を良好に保つためにも必要である。

　②セルフケア研修　　一般社員，新入社員，管理職を対象に，個人のセルフケア能力を向上させるために，メンタルヘルスの基礎知識やストレスマネジメントのスキルを学ぶことを目的とした教育研修である。従業員一人一人のセルフケア能力が向上することにより，組織全体の健康度の向上につながる。

　③事業場内産業保健スタッフ向け研修　　人事労務担当者・産業保健スタッフなど事業場内のメンタルヘルス対策を担う人たちを対象に，メンタルヘルス事例に対応するためのスキルを学ぶことを目的とした教育研修である。講義形式の研修だけでなく，グループで事例を検討する形式など参加型の研修も多く行われる。

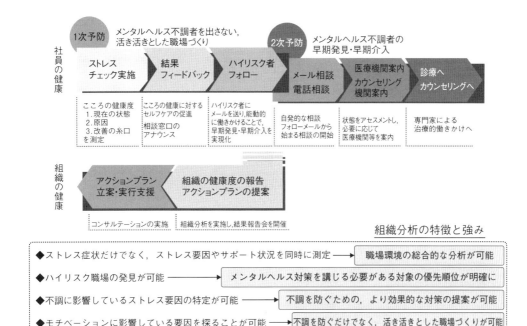

図Ⅲ-8-2　ストレスチェック・組織調査の流れ

4）ストレスチェック・組織調査　労働安全衛生法の改正に伴い2015年12月より従業員50人以上の事業場においてはストレスチェック実施が義務付けられることになった。それより以前から，「ストレスチェックを実施したい」「組織調査を実施したい」というニーズは外部EAPに寄せられていた。ストレスチェックにより従業員のセルフケアを促進したい，組織調査を実施し組織のメンタルヘルスの状態を把握し対策に役立てたいという事業場のニーズである。

図Ⅲ-8-2はMPSセンターにおいて実施しているストレスチェック・組織調査の流れである。全従業員を対象にストレスチェックを実施し，その結果をフィードバックすることにより全従業員のセルフケアを促進する。さらに，ストレスチェックの結果においてストレス得点の高いハイリスク者を対象にMPSセンターよりフォローメールを送信し，メール相談のアセスメントを通じて，医療機関やカウンセリング機関など必要なサポート資源につなげる。さらに，ストレスチェックの結果を集計・分析をし，組織の健康度，アクションプランを報告する。このように，個人へのアプローチと組織へのアプローチ双方からメンタルヘルス対策を推進していく。

5）組織的な危機に対する支援　事業場と外部EAPとの間に信頼関係が成立すると，事業場にとって「危機」となる出来事が生じた際に,従業員の心のケアを要請されることがある。「危機」となる出来事には，地震，津波などの災害の他，従業員の自死，突然死，事故死や事業場内での事故などがあげられる。このような従業員や組織への衝撃が大きい出来事が起きた場合に，従業員への影響を最小限にするために，カウンセラー，精神科医による専門的な支援が提供される。事業場内産業保健スタッフに対して事後の対応についてコンサルテーションしながら，従業員への直接的な支援を計画していく。従業員たちのケアのため，カウンセラーに

よる面談を行い，心理教育，アセスメントを実施することが多い。また，組織再編時やリコールが発生した際なども組織における「危機」と認識され，同様の取り組みを行うことがある。

(2) 活用事例

外部EAPを導入し，効果を上げた事例を紹介する。なお，本事例は，2014年に産業精神保健学会にてすでに発表されたものであることをご了承いただきたい（高島ら，2014）。

A社は従業員数10,000名を超える国内メーカーであり，本社や工場の他，全国および海外に営業拠点・複数の事業所を持つ。メンタルヘルス支援は，各拠点の総務担当者が担っている。X年よりMPSセンターとEAP契約を締結し，契約内容は下記の通りである。

①従業員とその家族向け相談窓口開設（メール相談，電話相談）
②従業員向け対面カウンセリング
③事業場内メンタルヘルス担当者向け相談窓口開設
④ストレスチェックおよび組織調査
⑤教育研修（経営層研修，管理職研修，セルフケア研修，社内カウンセラー向け研修）

X年より従業員とその家族向け相談窓口を開設した。メール相談，電話相談ともに匿名での利用も可能であり，守秘義務は厳守される。さらに，1年に1回，個人のセルフケア向上および組織の環境改善を目的にストレスチェックおよび組織調査を実施し，チェック結果をフィードバックし，ストレス症状が一定得点以上の高リスク者に対してメールにて能動的に働きかけた。メールでの相談を通じて，受診が必要と思われる従業員に対しては，医療機関を紹介する。相談を希望する従業員は，メールでの相談の継続もしくは対面カウンセリングアレンジを行う。ストレスチェックの結果は職場ごとに集計・分析され，その分析結果および職場の環境改善のためのアクションプランは実施担当部門に報告された。

X＋1年においては，X年実施の組織調査から明らかになった組織の問題の報告および施策の提案と実現への理解を得ることを目的に，経営陣に対して研修を実施した。X＋2年から一般管理職および新任管理職向けラインケア研修・セルフケア研修の実施を開始した。さらに，組織調査の結果，キャリアに関する悩みや社内における相談者の不在に対するストレスを感じている従業員が多く，メンタルヘルス不調との関連性も強いことから，各拠点に社内カウンセラーを配備・育成の上，各事業所を巡回し，全従業員を対象に面談を開始することとした。X＋3年からは，社内カウンセラーの質の向上および情報共有・連携を目的に，事例検討会を定期開催した。このような継続的な取り組みの結果，うつ状態が疑われる得点群の減少およびメンタルヘルス不調者に対する一人当たりの傷病手当金支給日数の減少が見られた。

本事例に見られるように，外部EAPを活用し，メンタルヘルス対策に活かしていくためには，外部EAPの提供サービスを有機的に組み合わせ，継続的にPDCAサイクルを回していくことが必要である。

●外部EAP活用のために

外部EAPは限られた事業場内資源を補う事業場外資源として有用であると思われるが，活用していくためには次の2点が必要と考えられる。第1に外部EAP導入の目的の明確化である。何のために外部EAPを導入するのか，を改めて明確にすることは，当該事業場のメンタルヘルスの実情における課題，メンタルヘルス対策の目的，目標を明確にすることに他ならな

い。EAP導入の目的を明確にすることにより，その効果指標も明らかになり，PDCAサイクルを回していくことができるだろう。

　第2に事業場内スタッフとの連携である。外部EAPは事業場外からの支援になるため，有効に機能するためには事業場内スタッフとの連携が欠かせない。ケースにおける連携はもちろんのこと，組織に対するアプローチにおいても，事業場内スタッフとの共通意識，理解を持つことが必須であろう。

引用文献
株式会社シード・プランニング（2011）．EAP相談機関の活動実情調査
厚生労働省（2006）．労働者の心の健康の保持増進のための指針（基発0331001）
日本EAP協会　http://eapaj.umin.ac.jp/coretech.html（2015年12月1日閲覧）
髙島麻巳子・京牟禮彩・梅田理恵子・吉村靖司・大庭さよ（2014）．分散事業所におけるメンタルヘルス体制づくり
　　の実践報告　産業精神保健学会口頭発表

9 大学における就職支援

船津静代

●就職支援に対する要請

　大学における就職支援は「出口支援」と言われ，入試を示す「入口支援対策」と対で語られる。1991年，国の大学設置基準が全面改正され，進学人口は減少傾向になったにもかかわらず，大学教育の枠組みの大幅な規制緩和を受け大学・短大の新設や増設のラッシュが起こり，その結果高校生の過半数が大学に入学する大学全入時代が到来した。一方，日本経済のそれまでの右肩上がりの景気の停滞・下降期を迎え，企業の生き残りが問われる中，大卒新卒採用の厳選化や，当たり前であった正規雇用が非常勤雇用等，雇用の多様化が進み，卒業生の進路に対する一層の支援ニーズが高まっていった。

●キャリア形成支援と就職支援

　2010年に公布された大学設置基準の改正でその要請度は高まっている。設置基準に新設された規定には「大学は当該大学及び学部等の教育上の目的に応じ，学生が卒業後自らの資質を向上させ，社会的及び職業的自立を図るために必要な能力を，教育課程の実施及び厚生補導を通じて培うことができるよう，大学内の組織間の有機的な連携を図り，適切な体制を整えるものとする」とある。
　これまで就職支援は正課外つまり厚生補導における学生支援として位置づけられていたが，教育課程と有機的につながりながら，就職にかかわる支援のみならず，卒業後の職業人としてのキャリア形成，広くとらえれば「ライフキャリア」を視野に入れた支援が求められることになった。多くの大学が教科の中に「キャリア」にかかわる講義を低学年から設置し始めている。入学から卒業期までの大学教育の中で，いかに社会に出てからの人生について自ら取り組んでいくのか，そのために必要な能力の開発が目標として位置づけられる。施策の設計時の視点として，1）大学全体としてのデザイン（自校の掲げるアドミッションポリシーの具体化），2）誰が何を担当するのか（担当組織と全学体制，教職員の意識の共有），3）自学の学生の特性（ターゲットの設定，学生の特徴，選択する進路の傾向など），4）評価指標（何ができればOKなのか，どのような力を養うのか）などそれぞれの大学の個性に即したキャリア形成支援が必要となる。この点，他校の成功事例をそのまま自校に取り入れても失敗する可能性は大いに高い。
　また，就職支援の現場が感じる学生側の問題点・課題について「エントリーシート作成に必要な文章力が不足している」82.5％，「学生の思考力や口頭での表現力が不足し，面接指導が難しい」80.7％，「基礎学力に欠ける学生が多い」60.2％と回答している（ベネッセ総合研究所，2010）。多様な学生が入学してくる昨今，基礎学力や社会に出て行くうえでの一般的能力が怪

しい学生も増えている。就職活動に入る以前の正課教育の中で，できるだけこれらの力を養う取り組みも現在の大学には必要ということである。と同時に，出口に直結する就職支援は単に一律なノウハウの提供だけではなく，従来の就職支援セクションの担当領域に加え，「新たに求められているのは，社会人基礎力の棚卸しや，自己分析・自己発見といった一連のキャリア支援プログラム」（花田ら，2011）となってきている。自校の特性，学生と社会の動向，支援のタイミング，支援層に応じたメニュー，提供するメニューの効果等多面的な検討を常に重ねながら戦略的に方策を展開する重要なセクションと言える。

●就職支援セクションの業務

就職支援セクションの主な業務は以下のとおりである。
①求人開拓・求人，②インターンシップ，③就職ガイダンス，④就職活動に関するセミナー，⑤体験型講座，⑥ピアサポート，⑦個別相談

これら支援策を学生の就職活動スケジュールに合わせて配置することになるが，この就職活動スケジュールは採用先企業等の採用スケジュールによって決まる。採用スケジュールについては学生の学業の妨げにならないよう大学側と企業等との申し合わせによって決定する。1952年に学校側と企業側が自主的に「就職協定」を決めたが，協定で決定した時期よりも早期に採用活動を行う「青田買い」が行われ実態乖離から1996年に廃止となった。その後1997年以降に日本経済団体連合会から新卒採用に関する倫理憲章が出され，大学側からは申し合わせが提示されている。すべての採用先がこのスケジュールを順守するわけではなく，いまだ早期から採用を開始する企業等は散見されるが，学生への求人情報を提供する就職情報会社各社がこの申し合わせに基づき求人公開をはじめ，大学側も受け付けた求人の公開など就職支援業務については足並みをそろえている。しかし，年々早期化する採用開始時期に対して大学側からの強い要請もあり採用時期が後ろ倒しになるなど，採用スケジュールが短期間に変更になるため学生への就職支援業務の年間設計に苦慮している。また，これまでの4月入学3月卒業以外に10月入学や海外留学後の9月卒業などの学生群を抱える大学も出てきており，支援学生群の多様化とともに就職ガイダンスやセミナー・講座などの開催回数も増加している。

昨今，民間の調査によると就職指導全般に関する自校における現在の課題について，59％の大学が「学生の業界・企業理解の向上」をあげており，「学生のガイダンス・講座への参加状況」が国公立大学で53.8％，私立大学で50.7％にのぼり，「学生の就職活動状況・内定状況の把握」については国公立で56.4％，私立では31.3％となっている（ディスコキャリアリサーチ，2013）。限られたスタッフで「いつ，どのような支援策をどのターゲットに向けて行うか」一層の就職支援施策の拡充が要望される中，その効果測定が難しい実態がある。

●マスから個の包括的支援・個別相談（キャリアカウンセリング）

マス支援にあたるガイダンスやセミナーが学生一人一人の進路獲得に有効に機能するためには，その受け手である学生の個別支援が重要である。

2009年の国の緊急雇用対策内にも「就職相談窓口の充実（キャリアカウンセラーの配置など）」が盛り込まれ，2010年のベネッセ教育総合研究所による調査では進路・就職相談の実施状況で相談専門コーナーを設置している大学は84.2％にのぼる。相談担当者については，学内の担当者のみでの実施は73.1％，一部またはすべてを外部委託している大学は24.3％存在する。

昨今，ハローワークの若年者支援も拡充し，各大学担当が設置されるなど，外部資源を有効に活用する体制も整いつつある。就職支援担当者へのヒアリングでも「学生の視点から見て実施効果がある進路・就職支援策」は「個別相談やグループ相談」が一番多く81.3％にのぼり，次いで「学内における就職支援ガイダンス」79.5％となっている（日本学生支援機構，2006）。相談を担当するスタッフにはキャリアカウンセラーやキャリアコンサルタントなどの専門的技能を要する者が望ましいが，職業・社会経験がない学生のキャリアカウンセリングにおいては，どうしても指示的・指導的支援になりやすい。また，一時期に同様の相談が重なる中，一律の回答になる傾向も高くなる。学生も社会経験のあるカウンセラーに指示を仰ぐ傾向も多見される。気をつけなければならないのは，一見同様に見える相談にも学生それぞれの個性や事情が背景にあるということである。新卒の就職活動にはスケジュールがあり，学生の中にも焦りが見える中，できるだけ一人一人の事情に向き合い，学生自らが次の一手を自分で決断し動き出せるようおしきせにならない対応が肝要である。

　同時に大学生は青年期後期にあたり，人生の中においても「自分が何者か」を模索する時期にあたり，不安定な要素の多い時期である。ときとして学生相談にあたる臨床心理士などとの連携も必要になってくる。学内外で連携できる資源を確保しておくことも肝要である。

●支援の課題群

　一般的な学生への就職支援の中でも，より特徴的な課題を有する一群がある。理工系学部で展開される推薦応募や，女子学生，障害を持つ学生たちや，卒業生等である。

(1) 推薦応募

　理工系学部では実験・研究生活に専念し，その技術的専門性を活かして研究・開発職に就けるよう，企業等から大学に「推薦募集」が寄せられ，自ら学生が企業を探し応募していく自由応募とは異なる推薦応募が伝統的に行われて来た。推薦応募では学生は専攻の教員から提示される推薦募集先に応募し，自由応募よりも簡略化されたステップで選考ボードに乗ることで進路決定がスムーズになるメリットが大きかった。しかし，近年，専門性に加え人物重視の傾向が高まり，推薦応募での合格率が低くなって来ている。推薦応募があることで安心している学生と厳選採用を行う企業とのギャップが原因と見られる。推薦応募があるから大丈夫と安易にとらえず，職業人としての意識付けを正課・正課外を通じて学生にさせる取り組みが必要となってきている。

(2) 女子学生

　大学に入学してくる女子学生の割合は43.1％と直近の10年間常にその割合は高くなっており，卒業時の就職率も男子学生と比べ遜色なくなっている。しかし，卒業後のキャリアは男子卒業生に比べ結婚や出産などのライフイベントに左右されることが多く，特に出産後のキャリアについては，未だ不安定な状態が散見される。育児休暇の充実とともに仕事を辞めず職場復帰の道が用意されていても，子育てと仕事の両立について悩む卒業生も多く，昇進昇格のことも含め，それまで男性と互角に仕事をしていた層ほど復帰後の働き方に戸惑う。同窓会などを活用しながら，多様な女子卒業生の働き方に触れる機会の理解や，さらには，卒業生同士が交流する機会を設けたり，求人各社に対し女子の積極的な活用やキャリア支援について要請して

いくことも大学の社会的使命であろう。

(3) 障害を持つ学生，中でも精神疾患，発達障害圏域の学生

障害者差別禁止法の制定により，入学時から配慮要請をし，自らの特性を理解しながら学生生活を送る学生が今後増加してくる。雇用の現場においても障害者雇用の法定率が上がり，罰則規定が設けられるなど少しずつではあるが，進路について具体的な支援や方策が現実化してきている。一方，最近注目されている一群に発達障害圏域の学生群が存在する。すでに療育支援を受けて来ており自らの特性を理解している群が増える一方で，就職活動期に入り，その特性が露見してくる一群が存在する。診断を受けていない「グレーゾーン」群である。大学生活においては，それまでの学校生活と異なり，苦手なことは避けて活動することも可能であるため，何とか卒業期就職活動のタイミングまではやってこれるが，就職活動で面接が通過しないなどつまずきを繰り返し，ときにはこのつまずきをきっかけに，就職活動の長期化や学修生活との両立が難しくなり過年度生となってしまうなど学生生活自体がうまくいかなくなる事例も多い。これらの学生は振り返ると対人や研究・論文作成などでもうまくいかない経験を有している。キャリア形成支援を意識して学生の学修生活を観察すると，就職活動に入るより以前の学修生活の場面で自らの特性に気づき対処法や支援を受ける機会があることが非常に有効である。正課を担当する教職員との連携や有機的な支援の網の目の設置など，大学生活早期からの特性の発見と社会に出てからの対処や支援の要請ができる能力の育成が求められる。大学外の障害者就業支援機関の「大学生時代の障害受容と理解」に対する要望も高まってきており，これら専門機関との連携も就職支援の現場にはおおいに有効である。

(4) 卒業生

文部科学省の平成27年度学校基本調査（確定値）（2015年12月）によると，平成27年3月に大学を卒業した者のうち，就職も進学もしていない者は10.3％，大学院修士課程修了者中でも10.5％，博士課程では18.9％存在し，68,000人以上に及ぶ。また，卒業生全体から進学者や正規の職員等への就職を除くと学部で20.1％，修士課程で17.1％となり，これらには前出の「就職も進学もしていない者」に加え「一時的な仕事に就いた者」や「正規の職員等でない者」が加えられる。これらの卒業生は卒業後も不安的なキャリアの状態にあり，各大学の就職支援の対象者となる。

引用文献
ベネッセ教育総合研究所（2010）．キャリア教育・就職支援の現状と課題に関する調査
ディスコキャリアリサーチ（2013）．大学の就職・キャリア支援活動に関する調査
花田光世・宮地夕紀子・森谷一経・小山健太（2011）．高等教育機関におけるキャリア教育の諸問題　慶応SFCジャーナル，11（2），73-85.
文部科学省（2015）．平成27年度学校基本調査
日本学生支援機構（2006）．大学等の就職・キャリア支援担当者のための研修プログラム構築に関する調査報告書

10 学校場面におけるキャリア教育

高綱睦美

　学校教育にキャリア教育が導入されてから15年以上が経過した。本章ではキャリア教育が導入された社会的背景について概観したうえで，小学校・中学校・高等学校におけるキャリア教育が何を目標としてどのように進められているのか，いくつかの取り組み事例を学校段階ごとに取り上げていくことにする。

●キャリア教育が目指すもの

　キャリア教育が導入・推進されるにいたった背景には，終身雇用制度の崩壊や，社会の急速なグローバル化などが背景にあると言われている。そうした社会の中で人は将来に対し見通しが持てず不安を感じたり，働くことに対して意欲的になれなくなるという問題が生じてきた。こうした問題に対し，子どもたちが社会に出る頃をイメージし，そこで必要とされる能力を発達段階を踏まえて獲得させていくような教育活動はこれまで十分行われてこなかった。そこでキャリア教育を導入することによって，従来の学校における教育活動を，子どもが社会に出たときをイメージしながら新たな視点でとらえ直し，意味づけを再構築していくとともに，子どもたちにもその意図が伝わるように授業を工夫することによって，子どもたちのキャリア発達を促す取り組みが様々な教育活動を通じて進められることになったのである。

　中央教育審議会（2004）では，「キャリア」を「人が，生涯の中で様々な役割を果たす過程で，自らの役割の価値や自分と役割との関係を見いだしていく連なりや積み重ねが，『キャリア』の意味するところである」と定義すると同時に，キャリア教育を「一人一人の社会的・職業的自立に向け，必要な基盤となる能力や態度を育てることを通して，キャリア発達を促す教育」と定め，キャリア発達について「社会の中で自分の役割を果たしながら，自分らしい生き方を実現していく過程を『キャリア発達』という」と定義している。

　こうした記述からも読み取れるように，キャリア教育は単に進学先や就職先を決定させたり，狭義の職業理解をさせることのみを目指した教育活動ではなく，子どもたちが社会に出ることを見据えながら，社会の中で一人前の大人として生きていくことができるよう最低限必要な知識・能力・態度を育てていくことを目指しているのである。

●学校場面における実践

　表Ⅲ-10-1は，「中学校キャリア教育の手引き」（文部科学省，2011）に示された学校段階ごとのキャリア発達課題である。ここでは先に述べたキャリア教育のねらいを達成するために，各学校が表Ⅲ-10-1の発達課題を踏まえて具体的に何を目指してどのような実践を行ってい

表Ⅲ-10-1　学校段階ごとのキャリア発達課題（文部科学省，2011, p.27）

就学前	小学生	中学生	高校生	大学・専門学校・社会人
	進路の探索・選択にかかる基盤形成の時期	現実的探索と暫定的選択の時期	現実的探索・試行と社会的移行準備の時期	
	・自己及び他者への積極的関心の形成・発展 ・身のまわりの仕事や環境への関心・意欲の向上 ・夢や希望，憧れる自己のイメージの獲得 ・勤労を重んじ目標に向かって努力する態度の形成	・肯定的自己理解と自己有用感の獲得 ・興味・関心等に基づく勤労観・職業観の形成 ・進路計画の立案と暫定的選択 ・生き方や進路に関する現実的探索	・自己理解の深化と自己受容 ・選択基準としての勤労観・職業観の確立 ・将来設計の立案と社会的移行の準備 ・進路の現実吟味と試行的参加	

るのか学校段階ごとに取り上げていく。

(1) 小学校におけるキャリア教育

　小学校においては，中学校・高等学校に位置づけられていた「進路指導」が教育活動として位置づけられていなかったこともあり，キャリア教育導入当初は，何をどのように実践すればよいのか一部では誤解や混乱なども見られた。しかしその後国や各地域における様々な取り組みを通じて子どもたちの将来を見据えた取り組みが浸透しつつあるのが現状である。では主に特別活動や総合的な学習の時間を活用してどのような実践が行われているのか発達課題の一部についての取り組みを紹介する。

　1）役割意識の育成　小学校の場合，身近な役割体験として「係活動」がある。学期はじめに学級活動の時間を用いて行われる係決めであるが，従来は事前に教師が示したいくつかの係の中から自身がなりたいと思うものを選択し，決定するというプロセスを踏むことが多かった。しかし，最近では「学級が気持ちよい集団であるためにはどのような係があるとよいか」について子どもたちが考えるところから始め，「何を目標とする係なのか」「その係には何人必要なのか」「活動範囲はどこまでなのか」などについても子どもたち自身で話し合わせて決定することで，一人一人が役割を果たすことで学級が成り立っていることを学習させる取り組みも増えてきている。さらに係活動を発展的に活用した実践としては，株式会社制にし，それぞれの係の1学期あるいは1ヶ月の取り組みを学級の他のメンバーが評価し，評価結果次第では係を廃止するという取り組みも進められている。こうした取り組みでは，学級という小さな社会の中で互いに自分の果たすべき役割を見つけ，継続的にその活動を推進することを通じて自身の役割を自覚して行動する力をつけるとともに，自分の果たした役割に対して他者から認められることで達成感を感じたり，係の仕事ぶりを振り返ることで次なる課題を見つけ改善していく過程を学習したりできるのである。こうした取り組みは，従来から特別活動の実践としてはよく行われてきたものであるが，それを子どもたちが社会に出たときに必要な力を育成するための手段として位置づけることで，十分キャリア教育の実践となりえると言えよう。

　2）夢・憧れを抱く　小学校段階では「夢・憧れを抱く」ことを支援する活動もキャリア教育として行われる。ともすると「職業目標」を決定することが夢を描くことと誤解されがちであるが，小学生の子どもたちにとって，早期に職業目標を決定しそこに向けて直線的に進路

選択することはともすると視野を狭くすることにもつながってしまうと同時に，変化の激しい社会の中ではそれはかなり困難で意味のないものとなりかねない。しかし，「やってみたい」という気持ちを大切にすることは，その後の行動の意欲にもつながるため大切に育てていく必要があろう。子どもたちにかかわる大人はともすると，早い段階から職業目標を描かせそのための努力をさせようとするが，子どもたちが変化の激しい社会の中で生きていくためには，早期の限られた世界しか知らない状態で選択した職業目標を追い求めることよりも，「やってみたい」と思う気持ちを大切に育て，問題を自分で見つけていく力へとつなげていくことの方が社会を生きるための力になると考えられる。そうした夢を育むための取り組みの一例として，2分の1成人式に向けて（ドリームマップ普及協会，2013）を活用するキャリア教育が普及してきている。こうしたツールを活用した実践を学校教育全体を通じたキャリア教育にどう位置づけていくか今後さらに検討が必要であるが，一つのきっかけとして活用することは意味があると考えられる。

　このように特別活動の時間に行われる小学校におけるキャリア教育の取組例を一部述べてきたが，特別活動や総合的な学習の時間以外にも，日々の教科における実践も進められつつある。教科については中学校・高等学校における実践例で述べることにするが，小学校においてもキャリア教育との関連づけやすい国語や社会科，家庭科などの時間を活用したキャリア教育はすでに展開され始めている。

(2) 中学校におけるキャリア教育の目標と実践例

　中学校においては，従来から進路指導が教育課程として位置付けられており，生徒が自らの将来を考えることができるよう支援を行ってきた。特にキャリア教育が導入されてからは，進路指導の中でも中核的な活動として全国的にほぼ100％近い実施率になっていた職場体験学習をキャリア教育として位置付け直し実施する学校も多く見られる。中学校では先に示した表Ⅲ-10-1にもあるように，小学校で培った社会的・職業的能力基盤を基に，さらに社会に視野を広げ，生徒たちに現実的探索をさせることが求められる。また，思春期の生徒たちはともすると自己に対する評価が低くなりがちであるが，そうした時期においても自己を肯定的に捉え，自己の将来を現実吟味しながら考えていくことが目標となる。そうした目標達成のための実践例として，職場体験学習を通じた活動について取り上げる。

　1）職場体験学習を通じたキャリア教育　職場体験学習はキャリア教育が導入される以前から進路指導の一環として中学校で実践されていた。特に複数日にわたる職場体験学習では直接生徒が事業所に出勤し，1日そこで仕事を体験する活動を3〜5日繰り返すという形式が大半である。1日だけの体験学習に比べ複数日の体験であることで，生徒たちは仕事の流れを理解できるようになるとともに，働く大人たちの思いや姿に気づくことができる実践であると考えられる。長岡（2013）では，職場体験学習の報告会を校区の小学校に出向いて，児童を対象に行う取り組みが紹介されている。職場体験学習は先にも述べたとおり多くの中学校で実践されているが，その事前・事後指導も充実させ，体験を生徒自身が意味づけたり深めていく活動になっているかどうか心もとない実践も見受けられる。その中で事後報告会を小学校で実施するという取り組みは，生徒が自分たちの学びを振り返るとともに，それを他者に伝えるにはどうしたらよいのか，また理解してもらうためには何が必要なのかを学習するよい機会にも

なっている。

その他，体験先の決定にあたっても，生徒自身に受け入れ先の企業開拓からアポイントメントを取るところまで取り組ませている学校もあり，そうした経験を通じて，生徒が社会で生きていくために必要な能力を見つける機会をキャリア教育では創り出しているのである。

2）教科におけるキャリア教育　次に，教科を通じたキャリア教育の実践を取り上げる。中学校においても様々な教科でキャリア教育は実践されているが，文部科学省・国立教育政策研究所生徒指導研究センター（2004）では，美術科における取り組みが紹介されている。国語や社会科などのように先人の生きざまについて文章を読んだり，地域社会について学習するなどキャリア教育との関係を描きやすい教科だけにとどまらず，美術科の働く大人を描く活動を通じて，働く世界に対して関心を持たせたり，その職業の活動内容について理解を深めさせたりする取り組みも行われている。その他体育科において，自身の課題を見つけその克服に向けてどのように努力していけば計画を立てさせたうえで行動させるような取り組みも見られる。このように，子どもたちが自ら考え行動を起こす機会を教科の時間に設けることで，少しずつではあるが教科を超えて働く力を育てることにつながっているのである。ただし，教科には教科ごとの学習のねらいがあることも忘れてはならない。すべての教科をキャリア教育に位置づけることは現実的ではない。それぞれの教科のねらいを達成することに重きを置いて実践を行うのか，あるいはキャリア教育の視点から教科指導を行うのか，それは教師が生徒にどのような力をつけさせたいかと深く関わっている。目指す生徒像を教師間で共有しながら，そのためには日々の教科のどの時間を活用して教科横断的な力を養っていくのかを検討することがキャリア教育の実践の第一歩となろう。

●高等学校におけるキャリア教育

最後に高等学校におけるキャリア教育について述べていく。実業系高校ではキャリア教育がかなり推進されているが，ここでは普通科進学校における先進的な取り組みについて取り上げてみたい。学校場面におけるキャリア教育が推進される中，普通科進学校の高等学校ではどうしても目の前の大学進学のための教育・進路指導が主体となってしまい，キャリア教育はなかなか進まず課題になっていた。先にも述べたとおり，実業系高校におけるキャリア教育がかなり具体的・実践的に社会に出た時を見据えた教育活動になっていった一方で，普通科進学校の多くにおいてはやはり結局は大学進学を目的とした進学指導に重点が置かれ，どうしても進学した先の将来を見据えた指導が充実させにくかったのである。そうした中，高等学校における学びの多様性を検討するプロジェクトなどをきっかけに，普通科進学校においてもキャリア教育を推進する動きが出てきている

愛知県総合教育センター（2015）では，「高等学校における多様な学習成果の評価手法に関する調査研究」として教科の授業方法を検討し，社会で求められる力を身につけさせるための指導・評価方法の検討を行ってきた。生徒の学びを評価するためのルーブリックの作成や，指導方法の工夫，取り上げる教材の開発などの課題に取り組む中で，「生徒にどのような力をつけさせたらよいか」教師同士議論を重ね，社会に出たときを見据えて必要な能力をイメージしつつ，日々の授業を通して生徒に何を身につけさせたいのかを明確にするようになってきたとされている。たとえば国語科の時間には，古典を脚本化する活動を取り入れて読みを深めさせた

り，新聞の読み比べを通して物事を多面的に見る力を育成するなど，これまでの授業の在り方を見直すことで教科を超えた汎用性のある能力を育てる実践を展開しているのである。こうした取り組みが，単に教科の新しい指導方法を開発することにとどまらず，生徒の学習意欲にも関係し，またキャリア教育にもつながっていくことが示唆されている。この研究では，国語科だけでなく数学科，社会科，理科，英語科とそれぞれの科目で評価方法の検討を行っているが，研究を進める中で教科にかかわらず共通して身につけさせたい力が明らかになってきた。このように，単に職業や進学先を考えるだけではなく，その先にある社会で必要とされる能力の育成に向けたキャリア教育の取り組みが今後普通科進学校でも進められていくことが期待される。

●キャリア教育を通じて何を目指すのか

ここまで義務教育段階から高等学校までの学校場面におけるキャリア教育を見てきたが，キャリア教育の推進を通じて何を目指しているのか，また心の専門家がそこにどのようにかかわっていくことができるのか改めてここで考えてみたい。

はじめにでも述べたように，キャリア教育は一人一人が社会的・職業的自立のために必要な能力や態度を養うための教育活動であるとされている。これまで紹介してきたような各学校での教育実践を進めていく過程において常に直面する問題が「どのような子どもを育てたいのか」「何を身につけさせたいのか」という教育のねらいを明確にし，教員間で共有することである。教員一人一人が持つ価値観や教育観は同じであるとは限らない。異なる価値観を持つ者同士が同じ目標を描き，そこに向けて協働していく過程では衝突や葛藤が生じることもあるだろう。

また児童・生徒にとっても，将来のことを考えることは自身のアイデンティティに関わる重要な問題であり，その過程で不安を感じたり現実の厳しさから学習意欲を低下させてしまうことも十分に考えられる。またキャリア教育を推進する中で，教師の意図することが児童・生徒に十分伝わらないということも起きてこよう。そうした状況において，教師－児童・生徒という関係とは異なる立場の心の専門家が，子どもたちの将来を見据えて風穴を開けるように異なる視点を示すことができれば，学校における取り組みが促進され，さらに広がりを見せることも可能なのではないだろうか。

進路や職業選択に関する悩みなどを単に目先の問題としてだけではなく，長期的な展望に立った問題としてとらえ，推進されているキャリア教育の観点も踏まえながら，心の専門家としてかかわっていくことで，こうした子どもたちの成長をより促していけるものと考えられる。

引用文献
愛知県総合教育センター（2015）．平成26年度　高等学校の多様な学習成果の評価手法に関する研究　研究成果報告書
中央教育審議会（2004）．今後の学校におけるキャリア教育・職業教育の在り方について（答申）
一般社団法人ドリームマップ普及協会（2013）．ドリームマップ　ワークブック　一般社団法人ドリームマップ普及協会
文部科学省（2011）．中学校キャリア教育の手引き
文部科学省　国立教育政策研究所生徒指導研究センター（2004）．キャリア発達にかかわる諸能力の育成に関する調査研究報告書　pp.116-117.
長岡晃臣（2013）．9年間を通して育てるキャリア教育―小中連携を通して　愛知県総合教育センター研究紀要，102，38-58.

Ⅳ 産業心理臨床の実践の場

　産業領域の「心の専門家」の職場は発展途上であるものの，近年増加し，また多様化している。ここでは，産業領域における活動の場のいくつかについて，そこではどのような目的で，どのような活動がなされているのか，またどのような活動の可能性があるのかを解説した。この領域の魅力や，産業領域参入のイメージが構築できれば幸いである。

1 企業内相談室

三宅美樹

●企業内相談室とは

　企業内での相談室の開設については，どの部署が相談業務を担うかによって，企業ごとに異なる。安全衛生部門，人事労務管理部門，それに相談室のみの単独組織の場合がある（緒方，2007）。

　開室日・時間は，当該企業で活動する相談員としての心の専門家の雇用形態によっても影響される。常勤の場合は，毎日，従業員の就労時間内の開室が可能であり，相談関連業務も予約の受付から相談対応，記録やその管理も可能である。しかし，非常勤の場合は，面接と記録以外の業務を，当該企業の産業保健スタッフ等に委ねることになる。

　また，企業内に相談室が開設されたからといって，当該企業の従業員がすぐに利用するとは限らない。相談室や心の専門家の存在や，来談することによる不安や偏見への対応（乾，2011），来談したことを含め個人情報保護の説明等，従業員への周知徹底が優先される。

●企業内相談室の実例

　ある企業において，安全衛生部門健康推進センターの産業精神保健スタッフである臨床心理士が担う企業内相談室で行う面接は，メンタルヘルスケア活動の重要な一業務である。企業内相談室は，「従業員が心身ともに健康で働けること」を支援するために開設されている。つまり，職業生活適応の保持と促進の支援を行うことが，企業内相談室の目的である。

　以下に，従業員を1万人以上有する製造会社で正社員として従事する臨床心理士の相談活動を紹介する。

【場所】
　相談室は，全従業員が健康診断と内科診察で利用する診療所内に設置されている。
【広報方法】
　相談室の利用の仕方について，社内のイントラネット上に，毎月発行しているニュースレターで知らせたり，従業員に実施するメンタルヘルス教育の場において案内している。
【利用方法】
　主に相談専用電話やメールで相談の予約をする。企業内で行われる個別の相談には，面接・電話・メールがある。相談の入口として電話やメールの活用は，匿名でも受け付けていることもあって気軽に利用できる。最近は，従業員の携帯電話のメールアドレスからも相談が入る。

電話やメールで1回だけで終了する相談内容もあるが，メールを何回もやりとりするような場合には，面接を促している。

【開室日・時間】稼働日の就労時間内（8：30～17：30）
【相談員】正社員の臨床心理士が複数名
【利用者】

　開設当初は，メンタルヘルス不調を訴える当該従業員の利用が圧倒的に多かったが，現在は様々な立場から利用されており，当該従業員の利用割合は3～4割程度である。

　1）当該従業員　　自発来談。従業員自らが企業内の相談室を利用しようとすると，勇気と決断が必要のようである。プライバシーは守られるのだろうか，こんな些細なことで相談に来たと思われないだろうか，相談することが上司や人事に知られないだろうか，そしてそれが自分の評価につながって不利にならないだろうか，などが気になるものである（三宅，2014）。このような当該従業員の揺れ動く心理状態を理解したうえで，十分な配慮をもって迎え入れることが大切である（中尾，2006）。したがって，従業員が安心して相談に行くことができる相談体制を構築したうえで，そのことを広報し，周知徹底させる必要がある。また，メンタルヘルスに理解のある上司を持つと，最初に上司に相談したところ，上司から相談室を勧められて来談する当該者もいる。

　2）管理監督者　　来談者は当該従業員だけではない。管理監督者への教育が適切に行われていたり，企業内相談室の広報が効果的であったりすると，管理監督者から部下のメンタルヘルスに関する相談が増加し，相談員はコンサルテーション的なかかわりが求められる。

　周囲から見ると明らかにいつもと違うのに病識を持たない（不調の自覚がない）部下について，上司が来談することがある。その注意点として，部下への対応のコンサルテーションを優先するあまり，来談した上司への心理的支援がおろそかにならないよう，十分配慮する必要がある。メンタルヘルス不調に陥った部下のことで来談する上司の中には，管理監督者としての責任が果たせていないのではないかと，自分で自分を責めている場合があるからである。最初に，部下や職場の問題解決のために上司が自ら来談したことを評価し，それを言葉で伝えることが重要であろう。

　部下がメンタルヘルス不調に陥る要因の一つとして，上司－部下関係のコミュニケーションの希薄化が挙げられる。もともと，上司と部下の相性が悪い場合もあるが，良い場合でも一時的に疎通が悪くなることが起こる。たとえば，その職場全体の業務が高負荷であると，部下が上司に相談しようと思っても，忙しそうにしている上司に遠慮して言い出せないということがある。また，自分以外のメンバーはがんばっているのに，自分だけ弱音を吐くのは情けなくて上司に言えなかったということもある。上司側も，部下の変化に気づいていても，納期がせまった仕事の進捗を優先させてしまい，不本意ながら相談する機会や隙を与えなかったために，部下が一人で抱え込んでしまい，メンタルヘルス不調に陥ってしまったということも起こっている。メンテナンスよりパフォーマンスを優先させたことに苦悩する管理監督者は多い。

　3）人事労務管理部署　　全従業員の勤怠状況を毎日確認把握している人事労務管理部署から，勤怠が不安定な従業員にアプローチする際，メンタル的な配慮が必要かどうかの問い合わ

せが入ることがある。これは，心の専門家が在籍する部署と人事労務管理部署との間に，信頼関係が構築されているからこそ可能な秘密情報の共有である。

また，事例性（廣，2013）を持つ従業員の対応に困った職場が，人事労務管理部署に相談する場合がある。そのようなケースについて，人事労務管理部署から心の専門家に連携依頼が入ることもある。その後は，人事労務管理部署・職場・心の専門家が連携協働して，当該従業員と職場の支援を行う。

4）当該従業員の家族　当該従業員と同じ企業で働いていたり，企業や健康保険組合発行の家庭向き広報誌等で企業内相談室の存在を知っている家族（親・配偶者）が，本人に代わり，あるいは本人に内緒で，企業内相談室に相談を持ちかけてくることがある。

当該従業員が従事する業務内容の特性から，本人の状態の変化や業務遂行能力の低下がわかりやすい職場もあれば，事務や研究・開発業務のようにあまり目立たない職場もある。一緒に暮らしている家族だからこそ，日々の生活の中で気づく当該従業員の変化もあるため，家族からの相談は，従業員のメンタルヘルス支援において貴重な情報源になる。

【相談内容】

企業内の相談室であることから，当該従業員の相談は職業生活に関する内容が多い。特に，職場の人間関係，それも上司との関係性の相談が多い。しかし，実際は，仕事以外の個人的な問題を抱えることによって，メンタルヘルス不調に陥り職業生活に影響を及ぼすことが起こっているために，個人的な相談にも対応している。月に2回，「プライベートの相談日」を設けて広報している。

●今後の企業内相談室の役割

ストレスチェック制度（2015年12月施行）の運用によって，高ストレス者と判定されながらも産業医面談を希望しない従業員が，企業内相談室を利用する可能性も考えられる。

対従業員個人の相談対応，それも二次予防を目的として開設された企業内相談室が，今後は，全従業員と企業組織の健康度を鑑みた一次予防的な役割を求められる部署として位置づけられるとともに，心の専門家の役割もますます重要になるであろう。

引用文献

廣　尚典（2013）．要説　産業精神保健：職場におけるメンタルヘルス対策の手引き　診断と治療社

乾　吉佑（2011）．働く人と組織のためのこころの支援：メンタルヘルス・カウンセリングの実際　遠見書房

三宅美樹（2014）．産業心理臨床の実際　加藤容子・小倉祥子・三宅美樹（著）わたしのキャリア・デザイン　ナカニシヤ出版　pp.168-176.

中尾　忍（2006）．相談・面接の展開　CPI研究会・島田　修・中尾　忍・森下高治（編）産業心理臨床入門　ナカニシヤ出版　pp.35-40.

緒方一子（2007）．産業カウンセリングの実際　杉溪一言・中澤次郎・松原達哉・楡木満生（編）産業カウンセリング入門　改訂版　日本文化科学社　pp.209-211.

2 外部EAP

大庭さよ

　事業場外資源としてEAPを提供する外部EAP機関では，常勤カウンセラー，非常勤カウンセラーとして多くの臨床心理士が勤務している。外部EAP機関に勤務する「心の専門家」であるカウンセラーの活動について述べていきたい。

●外部EAPにおけるクライアントとは

　EAPの目的は，組織や個人における生産性に影響をもたらす課題の解決を支援し，組織および個人の健康を改善，保持，増進することである。外部EAPはサービスを必要とする企業と契約し，その企業の従業員および家族を支援する。ゆえに，対象となるクライアントは，個人と組織である。クライアントとなる個人は課題を抱えた従業員，家族だけでなく，課題を抱えた従業員をサポートする管理職，産業保健スタッフなど（産業保健スタッフ，人事スタッフ，社内カウンセラーなど）もクライアントになる。また，組織全体の健康を改善していくために，組織もクライアントとなる。

●活動の実際

　外部EAP機関に勤務するカウンセラーの活動は，多岐にわたるが，大きく相談，教育・研修，調査に分けられる。それぞれの活動を紹介するとともに，必要とされるスキルについても言及したい。非常勤カウンセラーであれば，下記活動のいずれかのみを担当することもあるが，常勤カウンセラーの場合には，そのスキルと経験年数に応じて，下記活動を複数担当していくこととなる。

(1) 相　　談

　相談業務は大きくカウンセリングとコンサルテーションに分けられる。従業員や家族自身が抱える課題に対しての直接的な相談がカウンセリングであり，課題を抱えていると思われる従業員や家族に対しての対応についての相談がコンサルテーションである。いずれにおいても，アセスメントスキル，相談スキルの他，ケースマネジメントスキルが必要とされる。

　1）カウンセリング　　外部EAPが提供するカウンセリングには，電話カウンセリング，メールカウンセリング，対面カウンセリングがある。
　①電話カウンセリング　　外部EAP機関に開設された電話窓口に従業員や家族から電話が入り，待機しているカウンセラーが相談にのる。窓口開設時間は外部EAP機関により異なる。

電話でのカウンセリングは表情が見えないという限界があるものの、リアルタイムでの対応が可能であり、気持ちを吐き出してカタルシスを得るには適している。一方、継続して相談を続けることが難しいため、継続したカウンセリングを通じてじっくり内省を深め、問題解決をしていく必要がある場合には、メールカウンセリング、もしくは対面カウンセリングが勧められる。

②**メールカウンセリング**　外部EAP機関に開設されたメールアドレスに従業員や家族からメールが寄せられ、カウンセラーが返信をする。電話相談同様、相談内容に応じて、医療機関など必要な支援資源を紹介するとともに、継続的なやりとりを通して、内省を深め問題解決を促していくことが可能である。文字にすることで、自分自身の課題が整理されるというメリットがある一方、整理できない感情を吐き出す場としては機能しにくい。また、言語以外の情報がないため、カウンセラー側も文字情報にのみ頼らざるを得ない。

③**対面カウンセリング**　外部EAP機関にあるカウンセリングルームにてカウンセリングが行われる他、事業場内にカウンセラーが赴いて事業場内の産業保健スタッフの一員としてカウンセリングを実施する場合がある。また、ストレスの高い職場を対象として、予防的に全員を対象にカウンセリングを実施する場合もある。

2）**コンサルテーション**　マネジャー、人事労務担当者、事業場内産業保健スタッフを対象とし、対応に苦慮している事例に対してその対応について相談にのる。相談内容に関しては、第Ⅲ部第8章を参照されたい。間接的な情報から当該従業員のみたてを行い、その対応方法についてアドバイスをする必要があるため、豊富な事例対応の経験が求められる。

(2) 教育・研修

教育・研修はその対象と目的別に、セルフケア研修、ラインケア研修、事業場内専門職向け研修に分けられる。教育・研修内容に関しては、第Ⅲ部第4章を参照されたい。教育・研修を実施するにあたっては、研修内容に関する研修内容に関して臨床経験に裏打ちされた深い理解とそれを伝える力が必要となる。また、研修内でグループワークを行うことも多いため、個人を見る力だけでなく集団を見て、ファシリテートしていく力も必要である。

(3) 調　査

事業場の状況および課題を抽出するために調査が実施されることがある。調査を実施する場合には、調査の目的、検証したい仮説を明確にすることからスタートし、対象、実施方法、分析方法をデザインしていくこととなる。対象は全従業員を対象とすることもあれば、対象グループを限定して実施することもある。方法としては、質問紙による方法とインタビューによる方法の2つの方法がある。これらは組み合わせて行われることもある。

外部EAP機関における調査においては、調査から得られた結果を組織にわかりやすく伝えていくことが何よりも大事である。また、得られた知見を当該事業場内のみで共有するだけでなく、事業場の了解が得られる場合には、学会などを通じて社会に発信していくことも意味があるだろう。

調査を実施するうえで、調査に関する知識・スキルに加えて、調査から得られた結果を読み解くための産業・組織心理学の知識も必要である。

(4) メンタルヘルス対策コンサルテーション

　外部EAP機関における活動は上記に紹介した複数の活動を同時進行的に行っており，それらから得られた知見を総合して，その組織の課題を明確にし，そのためのソリューションとなるプログラムを提供していくことが求められる。それは，メンタルヘルス対策に関するコンサルテーションと言えよう。

◉外部EAP機関の「心の専門家」に求められるもの

　このようにカウンセラーの活動内容を見ていくと，外部EAP機関の「心の専門家」には，日本臨床心理士資格認定協会が提唱している臨床心理士の専門的技術である①心理アセスメント，②心理面接，③臨床心理的地域援助，④研究活動，すべてが要求されることが明らかであろう。特に，組織もクライアントであるため，「悩みの解決のためには，個人だけではなく，その人を囲む環境への働きかけや情報整理や関係の調整を行ったり，他の専門機関と連携することもある」とされる臨床心理的地域援助に対する視点と知識・スキルが欠かせない。また，臨床心理的地域援助を遂行していくために，コミュニケーション能力，調整能力が必要なことは言うまでもない。常勤カウンセラーとして働く場合には，様々な業務を同時並行して行っていくことが求められるため，一つのことにじっくり取り組みたいという志向性のカウンセラーには向かないが，様々な活動を通じて多面的に従業員やその組織を創意工夫して支援していくことに興味のあるカウンセラーにとっては，やりがいのある実践の場である。また，事業場内のカウンセラーと異なり，様々な組織とかかわっていくことができるのも外部EAP機関で働くことの醍醐味であろう。

3 公共職業安定所（ハローワーク）

大泉多美子

●ハローワークとは

厚生労働省所管の国の行政機関であり，職業相談，職業紹介，職業訓練のあっせん，雇用保険に関する業務などを行っている。誰でも無料で利用することができる。上記すべての業務内容を行っている本所が平成27年度現在で全国に436所あり，その他に職業相談および職業紹介のみを扱う出張所が95所ある。出張所の中には大卒等新規学卒者（既卒3年以内を含む）を専門に扱う「新卒応援ハローワーク」もある。

●ハローワークでの臨床心理士の仕事

就職活動以前の心理的不安や悩みを抱える方を対象としたカウンセリングを提供することである。筆者自身は前述の「新卒応援ハローワーク」に月2回程度勤務しているため，ここからは新卒応援ハローワークにおける業務に限定して述べることとする。

職業相談および職業紹介は行政職の国家公務員である職員およびジョブサポーターと呼ばれる非常勤職員（以下「相談担当者」という）が担当しており，平成28年度から国家資格となる「キャリアコンサルタント」の資格を有している者も多い。「産業カウンセラー（民間資格）」を有している者もいるが，基本的に臨床心理学の知識がある者は少ない。

臨床心理士によるカウンセリングの認知経路は，相談担当者からのリファー，周知用リーフレット，厚生労働省や労働局のHPおよび新卒応援ハローワークのFacebook®ページなどであるが，相談担当者からリファーされてくるケースが最も多い。

カウンセリングの受付はハローワークで行っており，当日までどのようなクライエントが来るのかはわからないことが多い。相談担当者による職業相談の内容についてはハローワークシステムという独自のシステムに記録されているが，臨床心理士はそのシステムへのアクセス権は付与されておらず，必要に応じて相談担当者から状況を聴取することとなる。

臨床心理士による相談時間は1人1回50分で利用回数の制限はない。相談内容については手書きの記録用紙に記載し，担当職員に提出している。

●どのようなクライエントが多いか

心理的不安や悩みを抱えるクライエントを対象としているがクライエント自身が自発的に相談を申し込んだ場合などは心理的問題を抱えていない場合もある。

就職活動をやる気になれないというような相談はもちろんあるが，就活うつと思われるよう

なクライエントに会うことはほとんどない。

　うつ病を発症している，もしくは疑われるクライエントはもちろんいるものの，就活が原因というよりもともと疾患を抱えていたと思われるケースが多い。発達障害の可能性が疑われるクライエントは比較的多く，統合失調症や人格障害の診断がついているクライエントが来談することもあるが，稀である。

　発達障害の可能性が疑われるクライエントでは，就職活動そのものや就職先企業の選択などについて本人独特のこだわりがあったり，コミュニケーションの困難さを抱えていたり，率直すぎるがゆえに面接等でうまくいかないケースなども見られる。相談担当者との会話が噛み合わず，クライエントがというより，相談担当者が困惑してリファーされてくるケースもある。

　障害者手帳を取得しているクライエントの場合は，ハローワーク内の専門援助窓口という障害者専門の窓口を利用して障害者雇用で働くということが一般的であるが，精神疾患や発達障害の診断がついているクライエントでも障害者として雇用されることに抵抗を感じている場合などもあり，障害者であることを明らかにして働く（オープンでの就労）と障害者であることを伏せて働く（クローズでの就労）のメリットデメリットなどを説明したうえで，本人の意思決定を促していくというようなこともある。

●難しいと感じる点

　基本的に一人職場であり，相談担当者は臨床心理学についての知識がないことが多いので，臨床心理士が何ができて何ができないかということにあまり理解がない場合もある。このため，ケースについて相談されることはあっても相談することはほとんどできない状況である。

　心理検査を実施する体制が整っていないため，検査を実施することはできない。厚生労働省が作成した「職業レディネス検査（VRT）」や「職業適性検査（GATB）」などは相談担当者であれば実施することは可能であるが，現実的にはほとんど実施されていない。

　医療機関や学校とは異なり，クライエントがそもそもハローワークに定期的に通っているわけではなく，利用料が無料であり，治療機関ではないため，治療契約という概念も存在しない。二回目以降の面接については，筆者が来談を促すこともあるが，来談するかどうかはあくまでもクライエントの意思に基づくため，継続した面接が難しいことが多い。

　また，臨床心理士が自ら他の機関等にリファーすることは，体制上難しく担当職員を通すことになるため，リファーできる先はかなり限定される。

●この仕事に就くには

　臨床心理士が常勤で雇用されているハローワークは皆無であり，週1日以内の勤務である。このため，この職だけで生計を立てることは難しいため，多くの場合他の職場と掛け持ちすることになる。

　心理的面接をすることが仕事であるとはいえ，あくまでも就職活動を前提とした相談業務であるため，新規学卒者の就職活動のスケジュールや就職活動の概要，労働法や人事労務管理の関する知識があることが望ましい。筆者は数年前に臨床心理士試験を受験したが，その際労働基準法についての設問があり，臨床心理士にも労働法の知識が必要とされていることを実感した。

4 産業保健総合支援センター

古山善一

　独立行政法人労働者健康安全機構では，産業医，産業看護職，衛生管理者等の産業保健関係者を支援するとともに，事業主等に対し職場の健康管理への啓発を行うことを目的として，全国47の都道府県に産業保健総合支援センターを設置している。各センターは長年産業保健に携わってきた医師，保健師，心の専門家，行政OBなどを産業保健相談員に委嘱して相談対応，研修実施にあたっている。

●産業保健総合支援センターが行っていること

①産業保健関係者を対象として，産業保健に関する専門的かつ実践的な研修を実施し，他の団体が実施する研修について，講師の紹介等の支援を行っている。

②広報・啓発として事業主，労務管理担当者等を対象として，職場の健康問題に関するセミ

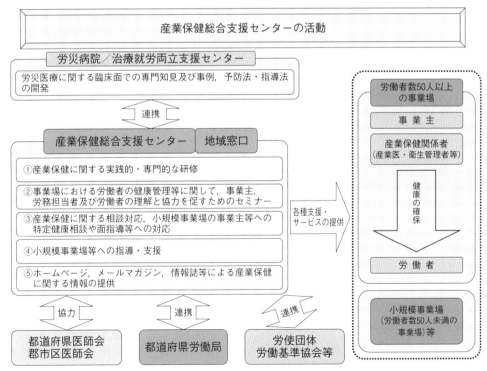

図Ⅳ-4-1　産業保健総合支援センターの活動
（独立行政法人労働者健康安全機構ホームページより）

ナーを実施している。
③窓口相談等として産業保健に関する様々な問題について，専門スタッフが実地または，センターの窓口，電話，電子メール等で相談に応じ，解決方法を助言している。
④小規模事業場の支援として地域窓口（地域産業保健センター）の運営
⑤情報の提供としてメールマガジン，ホームページ等による情報提供，産業保健に関する図書・教材の閲覧等を行っている。
⑥メンタルヘルス対策の訪問型支援として労働者のメンタルヘルスケアが適切かつ有効に実施されるよう職場の対策を普及促進し，事業者の自主的な産業保健活動を活性化するためにメンタルヘルス対策促進員が訪問支援に取り組んでいる。

●地域産業保健センターが行っていること

産業保健総合支援センターの地域窓口として，概ね労働基準監督署管轄区域毎に地域産業保健センターを設置し，労働者数50人未満の産業医の選任義務のない小規模事業場の事業主やそこで働く人を対象として，労働安全衛生法で定められた保健指導などの産業保健サービスを提供している。

①労働者の健康管理に係る相談：健康診断の結果，脳・心臓疾患のリスクが高い労働者に対して，医師または保健師が日常生活面での指導や健康管理に関する情報提供などを行う他，労働者の健康管理に関しての相談に対応している。
また，メンタルヘルス不調を感じている労働者に対しても，相談・指導を行っている。
②健康診断の結果についての医師からの意見聴取：健康診断で異常の所見があった労働者に関して，健康保持のための対応策などについて，事業主が医師から意見を聴くことができる。
③長時間労働者に対する面接指導：時間外労働が長時間に及ぶ労働者に対し，医師が疲労の蓄積度に応じた面接指導を行っている。
④個別訪問による産業保健指導の実施：医師または保健師が事業場を訪問し，作業環境管理，作業管理，メンタルヘルス対策等の健康管理の状況を踏まえ，総合的な助言・指導を行っている。

●事業場のメンタルヘルス対策支援

メンタルヘルス不調になることを未然に防止するための一次予防の強化を目的とする労働安全衛生法の一部を改正する法律（平成26年法律第82号）に基づくストレスチェック制度が施行され，自殺対策基本法（平成18年法律第85号）に基づく自殺総合対策大綱や，過労死等防止対策推進法（平成26年法律第100号）に基づく過労死等の防止のための対策に関する大綱が制定され，職場のメンタルヘルス対策を通じた対策の一層の推進が求められている。

この，ストレスチェック制度の法制化に伴い，集団的分析と職場環境改善を図ることが，事業場の努力義務として定められた。働きやすい職場環境づくりを通じて，メンタルヘルス対策からキャリア形成の支援へという流れで，心理臨床が取り組んできた人間関係面からの快適な職場作りが注目されるようになってきたと言える。

5 障害者職業センター

松岡朋子

●障害者職業センターのリワーク支援とは

地域障害者職業センター（以下，センター）は，「障害者の雇用の促進等に関する法律」に基づいて，全国47都道府県に設置・運営されている施設であり，公共職業安定所（ハローワーク）等の関係機関と密接に連携しながら，職業相談から就職・復職支援および職場適応までの一貫した職業リハビリテーションサービスを提供している。全国にあるセンターの各種サービスにおいて多くの「心の専門家」が活躍しているが，ここでは，そのサービスの一つである精神障害者の職場復帰支援（以下，リワーク支援）においてリワークカウンセラー（以下，カウンセラー）という立場で業務に携わる筆者の活動について紹介する。

センターが実施するリワーク支援は，民間企業に在籍するメンタルヘルス不全休職者（以下，休職者）の職場復帰とその後の職場適応および雇用事業主を支援するものである。精神科医療機関においてもリワークプログラムが実施されているが，センターのリワーク支援の特徴は，復職後の職場適応とキャリアの再構築を目的とした職業リハビリテーションであり，企業担当者との復職調整及び復職準備性向上を目的とした通所プログラムを提供している点である。

●リワーク支援の流れ

ここでは，リワーク支援の流れに沿って，筆者が実際に行っている活動内容について述べる。

休職者や企業担当者からセンターにリワーク支援利用希望の申し込みがあると，まずは休職者本人との面談を行い，支援の概要を丁寧に説明したうえで，利用ニーズおよび本人の回復状況を確認する。

次に，休職者，企業担当者および主治医との間で復職に関するコーディネートを開始する。企業担当者とのコーディネート（復職調整）では，カウンセラーが休職者本人とともに企業を訪問し，企業側の復職支援に対する基本姿勢や具体的な復職要件を確認することと合わせて本人の意向や状況を伝達し，企業と本人と双方の方向性や目標を共有する。主治医とのコーディネート（情報収集）では，意見書での情報収集に加えて，カウンセラーが本人の受診に同席する形で，症状の回復状況や有する精神医学的な課題，センターが復職支援を行うに当たって留意しなければいけない事項を確認する。休職者本人とは，支援の実施内容を検討するために，面談を数回行って状況を確認するとともに本人との信頼関係も構築する。また，本人に体験的に通所してもらい，心理検査や観察の手法を用いて，認知・能力の特性や職業適性，作業耐性を確認する。

コーディネートを通じて，本人から得た情報，主治医からの助言，企業担当者から収集した復帰予定職場の支援体制にかかわる情報などに基づいて，期間や目標，内容等に関する支援計画を立てる。計画の内容について本人・企業担当者・主治医の同意を得たうえで，リワーク支援が開始される。

支援期間中，休職者本人には支援計画に沿った通所プログラムが提供される。プログラムの目的は大きくは3つである。①センターに通所することで復職を意識した生活リズムの確立を図ること，②作業課題を行うことによる集中力・注意力の回復や疲労のマネジメント，③再発予防のためのストレス対処法の習得や復職後の働き方の検討である。その中でカウンセラーの役割は，スタッフと連携してグループプログラムを運営することや，個別対応として，適宜，本人の状態や課題への取り組み状況を確認し，本人の気づきを促進させることや自己理解を深めることを目的とした個別面談を行うことである。

また，支援期間の中間時点および終了時に，企業担当者にプログラムの進捗状況を伝える報告会を実施する。本人からの報告に加え，カウンセラーも同席して状況を企業担当者に伝えることで，職場復帰時の受け入れ準備を整えていただくための情報提供の機会となっている。

期間終了後のフォローアップとしては，定期的な復職者同士の意見交換の機会の提供，および本人希望による個別面談である。

●リワーク支援に携わる「心の専門家」に求められる知識・スキル

リワーク支援において支援者として求められる役割を果たすために「心の専門家」が身につけている専門知識やスキルを発揮できる点，また，筆者の経験上，それ以外にも重要だと感じる知識やスキルについて以下に述べる。

そもそもリワーク支援が開始された背景には，うつ病等メンタルヘルス不調による休職者の再発率および再休職率の高さという問題があった。メンタルヘルス不調に至る要因は，考え方，行動パターン，能力などの個人要因のみならず，職場環境，業務内容，職場の人間関係などの環境要因も影響する。したがって，再発のリスクを低下させるためには個人要因および環境要因両方にアプローチする必要がある。

個人要因への対応としては，休職者本人が不調に至った考え方の癖や行動パターンの見直しおよび職業的アイデンティティの再構築を支援することである。そのために，センターでは認知行動療法を援用したプログラムやSST（ソーシャル・スキル・トレーニング）等を行っており，支援者には心理教育的なかかわりや集団を扱うスキルも求められる。適宜個別に面談を行うことによって，本人の気づきやさらなる内省を促すことも重要な役割の一つである。支援期間中には，本人の状況をその都度再アセスメントし，支援の方向性を探って介入を行う。このような流れは，心理臨床的支援の流れと同様である。ただし，標準的な支援期間は12〜16週間程度であるため，あくまでも目的に沿った本人とのかかわりを意識し，期間内に支援者にできること・できないことを見極めることも重要なポイントとなる。

環境要因へのアプローチとしては，雇用事業主との調整である。客観的な立場で支援を行うために，企業担当者とうまくコミュニケーションを取ることで必要な情報を丁寧に聴き取り，職場の実態や企業文化について理解に努める必要がある。また，休職者の休職時および復帰時の職場状況は，その時々の経済や景気の影響も大きく受けるため，背景となる情報に常にアンテナを張ることも重要である。

最後に，基本的なことではあるが，組織・チームの一員であるということを忘れてはならない。センターのリワーク支援に携わるチームには，様々な経験，専門知識を持つスタッフがいる。スタッフ同士で連携，役割分担をすることによって，それぞれの経験や専門性を生かして幅広い視点から支援を行うことができ，相乗効果が生まれると考える。

●今後の展望

　センターの利用者は，従来のうつ病とは明らかに病態の異なる感情障害を有する休職者や発達障害をベースとした休職者など多様化する傾向にあり，これまでに積み上げられてきた知見や手法では対応しきれないケースも増えている。「心の専門家」の専門性を生かしつつ，日々研鑽を重ね，新たな知見を積み上げていく必要があろう。また，リワーク支援は再発予防に対する効果が認められており，センターの利用者数も年々増加していることから，今後，より多くの休職者とその雇用事業主により質の良いサービスを提供するためにも，リワーク支援での活動を志す「心の専門家」が増えることを筆者は願っている。

6

公的機関（自衛隊や警察・消防等）

岩本豊一

●自 衛 隊

　自衛官は入隊時に，自衛隊法施行規則に定められた"服務の宣誓"を行うが，その条文の最後には「強い責任感をもって専心職務の遂行に当たり，事に臨んでは危険を顧みず，身をもって責務の完遂に務め，もって国民の負託にこたえる」との公を優先し"命"をかけるといった誓いがある。また自衛官は政治的中立を求められ，防衛や個人にかかわる多くの機微な情報を守秘しながら職務に取り組んでおり，このような環境下で自衛官は，湧き出てくる私情は腹に押し込み，痩せ我慢の精神で与えられた任務を黙々と遂行している。

　とはいえ自衛官も人の子であり，社会的な欲望のみならず喜怒哀楽の感情も欲望もあり，これらを抑えきれないことも当然ある。一般人と同様に苦悩し，誰かに相談したいという気持ちも同じである。そこで防衛省は，自衛隊関係者および外部有識者によって構成された「自衛隊員のメンタルヘルスに関する検討会」の2000年8月の提言を受けて，2001年以降に同じ制服を着た自衛官カウンセラーにその対応をさせるため民間の専門機関に協力・支援を求めて部内カウンセラーの人材育成を行い，基礎となる部隊である中隊レベルまで広く部隊にカウンセラー要員を配置し，制服自衛官による独自のメンタルヘルス施策など，本格的な態勢が確立されていった。

　2010年には，心理療法士の職員採用が基地ごとに始まり，部隊の医務室等に配置して医療関係業務と兼務させつつ，隊員のカウンセリングやメンタルヘルスの予防的活動や危機介入等にあたっている。

　また，上記部内カウンセラーの他，部外関係機関と契約した定期的に部隊訪問する部外カウンセラーもあり，隊員はこれらから自由意志で選択的に受けることができる。

　また，将来的な心理職の基幹要員の育成のため，毎年選考された隊員を筑波大学大学院のカウンセリングコースに聴講生として派遣し，部内医療機関ではPTSD対応などの惨事ストレス対応教育を行い，多角的かつ組織的に取り組んでいる。

　自衛隊での航空機事故や自殺事案発生などの組織の心理危機に際しては自衛隊医務官や看護師，心理幹部などによって特別チームを編成し，危機介入などの緊々の応急対応や将来の対策・対応に資する心理調査等を行う。特に自殺事案の場合，命をかけて私たち国民を守る自衛官が，崇高な働き場を待たずして世を去るのは，これまで努力や経験を積んできた本人や，その家族や友人，ひいては日本国にとって大きな損失であり，これらの防止施策は大切である。

　かつて著者は部内カウンセラーを兼務しており，平素はラインの立場で「貴官の持てる力を

出し切って全力でぶつかっていけ」と発破をかけつつ，部内カウンセラーという立場では「全力投球しなくていいから，無理せずにできることから1歩でも半歩でも」と一変する自分自身に戸惑うジレンマを感じていた。"カウンセラー"と言っても積み上げた経験の期間や人数，共通教育後の研鑽の習得度・スキルの違いによりスキルレベルには差があり，また特定のカウンセラーにばかりに集中することも多々あった。

ある職場では相談者の意思とは関係なく特定時期に全員に集中対応することがあった。当時の所属長から「せっかくカウンセリングを専門的に学んできたのだから，約230名の職員全員にローラー的にカウンセリングをやりなさい」と特命を付与され，職員1名1日1時間以内の1回限りで，平日勤務時間終了後に毎日2名2時間を順次実施していくという大変無謀なカウンセリングを引き受けた。この基本セッションには，主に家族療法で浸透していたブリーフカウンセリング（短期療法）の手法を取り入れ，問題解決型というより解決志向型を基本としたカウンセリング対応のノウハウで構成し全員カウンセリングを行った。筆者が特に気になった隊員には部外カウンセリングを勧めたが，本人の自己判断で医療機関に受診した者もおり，結果的にはカウンセリングを受けると恥ずかしいとか人事上不利になると思い込んでいた物言わぬ不調隊員のスクリーニングにつながった。

また，連続自殺事案が起きて不安定な状況にあった部隊で，自殺拡大防止のため防衛医科大学出身の医官とともにその予防に努めたことがあった。当時印象深かった点は，既知の同胞が亡くなって組織全体が暗く落ち込んでいるだろうと思っていたところ，自殺事案を招いたと所属上司や組織への湧き上がる怒りがとても激しかったことを覚えている。

●警察・消防

警察や消防は自衛隊と同様，特殊な閉鎖社会の中で高いコンプライアンスが求められ，かつ職務遂行にあたっては生命の危険にさらされている。

警察の心理職には，専門性の高い職務に直結する心理捜査官や科学捜査研究所の研究職員や少年非行対応の相談員などがあるが，それは犯罪対応の一環で行われている。

一方，警察官自身のメンタルケアは他組織でも見られるような産業医に相当する健康管理医への受診や臨床心理士資格を有する専属の職員による予防的なメンタルサポートと所属上司の平素の身上把握が一般的である。ときおり交番や署内で拳銃自殺するといったショッキングな自殺報道を見るたびに大変心が痛む。警察関係者によると，一部の周囲からの十分な配慮が必要と判断された警察官には拳銃を所持携行させないという対応を取っているとのことである。

消防の職員は，自ら命をかけて消火や救助にあたり，また火事現場での焼死体や車両衝突等の事故現場での死傷者を目の当たりにする。そのような消防士のメンタルケアは，自治体専属の産業医等の衛生関係者による対応のほか，職務上の上司の平素の身上把握が主となっている。

筆者の勤務する自治体では参事級の消防職員が兼務で監察機能を持ち，毎年1回組織の健全性を追求することを目的として年次監察を行っている。この監察では，消防職員から匿名で特定テーマに縛られない職場で感じている不満な点などをもの申すことができる。警察にも監察制度はあるが，警察官自身の非行予防が主たる目的であり，同じ監察でもこの消防組織とは一線を画する。

●米　　軍

　防衛省が自前の部内カウンセラー体制をしっかりと整えているのは，やはり歴史と伝統のある米軍の影響を受けていると考える。米国には，第二次世界大戦の頃から心理学を軍事に活かす専門部隊も存在し，PTSDで苦しむイラク帰還兵が，軍の専門の治療機関で行動療法の曝露法を用い本人にとってはとてもきつい治療を行っている。

　また現在，世界各地で活動する米軍には，「軍僧（英語名：chaplains）」という牧師の将校カウンセラーが同行している。欧米のキリスト教を主とするお国ならではの制度で，2005年にパキスタン国際緊急援助隊活動に派遣された際に，自衛隊の隣に展開していた米陸軍部隊の中に中尉の制服を着た軍僧がおり，日本の自衛隊との違いを感じた。

7 クリニック・単科精神科病院

奥村哲朗

　筆者の所属する医療法人純和会は，1977年に開院した単科精神科病院である矢作川病院を母体としており，開院当初は主に統合失調症患者等の入院・外来治療を行っていた。しかし，精神医療の方針が「入院医療中心から地域生活中心へ」と変化し，病院を地域に開放する趨勢が定着してきた。そこで当院でも，病院をあげての地域行事への参加や，地域の文化活動を招いての病院祭の開催を通じて，多くの地域住民との相互交流を行い，地域との連携を深めてきた。

　その中で，当院がある愛知県の西三河地域は，自動車産業をはじめ製造業が盛んであり，うつ病等で休職する労働者が増加し，企業が対応に困っていることがわかり，それらのニーズに応えるために，企業と病院が契約を結び，連携して復職支援等に取り組む拠点として，2006年に産業精神保健（IMH）研究所（以下，IMH研究所）が開設された。IMH研究所の特徴は，精神科医の指導の下に数名の臨床心理士がチームを組み，業務の中心を担っていることである。さらに，2008年には労働者が通いやすい西三河の中心地域に精神科クリニックを開院し，現在に至っている。

　はじめに，労働者の復職支援に関してIMH研究所で積み上げられてきた実践と知見，その中で見えてきた心の専門家に求められる課題をまとめる。

◉見立てと情報共有の場　「職場実践ミーティング」

　復職支援を行う際には，まずは医療が企業の実態をより詳しく認識し，患者の背景を把握したうえで見立てを行うことが必要であった。そのため，受診患者について企業と医療が情報交換を行う場として，月1回「職場実践ミーティング」（小瀬木ら，2015）を行っている。医療側からはIMH研究所所属の臨床心理士や企業総務の経験者等2名以上が直接企業に出向き，企業側からは総務担当者，産業保健スタッフ，職場上司等が参加する。患者の同意を得たうえで，集団守秘義務のもと，医療からは患者の受診状況，症状や体調の経過，職場で望まれる対応等について伝達する。一方企業からは，病前の職場での様子等について伺う。また「現場主義」を重視しており，たとえば復職後の職場調整について検討する際，求められる業務内容を伺うだけではなく，実際に患者が働いていた職場見学も必要に応じて行っている。さらに，患者が復職に際して自信が持てずに躊躇している場合は，上司などから患者に対し，「復帰を待っている」等患者の不安を払拭できるような言葉がけをお願いすることもある。

　「職場実践ミーティング」を行う中で，臨床心理士の役割として，企業と医療のそれぞれを代表して情報の周知や問題解決の舵取りを行う「キープレイヤー」の中で，医療側の「キープ

レイヤー」となること，また，関係者間の「コーディネーター」となることが重要だとわかってきた。当院ではチーム医療（医師，臨床心理士，作業療法士，看護師，薬剤師，精神保健福祉士，管理栄養士等）を行っているため，得られた患者の情報を包括して見立てることで，より多面的な患者理解を企業に伝えることができる。また，企業から得られた情報を他の医療スタッフに伝えることで，より良い支援につなげていくことができる。さらに，月1回のミーティングでは対処できない，自傷他害の恐れがある，入院の必要がある等の緊急を要するケースが発生した場合，企業からの電話連絡を受け，受診や入院の手続き等にも対応する。臨床心理士には，関係者間の力動を見立て，積極的に情報共有を行う専門性，さらに緊急時には，企業や患者家族への時期を逃さない的確かつ迅速な対応を行う力量が求められる。

◉復職支援に特化した診療体制　「企業外来」

　また，連携を進めていくうえで，復職支援に特化した診療体制を整える必要があった。このため，一般外来の他に「企業外来」（小瀬木ら，2015）を開設するとともに，入院が必要な患者のため，個室等プライバシーにも配慮し，開放的な環境で療養できるようにストレスケア病棟を増設した。契約した企業の患者は本人の同意を得て，一般外来とは別の診療時間枠にて予約診療を行っている。「企業外来」患者には医師の他，担当の臨床心理士が置かれ，心理面接を行っている。

　「企業外来」を行う中で，企業と連携した当初は，復職した患者が復職後の就労についていけず，再休職にいたるケースが見られた。そこで，患者の回復度を病状が回復し日常生活が送れる「日常生活レベル」と，企業での定時就労に耐えうる「企業復帰レベル」に分けて考え，復職時には「日常生活レベル」ではなく「企業復帰レベル」まで回復度を高めることが，再休職のリスクの低下につながることがわかってきた。「企業復帰レベル」まで回復度を高めるためには，心理面では休職の経緯を客観的に振り返り，自分なりの働く意味を見出し，患者自らがやる気を起こして復職を希望できること，生活面では就労に耐えられる体力や技能，生活リズムが回復していることが重要となる。そのため，心理面接では内省を深めるケースもある一方，復職に向けた現実的な話し合いが中心となるケースもあるなど，患者の特性や状態に合わせた柔軟なかかわりを心掛けている。また，デイケアでは企業と医療の協働で開発された，復職後の業務内容に合わせた作業遂行プログラム等を行っている。臨床心理士には，心理面接での技量のみならず，他職種とのコーディネートを継続しながら，患者の回復状況に合わせて関係者へ働きかけを行う専門性が求められる。

◉企業への啓発や意見交換の場「定期研修会」

　企業の考え方を医療が学ぶだけではなく，医療の考え方を企業に伝え，意見交換を行う場として，年5回研修会を開催している。そのうち，年2回はIMH研究所の顧問や外部の専門家を招いて，病気や休職にいたる心の動きへの理解や対応について，講演・事例検討会を行っている（笠原，2010；山中，2011；岡崎，2012）。また，年3回は契約企業等会員のみのクローズドの研修会を行っている。そこでは，臨床心理士が事例を提供し，企業担当者が現場で患者に望んでいることや，医療への質問等を話しながら，事例の理解や今後の対応について検討している。近年の研修会の中では，たとえばメンタル不調者の初期対応について，企業が社員の不調を早期に発見し，早期に企業への理解のある医療機関を紹介する体制をいかに作っていく

か等が話し合われている。また他の啓発・研究活動として,紀要・ニュースレターの発行や,労働者を対象としたメンタルヘルスセミナー等を行っている(星野,2011)。

最後に,上記の活動を通じて見えてきた課題をまとめる。医療として目指す目的がある一方,企業も目的を持ち,就業規則など様々なルールの中で活動を行っている。医療が企業と連携する際,企業の常識やルールを無視して医療の論理を持ち込むと,連携がうまく進まなくなってしまう。より良い連携のためには,心の専門家が企業のルールを積極的に学び,社会人としての常識を身につけたうえで専門性を発揮していくことが必要であると考えられる。筆者自身も患者とのかかわりだけではなく,企業とのかかわりも「臨床」であるとの思いで,自己研鑽を積み重ねている。

引用文献
星野 命(2011).特別寄稿:論説:メンタルヘルス不調者の職場復帰支援における関係者間の「連携」とは何か IMH産業精神保健研究,2,17-24.
笠原 嘉(2010).講演録:若者のうつ病 IMH産業精神保健研究,創刊号,5-17.
岡崎敏博(2012).講演録:メンタルケアに関わる上司の心得 IMH産業精神保健研究,3,2-14.
小瀬木尚美・米村高穂・木倉由紀子・黒野和将・吉野 要・飯島徳哲(2015).医療と企業の連携による復職支援 ―「企業外来」8年間の復職率,再休職率の検討― 産業精神保健,23(3),212-220.
山中康裕(2011).講演録:産業精神保健における心理臨床のコア IMH産業精神保健研究,2,2-16.

事項索引

あ
ILO　90
アセスメント　10
安全配慮義務　80, 96
ERG理論　58
EAP（Employment Assistance Program：従業員支援システム）　13, 165
育児介護休業法　85
一次予防　92, 109, 160
医療・介護関係事業者における個人情報の適切な取扱いのためのガイドライン　85
医療と企業の連携　136
うつ　125
NIOSH職業性ストレスモデル　46
エンパワーメント　155
オープン・システム・アプローチ　55

か
解雇　80
　――の制限　79
回避可能性　96
科学的管理法　55
過重労働による健康障害防止のための総合対策　94
過労死（KAROSHI）　10, 22, 39
カンファレンス　163
管理監督者　186
危機介入　128
　――における企業内連携　147
企業外来　206
企業固有のキャリア発達　124
危険予知　96
期待理論　58
キャリア　7, 29, 177
　――・アンカー　34
　――・カウンセリング　36, 68, 174
　――開発志向　11
　――教育　177
　――コンサルタント　193
　――支援室　163
　――・ストレッサー　12
　――・デザイン　37
　――発達　9, 38, 177
　　　　――課題　9, 177
　　　　――段階　8
休憩　77
休日　77
休職　131
　――制度　87
計画された偶発性理論　35
ケースコンサルテーション　166
激励禁忌　125
結果回避　96
健康診断　82
現実原則　5
高年齢者等の雇用の安定等に関する法律　87
衡平理論（equity theory）　58
コーチング（coaching）　68
コーピング　43
心と体の健康づくり　94
個人情報保護法　85
　――に関連した労働者の健康情報の取り扱いに関連する指針　85
コンサルテーション　190

さ
サービス産業化　18
再休職者　131, 132
採用　87
産業看護師　159
産業精神保健　89
産業保健（労働衛生）　89, 91
　――活動　92
　――5管理　91, 106
　――師　159
　――スタッフ　140
　――総合支援センター　195
三次予防　92, 110, 160
三位一体システム　93, 159
時間外・休日労働　77
事業場における労働者の健康保持増進のための指針　83
仕事世界参入期　120
仕事と生活の調和　79
仕事の要求度-コントロール-サポートモデル　46
仕事の要求度-コントロールモデル　45
仕事の要求度-資源モデル　47
自己破産　162
自殺　22
　過労――　96, 125
　――に影響するライフイベント　127
　――予防　127
　――のポイント　128
疾病性　97
疾病費用　21
社会的・職業的自立　177
社会のダイナミクス　5
就業規則　73
就職活動スケジュール　174
就職協定　174
就職支援　173
終身雇用制　18
集団思考（groupthink）　60
集団の基底的想定（basic assumption）　65
守備範囲　163
障害者の雇用の促進等に関する法律　87
小規模事業場　160
常勤産業医　159
条件即応（コンティンジェンシー，contingency）モデル　63
初期キャリア　121
職業性ストレスの因果関係モデル　44
職制　140
職場実践ミーティング　205
職場体験学習　179
職場復帰支援　131, 132
所定外労働時間　19
自律訓練と呼吸法　161
事例性　97
新卒応援ハローワーク　193
新メンタルヘルス指針　94, 98
深夜労働　78
心理教育　139, 156
心理的負荷による精神障害の認定基準　84
心療内科医　159
進路指導　179
推薦応募　175
スーパーバイザー　163
スーパービジョン　163
ストレイン　41, 43
ストレス　41
　――チェック　162
　　　――制度　95, 144
　　　――・組織調査　169
ストレッサー　41, 42
精神科専門医　159
セカンドハラスメント　153, 155
セクシュアルハラスメント　153, 156
相互交流アプローチ　49, 50
相互交流モデル　42, 43
総実労働時間　19
相談窓口　141
　――開設（メール相談，電話相談）

167
組織コミットメント　57
組織的な危機に対する支援　169
組織内キャリア発達段階説　119
組織の3次元モデル　34
組織のダイナミクス　5
組織文化（organizational culture）　64
た
大規模事業所　159
第12次労働災害防止計画　95
ダイバーシティ・マネジメント　6
ダイバーシティの推進　25
対面カウンセリング　190
多重債務問題　162
WHO　90
試し出勤　160
男女雇用機会均等法　85
地域産業保健センター　196
中期キャリア危機　121
中年期危機　38
賃金　20, 75
THP（total health promotion plan）　94
ディスチミア親和型　125
伝統的性役割観　7
電話カウンセリング　189
努力–報酬不均衡モデル　47
な
慣らし出勤　160
ニート　38
二次予防　92, 109, 160
日本型成果主義賃金　18
年功序列賃金　18
年次有給休暇　78
脳・心臓疾患の認定基準の変更について　94
は
BARTシステム　66
パートタイム労働者　19

パート労働法　86
バーンアウト（燃え尽き症候群）　39
バイオメーター　99
ハラスメント　153
　――相談窓口　154
　――判定委員会　156
ハローワーク　193
パワーハラスメント　84, 153, 158, 162
PM理論　62
非正規雇用労働者　18
VPI職業興味検査　30
復職　131
　――支援　205
　――の手引き　160
　――制度　160
　――判定　133, 134, 137
　――フォロー面談　135
フリーター　38
プレゼンティズム　97, 111
ペティ＝クラークの法則　17
変革型リーダーシップ　64
法定労働時間　19
ホーソン研究　55
ポストベンション　148, 149, 150, 151
　――の介入方法　151
ま
3つのA　97
3つの予防と4つのケア　10, 98, 106, 109, 160
メールカウンセリング　190
メランコリー親和型　125
メンタリング（mentoring）　68
メンタルヘルス　7
　――教育研修　168
　――ケア　139
　――研修会　120
　――指針　94, 139
目標設定理論　59

問題の所在　4
や
要配慮個人情報　85
抑うつ症状のアセスメント　127
予見性　96
欲求階層理論　58
ら
ライフ・キャリア　31
　――・レインボー　32
リアリティ・ショック　38
リーダーシップ（leadership）　62
リーダーとしての後期キャリア　122
リスクアセスメント　164
リスクマネジメント　90
リファー　164
ルーブリック　180
労災請求件数　91
労災申請　162
労災認定件数　162
労働衛生　→　産業保健
労働安全衛生法　81, 90, 162
労働基準法　75, 162
労働協約　74
労働契約　73
　――の期間　78, 87
　――法　79
　――法第5条　96
労働時間　19, 76
労働者災害補償保険法　83
労働者の心の健康の保持増進のための指針　83
労働者派遣法　86
労働力人口　3
6角形モデル　30
わ
ワーク・エンゲイジメント　48, 51, 52, 56
ワーク・ライフ・バランス　39

人名索引

A
Adams, J. S.　58, 59
Alderfer, C. P.　58
Allen, N. J.　57
B
Bakker, A. B.　46, 47–51, 56
Bass, B. M.　64
Beehr, T.　41, 42
Bion, W. R.　65
Bohn, M. J., Jr　31

Bradley, J.　70
Burton, W. N.　111
Byosiere, P.　49
C
Cannon, W. B.　41
Carsten, K. W. D. D.　61
Clark, C. G.　17
Cooper, C. L.　12, 41, 42, 44, 45, 50

D
Demerouti, E.　46, 47–51
Dewe, P.　43, 44
E
江畑敬介　113
Erikson, E. H.　9
Evans, C. J.　111
F
Fiedler, F. E.　63
Folkman, S.　42

Frantz, T.　41, 42
G
Green, Z.　66
H
Hall, D. T.　8, 30
Hall, E. M.　46
花田光世　174
Hansen, L. S.　36
原谷隆史　46
長谷陽子　109
Herr, E. L.　36
平井孝男　128
廣 尚典　138
廣川 進　67
Holland, J. L.　30, 31
Holroyd, K. A.　44
本明 寛　42
Hordijk, J. W.　62
堀 有伸　127
星野 命　207
細川 汀　10
Hurrell, J. J.　46, 47
I
井家克彦　131
池田 浩　63
乾 吉佑　127, 185
J
Jackson, S. E.　39
Janis, I. L.　60
Johnson, J. V.　46
K
Kahn, R. L.　49, 55
開發孝次郎　18
亀田高志　104
金井篤子　11, 15, 24, 29, 30,
　　36, 37, 44, 45, 119, 140
金井壽宏　30, 37
Karasek, R. A.　45, 46, 52
笠原 嘉　206
春日武彦　125
加藤容子　142
Katz, D.　55
川上憲人　46
Kawakami, N.　46
川島一雄　162

小林聡幸　109
Kram, K. E.　68
Krumboltz, J. D.　35
窪田由紀　144
L
Latham, G. P.　59
Lawler, E. L.　58, 59
Lazarus, R. S.　42, 44, 49
Leiter, M. P.　50
Lewin, K.　69
M
前川由未子　24
Marshall, J.　12, 44, 45
丸山総一郎　50
Maslach, C.　39
Maslow, A.　58
Mayo, E.　55
McLaney, M. A.　46, 47
Meyer, J. P.　57
三隅二不二　62
Mitchell, L. K.　35
三宅美樹　108, 186
宮本光晴　18
宮崎圭子　140
Molenkamp, R.　66
森崎美奈子　92, 93, 99, 147, 159
N
長岡晃臣　179
永田頌史　46
中村 恵　36
中尾 忍　186
Newton, T. J.　44
西田淳志　109
O
Obholzer, A.　69
緒方一子　185
岡崎敏博　206
大塚泰正　48, 50, 51
小瀬木尚美　137, 205, 206
P
Palmer, S.　68
Persons, F.　30
Petty, W.　17
R
Riggio, R. E.　64

Roberts, V. Z.　69
Rounds, J.　30
Rubin, J. Z.　61, 62
Rustin, M.　70
S
斉藤政彦　131
指原俊介　110
Schein, E. H.　8, 9, 22, 32–35,
　　64, 67, 69, 119
Schriesheim, C. A.　64
Selye, H.　41
Shaufeli, W. B.　56
島津明人　42, 48, 51, 52, 56, 57
Siegrist, J.　47, 48
Smith, M.　41
Stogdill, R. M.　62
須田 治　110
Super, D. E.　30–32
鈴木 誠　70
T
田尻俊一郎　10
高橋祥友　128
高尾総司　131
高島麻巳子　170
田中克俊　112, 131
Taylor, W.　55
Tomas, K. W.　61
Tracy, T. J.　30
Tsutsumi, A.　47
U
上畑鉄之丞　10
梅棹忠夫　17
V
Van de Vliert, E.　62
Vroom, V.　58
W
和田耕治　112
若林 満　8, 30, 119
Wallach, M. A.　60
渡辺三枝子　30, 36, 70
渡辺直登　45, 47
Whybrow, A.　68
Y
山中康裕　206

【著者一覧】（五十音順，*編者）

岩本豊一（いわもと　とよかず）
三重県津市特命参与
地域防災マネージャー
担当：第Ⅳ部第6章

内田恵理子（うちだ　えりこ）
臨床心理士
担当：第Ⅲ部第6章

大泉多美子（おおいずみ　たみこ）
臨床心理士
担当：第Ⅳ部第3章

大倉勇一（おおくら　ゆういち）
三菱自動車工業株式会社岡崎健康管理室
担当：第Ⅲ部第1章

大庭さよ（おおば　さよ）
メンタルサポート＆コンサル東京合同会社代表社員
担当：第Ⅲ部第8章，第Ⅳ部第2章

緒方一子（おがた　いちこ）
臨床心理士
担当：第Ⅲ部第7章

奥村哲朗（おくむら　てつろう）
本郷こころのカウンセリングセンター
担当：第Ⅳ部第7章

加藤容子（かとう　ようこ）
椙山女学園大学人間関係学部教授
担当：第Ⅱ部第3章

金井篤子（かない　あつこ）*
名古屋大学大学院教育発達科学研究科教授
担当：第Ⅰ部第1章

指原俊介（さしはら　しゅんすけ）
医療法人社団尽徳会　県西在宅クリニック
担当：第Ⅱ部第6章

高綱睦美（たかつな　むつみ）
愛知教育大学教育学部准教授
担当：第Ⅲ部第10章

富田真紀子（とみだ　まきこ）
名古屋市立大学大学院人間文化研究科准教授
担当：第Ⅱ部第1章

西脇明典（にしわき　あきのり）
西脇法律事務所　弁護士
担当：第Ⅱ部第4章

船津静代（ふなつ　しずよ）
名古屋大学キャリアサポート室准教授
担当：第Ⅲ部第9章

古山善一（ふるやま　よしかず）
東京産業保健総合支援センター産業保健相談員
担当：第Ⅳ部第4章

前川由未子（まえかわ　ゆみこ）
金城学院大学国際情報学部講師
担当：第Ⅰ部第2章

松岡朋子（まつおか　ともこ）
前　愛知障害者職業センター
臨床心理士
担当：第Ⅳ部第5章

松本みゆき（まつもと　みゆき）
名古屋大学高等教育研究センター特任准教授
担当：第Ⅱ部第2章

三宅美樹（みやけ　みき）
トヨタ車体株式会社健康推進部
臨床心理士・公認心理師
担当：第Ⅲ部第4章，第Ⅳ部第1章

森崎美奈子（もりさき　みなこ）
産業メンタルヘルス研究所所長
担当：第Ⅱ部第5章

藪本啓子（やぶもと　けいこ）
医療法人純和会　産業精神保健（IMH）研究所
担当：第Ⅲ部第3章，第Ⅲ部第5章

山口智子（やまぐち　さとこ）
前　日本福祉大学子ども発達学部教授
担当：第Ⅲ部第2章

【監修者】
森田美弥子（もりた　みやこ）
中部大学人文学部教授
名古屋大学名誉教授

松本真理子（まつもと　まりこ）
名古屋大学名誉教授

金井篤子（かない　あつこ）
名古屋大学大学院教育発達科学研究科教授

心の専門家養成講座　第 8 巻
産業心理臨床実践
個（人）と職場・組織を支援する

2016 年 5 月 20 日　初版第 1 刷発行
2023 年 10 月 20 日　初版第 3 刷発行

（定価はカヴァーに表示してあります）

監修者　森田美弥子
　　　　松本真理子
　　　　金井　篤子
編　者　金井　篤子
発行者　中西　良
発行所　株式会社ナカニシヤ出版
〒606-8161　京都市左京区一乗寺木ノ本町15番地
　　　　Telephone　075-723-0111
　　　　Facsimile　075-723-0095
　　Website　http://www.nakanishiya.co.jp/
　　E-mail　iihon-ippai@nakanishiya.co.jp
　　　　　　郵便振替　01030-0-13128

装幀＝白沢　正／印刷・製本＝西濃印刷㈱
Copyright © 2016 by A. Kanai
Printed in Japan.
ISBN978-4-7795-1064-9
本書のコピー，スキャン，デジタル化等の無断複製は著作権法上での例外を除き禁じられています。本書を代行業者等の第三者に依頼してスキャンやデジタル化することはたとえ個人や家庭内の利用であっても著作権法上認められておりません。

心の専門家養成講座

監修　森田美弥子・松本真理子・金井篤子

第 1 巻　臨床心理学実践の基礎 その1
　　　　—基本的姿勢からインテーク面接まで—
　　　　森田美弥子・金子一史 編　　　　　　　　　　　　　2,500 円

第 2 巻　臨床心理学実践の基礎 その2
　　　　—心理面接の基礎から臨床実践まで—
　　　　金井篤子・永田雅子 編　　　　　　　　　　　　　　2,800 円

第 3 巻　心理アセスメント
　　　　—心理検査のミニマム・エッセンス—
　　　　松本真理子・森田美弥子 編　　　　　　　　　　　　3,500 円

第 4 巻　心理支援の理論と方法
　　　　狐塚貴博・田附紘平 編　　　　　　　　　　　　　　3,200 円

第 5 巻　心理臨床実践のための心理学
　　　　金井篤子 編　　　　　　　　　　　　　　　　　　　2,600 円

第 6 巻　医療心理臨床実践
　　　　—「こころ」と「からだ」「いのち」を支える—
　　　　森田美弥子・金子一史 編　　　　　　　　　　　　　3,000 円

第 7 巻　学校心理臨床実践
　　　　窪田由紀・平石賢二 編　　　　　　　　　　　　　　3,000 円

第 8 巻　産業心理臨床実践—個（人）と職場・組織を支援する—
　　　　金井篤子 編　　　　　　　　　　　　　　　　　　　3,100 円

第 9 巻　福祉心理臨床実践
　　　　—「つながり」の中で「くらし」「いのち」を支える—
　　　　永田雅子・野村あすか 編　　　　　　　　　　　　　3,000 円

第10 巻　司法心理臨床実践
　　　　河野荘子 編　　　　　　　　　　　　　　　　　　　3,200 円

第11 巻　危機への心理的支援
　　　　窪田由紀 編　　　　　　　　　　　　　　　　　　　3,000 円

B5判並製。表示は本体価格です。